KB199398

한국 호랑이는 왜 사라졌는가?

일본인이 밝히는 한국 호랑이 멸종의 진실

한국 호랑이는 왜 사라졌는가?

엔도 키미오 지음 · 이은옥 옮김

이담 Books

▌한국어 번역판 발간에 즈음한 저자의 서문

『한국 호랑이는 왜 사라졌는가?』가 서울대학교 수의학과 이항 교수님 덕분에 번역되어 무사히 한국에서 출판된 것에 대해 깊은 감사를 드린다. 그와 동시에, 출판을 위해 힘을 써 주신 모든 분들께 깊은 경의를 표한다.

나는 운 좋게도 한국의 호랑이에 대해 사람들의 관심 밖으로 묻힌 수많은 사실들을 발견할 수가 있었다. 그러나 호랑이 멸종 뒤편에 일제의 무서운 폭력과 무자비함이 있었다는 사실에 대해 일본인으로서 진심으로 사죄를 하고 싶을 뿐이다. 지금, 호랑이와 표범 등 야생동물을 둘러싸고 있는 환경의 파괴는 멈출 줄을 모르고 있다. 이런 상황에, 적어도 그들의 기록만이라도 후세에 남기고 싶은 마음으로 나는 이 일을 지금까지 해 오고 있는 것이다.

한국이 일제 치하에 있었을 때, 함경북도의 주을온천에 러시아에서 망명해 온 러시아인 얀코프스키가 살고 있었다.

그는 호랑이 사냥의 명인으로서 유명했으며, 『호랑이 사냥의 반세기』라는 책을 1944년에 하얼빈에서 출판했다. 3마리의 거대한 호랑이를 거꾸로 매달아 찍은 사진이 이 책 속에 실려 있어 지금까지 남아 있다. 그의 아들이 모스크바 근처에 살고 있다는 소식을 듣고, 나는 먼 길을 마다하지 않고 그를 만나러 러시아로 갔다. 그러나 일본이 패망한 후, 얀코프스키 일족이 시베리아에 억류되어 그곳에서 대부분 사망했다는 것을 알게 되었다. 이러한 사실들을 근거로 나는 『얀코프스키가(家)의 사람들』이라는 제목의 책을 써서 2007년에 출판했다. 이것도 한국의 모든 분들이 읽어 주었으면 하는 바람이다.

호랑이의 형제와도 같은 표범은 가야산 국립공원 근처에서 1962년에 마지막으로 생포되었다. 그 당시 서울 창경원으로 옮겨져 11년간 사육사들에 의해 귀중히 사육되었다.

나는 그 표범을 포획한 농가에 머물면서 『한국의 마지막 표범』이라는 제목으로 책을 썼다. 한국의 깊은 산속 마을에서 논픽션으로 이 책을 마무리하였다. 개인적으로 매우 흥미 깊은 소재였으나 아직 일본에서 출판은 하지 않고 있다.

동물작가로서 아직도 부족한 점이 많은 나는 젊었을 때부터 사라져 가는 것들에 대해 깊은 애절함을 가지고 있었다. 그들의 고통받은 삶을 그려 나가는 것이 적어도 그들을 위한 진혼곡이라고 생각하고 있다. 그리고 그것은 환경보전과 인류의 미래를 위해 든든한 버팀목이 될 것이라고 나는 믿고 있다.

2009년 12월
엔도 키미오(遠藤公男)

목 차

목 차

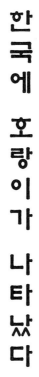

하나.

한국에 호랑이가 나타났다

"한국에 아직 호랑이가 있다면서?"

길에서 S씨를 우연히 만났다. S씨는 이와테 현(岩手縣)에 있는 한 항구마을에서 민박을 경영하면서 관광협회의 임원 직을 맡고 있다. 정월부터 S씨가 속해 있는 관광협회의 초 대로 한국을 방문해 얼마 전에 돌아왔다고 했다. S씨는 젊 었을 때, 사냥한 경험도 있고 해서 야생동물에 대한 관심이 꽤 있는 사람이다.

"설마, 멸종했어. 아주 옛날에."

나는 가볍게 받아넘겼지만 S씨는 진지한 얼굴이었다. 서 울에서 탄 관광버스의 가이드가 "한국에서는 가끔 호랑이 가 나타났다는 소란이 일어납니다. 얼마 전에는 산에서 야 생 호랑이의 사진을 찍은 사람이 있어서 신문과 텔레비전 에서 큰 뉴스가 되기도 했어요. 정말 무섭네요."라고 말하 면서 얼굴을 부르르 떨었다고 했다.

한국인 가이드의 건너편에는 정말로 호랑이가 나타날 만 한 산들이 늘어서 있었다. 일본에서는 본 적도 없는 백황색의 산세가 험한 산들이었다.

"호랑이를 만나서 사람이 잡아먹힌 적이 있나요?"

누군가가 작은 소리로 묻자,

"그런 일은 들어 본 적이 없어요. 그러나…."

가이드는 꽤 야무지게 생긴 미인이었다. 가는 목을 살짝 움직이면서 유창한 일본어로 "한국에서는 품행이 방정한 사람하고 효자・효녀는 호랑이가 안 잡아먹는다는 속담이 있어요. 여러분은 호랑이를 만나도…. 괜찮겠죠?"

의미심장한 미소를 띠었기 때문에 부끄러운 얼굴로 자신들의 뒷목을 쓸어내리는 사람들이 있어서 버스 안은 웃음으로 가득 찼다고 했다. S씨는 바쁜지 "진짜라니까. 이건. 같이 간 B호텔 사장에게 물어봐도 돼."라고 말하자마자 손을 흔들어 인사를 하고 그 자리를 떠나 버렸다.

나는 잠시 그대로 길에 선 채로 S씨의 뒷모습을 바라봤다. 뒷머리를 강하게 맞은 듯한 충격이 들어서 무릎이 덜덜 떨렸다. 한국에 호랑이가 나타나다니…, 설마! 아냐, 정말일지도 몰라.

한반도는 대륙과 연결되어 있어 야생동물 목록에는 호랑이를 비롯해 표범, 스라소니, 불곰, 반달가슴곰, 늑대, 멧돼지 등 맹수들이 놀랄 정도로 많이 살고 있다. 동물애호가들에게는 정말 부러운 이야기이다. 그러나 야생동물의 현황은 화려함의 저편에 있는 아련함 그 자체였다. 원래 연구자들의 그 수가 적었던 데다가 비극적인 한국전쟁이 일어났으며 그 전쟁은 한국의 국토를 황폐하게 만들었다. 그 결과가 현재와 같은 상황의 원인이 되지 않았을까 하고 생각한다.

그중에서도 한국호랑이는 신비스러운 존재였다. 한국의 상징으로서 대접받고 있으나 정작 호랑이 사진은 발표된 적이 없다. 이야기를 들으면, 북방계의 근사한 자태를 하고 있다고 한다. 털 색깔은 선명한 황백색으로 검은 줄무늬가 진하게 있고 겨울이 되면 긴 털이 촘촘히 나고 발 털이 길다고 한다. 러시아에 분포하고 있는 호랑이의 최대 아종인 아무르호랑이보다 작지만 기품이 있는 호랑이일 것이라고 생각한다.

문득 생각해 보면, 1975년 여름, 그 호랑이를 찾으러 서울의 창경원 동물원에 간 적이 있다. 처음으로 간 한국이어서 보는 것도 듣는 것도 신기했다. 그런데 호텔에서 외출할 때 카메라를 들고 있는 나를 본 호텔 지배인이 놀라운 말을 했다.

"무심코 거리의 사진을 찍으면 모자를 눌러 쓴 남자들에게 잡혀서 어딘가로 끌려가요."

"왜요?"

촬영금지 장소가 여기저기 있다고 했다. 서울은 인구 팔백만의 근대적인 빌딩이 늘어서 있고 아시아 유수의 대도시로 번화가는 어디든지 사람들로 붐볐는데 어딘가 왠지

잿빛의 느낌이 들있다. 카메라를 가방에 넣고 걸어 다니는데 두 명의 경찰관이 길 한쪽에서 한 남자에게 신분증을 보여 달라는 장면을 보았다. 두려움에 떨고 있는 그 남자의 얼굴을 보자 나도 모르게 한국에 관한 어두운 뉴스가 떠올랐다. 나중에 측근에게 암살당한 박정희 대통령 시대에 잇따른 정치혼란, 중앙정보부의 밀고 장려라든가, 반정부활동가에 대한 가혹한 탄압 같은 소식이 끊임없었다. 현지에 와 보니 밤 12시부터 오전 4시까지 시민들은 야간 통행금지로 큰 거리가 봉쇄된다는 것이 무엇보다도 놀라웠다.

그 반작용인지 몰라도 거리를 달리는 자동차들은 맹렬한 속도로 달리고 있었다. 미국처럼 운전석이 왼쪽, 사람들은 오른쪽으로 통행하고 있었다. 버스와 택시가 많고 버스 차체 옆에는 커다란 번호가 붙어 있었고 대부분 손님들로 넘쳐날 정도로 만원이었다. 더운 여름날, 서울역에서 중심가인 명동으로 향하려니 육차선이 교차하는 도로 한가운데에 커다란 남대문이 우뚝 솟아 있었다.

"오, 이건 꽤 훌륭한데."

나도 모르게 멈춰서 카메라를 들었다. 여기라면 찍어도 괜찮을 것이야.

조선시대 최고의 성문으로 비바람과 눈을 맞으면서도 묵묵히 그것을 견뎌내는 장대함이 남대문에는 있었다. 기왓장 아래에는 '숭례문'이라는 현판이 걸려 있었다. 예부터 이 나라의 도시는 주위에 성벽을 지어서 일몰과 함께 성문을 닫고 도적과 호랑이와 늑대의 침입을 막았다고 한다.

남대문에서 북쪽으로 세종로로 걸으면 정면에 광화문이 나타난다. 입구가 세 군데나 있는 위풍당당한 이 문은 조선 왕궁의 정문이다. 눈부시게 쳐다보니 광화문 뒤편에는 르네상스풍의 큰 건물이 있다. 지붕에는 파란색 돔이 있고 그 위에는 첨탑이 있다. 한국 전통의 광화문과 완벽한 불균형을 보여주고 있는 이 건물이 궁금해서 관광 안내장을 펼쳐 보고 예전 일본의 조선총독부 건물이라는 것을 알았다. 메이지(明治) 말기의 설계로 서양 건축의 진수를 뽐내는 대리석으로 시공했다는 호사스러운 홀까지 있다고 하나 그 당시 이 나라 사람들에게는 한(恨)의 표적이었다.

파란색 돔의 어깨너머로 암석들이 그대로 드러난 산이 나타나서 깜짝 놀랐다. 삼각형으로 솟아올라 있으며 배후에는 북쪽의 산맥과 연결되어 있어 산이 물결치듯 보였다. 그 산의 모습에 한국다운 개성이 있었으니 이것은 무언가 나에게 말을 걸어오는 것 같았다. 인왕산이라는 것은 바로 이 산이구나. 옛날, 왕궁의 뒷산에도 호랑이가 나왔다는 것을 읽은 적이 있었다.

광화문에 가까워지자 입구에 총을 든 군인이 서 있고 광화문의 양쪽에는 거대한 대리석으로 만든 코마이누(狛犬, 중국과 한국에서 일본으로 전래된 상상의 동물, 역자 주)와 비슷한 석상이 있었다. 해태였다. 머리는 호랑이 모양이고 몸은 사자로 발밑에는 커다란 거북이 있다. 왕궁의 화재를 막는 역할을 한다고 한다.

동쪽으로 돌아가니 나무와 나무 사이로 왕궁의 빨간 기둥과 조선총독부의 파란 지붕이 보였다. 일본은 이 나라에 엄청난 일을 저질러 버렸던 것이다. 메이지시대의 일본은 이 나라의 왕궁 바로 앞에 침략의 상징인 조선총독부를 세웠던 것이다. 참을 수 없는 생각에 사로잡혀 긴 돌담을 따라서 비원(뒤에 '창덕궁 후원'이란 본래 명칭을 되찾음, 역자 주)으로 향했다. 왕궁 뒤편의 완만한 작은 산 일대는 단풍나무와 소나무 등으로 우거진 아름다운 정원이다. 20만 평방미터의 넓이에 여섯 개의 연못, 28채의 누각과 작은 정자가 흩어져 있다고 한다. 역대의 임금들이 정무를 보던 사이사이에 휴식을 취하던 후궁이었다.

창경원(후에 창경궁으로 옛 명칭을 되찾음, 역자 주)은 비원에 접한 공원으로 면적은 비원과 비슷하나 식물원, 동물원, 박물관이 있다(1984~1986년 궁궐 복원사업을 위해 동물원, 식물원, 박물관이 이전됨, 역자 주). 창경원 동물원은 1909년 개원한, 한국에서 제일 크고 오래된 동물원이라고 한다. 기와지붕을 얹은 성문과 같은 입구를 지나자 희한하게도 안심이 되었다.

여기만이 평화 그 자체로 거위와 흑고니의 큰 울음소리

가 울려 퍼졌다. 정면의 연못을 원형의 커다란 케이지로 둘러싸 물새들의 전시장으로 사용하고 있었다. 형형색색의 물새들이 연못에서 헤엄을 치고 있고 가족단위로 온 사람들, 커플들이 한가로이 물새들을 바라보고 있었다.

겨울이 되면 대륙의 오지에서 날아오는 두루미 세 마리가 연못 밖으로 올라와 있었다. 혹부리오리, 황오리도 이 동물원에 있었지만 일단 호랑이가 보고 싶어서 견딜 수가 없었다. 넓은 동물원 안을 돌아다녔다. 왼쪽으로 난 길의 안쪽에 바위산을 배경으로 굵은 철봉으로 만든 우리가 보였다. 저것이 맹수 우리구나. 땀을 닦으면서 아스팔트의 작은 길을 걸어갔다. 모자를 쓰고 삼베옷을 입은 노인이 있었다. 지팡이를 짚고 딸과 함께 낙타 앞에 서 있었다. 일본의 진베이(甚平, 여름에 입는 일본 전통복, 역자 주)와 비슷한 것이 어디로도 바람이 잘 통할 것 같은 삼베옷에 정신을 빼앗겼다. 그 옷은 거칠게 짠 것으로 연한 살색을 띠고 있었다. 한국의 명품인 백자도 이런 색인 것 같았다. 운치가 넘치는 노인은 낙타를 정신없이 보고 있었다. 옆에 있는 딸의 얼굴에는 어딘지 모르게 노인을 지켜보는 표정이 진지했다. 주위를 살펴 노인에게 불편함이 없도록 행동하며 진지한 얼굴로 일관했다. 그렇구나, 여기는 경로의 나라 한국이었지.

들소와 타조 앞을 지나치자 곰 우리가 나타났다. 그 옆에는 사사 우리가 있었다. 저쪽에 있는 바위산을 돌면 호랑이 우리였다. 중간 크기의 호랑이가 한 마리, 시멘트를 칠한 우리 안에서 배경인 바위산을 뒤로하고 벌렁 드러누워 자고 있었다.

"아, 이것이 한국호랑인가?"

호랑이의 옆구리 부위부터 계속 쳐다보고 있었다. 동경해 온 이 나라의 토종 호랑이다. 멀리서 찾아와 이제야 겨우 만났구나 하는 생각이 들었다.

호랑이는 줄무늬의 몸을 던지듯 움직여 털투성이의 다리를 들어 이쪽으로 향했다. 굵은 뼈의 거대한 다리였다. 앞발의 발톱으로 사냥감을 잡는 것일까? 그다지 크지는 않으나 나이가 든 호랑일 것이라고 생각했다. 나이 든 고양이처럼 조용했다. 눈을 감고 입을 조금 열고 있었다. 입술의 틈새로 노란 송곳니가 보였다.

호랑이는 육식동물 중에서 화려하게 진화를 한 고양이과 표범 속으로 분류되는 맹수이다. 같은 과에는 표범, 재규어, 눈표범과 사자가 있다. 예부터 많은 사람들이 사자를 백수의 왕으로 기려 왔는 데 비해 호랑이는 아시아 맹수의 왕이긴 하나 사자와 비교해 어딘가 그늘진 2인자의 이미지가 항상 따라다니고 있다. 그러나 호랑이와 사자의 골격을 비교해 보면 양자는 두개골 이외에는 거의 구별이 가지 않는다고 한다. 호랑이 중에서 가장 큰 크기의 호랑이는 사자

중에서 가장 큰 사자보다 약간 크고 무겁다. 호랑이는 대형 고양이족 안에서도 최대, 아니 최강의 맹수인 것이다.

내 옆으로 20세 전후의 군인 3명이 조용히 난간에 기대어 있었다. 지방 출신의 신병으로 보이는 이 3명은 휴가를 얻어 동물원으로 온 것 같았다. 이 나라의 젊은 사람들은 이런 곳에서 보기 싫게 떠들거나 하지 않는 것 같다.

체형은 거의 비슷한데 호랑이와 사자의 느낌은 꽤 다르다. 사자는 초원같이 사람들 눈에 잘 띄는 장소에 무리를 지어서 생활하는 경우가 많고, 서로 협력해 먹이를 사냥하는 등 사회성이 발달되어 있다. 무리의 보스는 세력권 울음소리(territory song, 세력권 유지와 확장을 위해 포효하거나 울음소리를 내는 것, 역자 주)를 가지고 있어서 매일같이 포효를 하며 그 포효는 30초 정도 쭉 이어지는 경우도 있다. '커어어엉' 하고 반복되는 울음소리는 천둥처럼 울려 퍼져 듣는 사람을 덜덜 떨게 하는 위력을 가지고 있다.

이런 사자에 비해서 호랑이는 험한 산악지대나 삼림에 숨어서 생활하는 경우가 많고, 좀처럼 사람들 앞에서 모습을 나타내지 않는다. 큰 소를 한입에 물고 사라질 만큼 힘이 세지만 내향적이고 경계심이 강하다. 협력해서 먹이를 잡는 일도 없고 새끼를 가질 때와 발정기 이외에는 고독한 생활을 보내는 경우가 많다.

호랑이는 사자처럼 자신의 영역을 선언하는 울음소리를

내지 않고 엄동설한의 교미기에만 포효를 한다. 성숙한 암수는 서로서로를 부르지만 그 소리는 황소의 포효와 어딘가 비슷하다고 한다. 사자의 울음소리보다 무언가 그늘진 어두운 것이 호랑이의 울음소리에는 있는 것 같다.

사자나 호랑이도 사람들과 선을 두고 있으나 가끔 사람을 잡아먹는 경우가 있다. 어느 쪽이 많은가 하면 호랑이 쪽이 많아 인도의 사람을 잡아먹는 호랑이는 '아름다운 드레스를 입은 사신'으로 불리며 공포의 대상이 되고 있다고 한다.

연년생인지 3명의 초등학생을 데리고 한 어머니가 나타났다. 그 가족은 호랑이를 처음 봤는지 눈을 못 떼고 작은 소리로 속삭이듯 이야기했다. 군인들의 얼굴에도 어딘가 외경심이 나타나고 있다.

"그런데…, 붉은 호랑이네."

호랑이를 바라보면서 나도 모르게 중얼거렸다. 털색이 적갈색으로 달걀노른자 같은 황백색이 아니었다. 여름이어서 그런지 짧은 털로 뒤덮여 있었고 옆구리 근처에는 하얀 털이 나 있다. 군인들이 있는 곳으로 돌아가 호랑이의 등을 바라보자 원형탈모증과 같은 것이 보였다. 야생에서도 털갈이를 하는 시기에는 이런 식으로 하는 것일까?

털색이 적갈색이어선지 검은 줄무늬가 선명하지 않다. 깨끗하지 않은 더러워진 문양같이 보였다. 큰 호랑이의 이

22

마에는 줄무늬로 왕(王) 자가 새겨져 있다고 한다. 이 호랑이는 획수가 많아서 왕(王)자는커녕 추상적인 무늬로 보였다. 더위에 지쳤는지 입을 열어 헐떡이며 귀를 움찔거리며 얼굴에 붙은 파리를 쫓았다. 긴 꼬리를 움직이자 엉덩이에서 많은 파리들이 날아다니기 시작했다. 들여다보니 암컷인 것 같다. 호랑이의 당당함과 위엄이 빈약한 것은 그 때문이었을지도 모르겠다. 어느 동물원도 동물은 암수 쌍으로 키우는 법인데…. 순간, 호랑이 우리의 배경인 바위산에 어두운 구멍을 발견했다. 큰 수컷 호랑이는 안쪽에 있는 우리 안에 있을 것이라고 생각했다. 수컷은 골격이 장대하고 위엄이 암컷과 달라 나는 수컷이 나오기를 기다렸다.

자고 있는 호랑이는 한반도의 어디에서 왔을까? 이 나라는 옛날부터 호랑이가 많아서 조선시대에는 호랑이를 쫓아 없애기 위해서 빈번히 산에 불을 질렀다고 한다. 그래서 한국전쟁 전부터 산림이 황폐해져 흙이 빨갛게 드러난 민둥산이 된 원인이 이것이라고도 말을 한다. 나무가 우거지면 호랑이가 나타난다고 싫어했던 것이다. 전국 각지에 호랑이에 의한 가축의 피해가 일어나 호랑이를 퇴치해 민심을 안정시키기 위해서 지방 관리들이 무엇보다도 힘을 많이 쓰지 않으면 안 되었다고 읽은 적이 있다.

해설판은 한글로 쓰여 있었다. 아직도 옆에 있는 군인들에게 영어로 좀 읽어 달라고 부탁했다. 얼굴에 여드름이 난

군인이 나가와 성실한 목소리로 읽기 시작했다. 한국어였다.

"플리즈, 잉글리쉬 플리즈."

라고 말해 봤다. 세 명의 군인들은 얼굴을 마주보며 서 있었을 뿐이었다.

그때, 바위산의 안쪽에서 무슨 기색이 나타나더니 한 마리가 얼굴을 내밀었다. 아아, 큰 수컷 호랑이었으면 하고 침을 삼켰다. 수컷은 턱이 잘 발달된 데다 수염도 아주 훌륭한…. 어럽쇼! 얼굴이 작다. 궁상맞은 얼굴이었다. 얼굴만 내밀고 어두운 눈을 하고 다시 바위산 안쪽으로 들어가 버렸다. 이런, 저 호랑이는 뭐였던 걸까? 은빛 수염이 좌우가 고르지 않았다. 심지어 꺾인 수염도 있었다. 어쩔 수 없다고 생각하자 슬슬 바위산의 구멍에서 또 나왔다. 뼈에 가죽만 씌운 것같이 많이 말랐다. 자고 있는 암컷과 같은 크기라고 생각하자 오히려 작다. 엉덩이 부분에 달려 있는 것이 없다. 암컷이었다! 음…, 수긍이 갔다.

당분간 더 기다렸으나 수컷은 나타나지 않았다. 지나가던 사육사에게 수컷은 없는지 물어봤다. 영어가 통하지 않는다. 엄지손가락을 세우자 의아한 얼굴을 하면서 우리 안을 가리킬 뿐이었다.

주위를 둘러보자 아까 그 군인이 학생으로 보이는 커플을 데리고 왔다. 나랑 해설판을 가리키며 읽으라고 말하는 것 같았다. 남자 쪽이 바로 읽기 시작했다. 떠듬떠듬했으나 일본식 영어 같은 느낌으로 내 영어와 비슷했다. 귀를 기울이자 호랑이의 산지는 태국이었다.

"이런, 태국이었군. 어쩐지 붉다고 생각했더니."

아시아 각국에 분포하는 호랑이는 산지에 따라서 크기와 줄무늬가 꽤 다르다. 아종(亞種)도 7~8종으로 나뉘어 있다. 동남아시아의 열대호랑이어서 짧은 털에 크기도 작았던 것이었다. 그렇게 생각해 보니 우리 안의 호랑이가 한층 더 빈약하게 보였다. 한국호랑이라면 더 위엄이 있을 것인데. 사육사에게 "한국호랑이는 어디에 있어요?"라고 묻자, 양손을 펼친 제스처가 나에게 돌아왔다. 그게 아니고 한국산 호랑이라는 말이 통하지 않는다. 사육사는 이 집요한 일본인을 다루는 것이 어려웠던지 입구 근처의 빌딩을 가리켰다. 저기에 가면 된다고 손짓발짓으로 말한다. 그런 식으로 열심히 가르쳐 준 빌딩으로 향하자 영어로 해설판을 읽어 준 남학생과 그의 여자 친구가 따라왔다. 작은 몸집의 학생이었지만 야무지게 생겼다. 사무실 같은 건물로 그 남학생이 들어갔다. 여자 친구와 같이 밖에서 기다리자 아까 그 군인들이 우리 쪽으로 왔다. 키가 큰 쪽이

"…범?"

그녀에게 묻고 있다. 호랑이를 한국어로 또한 '범'이라고도 하는구나. 갓난이 머리를 한 그녀가 '네'라고 대답했다. '네'는 '하이'라는 말이구나. 그녀는 검은 바지에 검은 상의

를 입고 있었다. 데이트에는 어울리지 않는 복장이었지만 어려 보여서 물어봤다.

"고등학생?"

"컬리지(전문대)."

수줍어하며 대답했다.

입을 손으로 가리며 말하는 몸짓이 꼭 일본 여자들과 똑같았다.

"남자친구도?"

"아니요, 그는 대학생이에요."

4년제 대학교 학생인 것이다.

무언가 더 물어보려고 영어 단어를 찾자 빌딩 안에서 남학생이 무테안경에 넥타이를 맨 중년쯤 되어 보이는 사람을 데리고 나왔다. 이 사람은 관리직답게 유창한 영어로

"한국호랑이는 키우지 않고 있습니다. 그 밖에 다른 질문은요?"

딱 잘라 말한다. 역시 없는 것일까? 유감이다. 다시 용기를 내서

"언제까지 길렀습니까? 사진이라도 있으면 보여 주세요."

라고 물어봤다. 그러자 놀랍게도 한국호랑이를 사육한 기록이 없다는 것이다. 설마, 이런, 바보 같은…이라고 귀를 의심했다. 질문을 반복하자, 동물원 직원은 어깨를 움츠렸다.

"옛날에, 아마도 일제강점기에 한국호랑이는 멸종한 것으로 생각됩니다. 그 당시 새끼 호랑이조차 이 동물원에 없었습니다. 왜 그랬는지는 모르겠습니다. 그로부터 제2차 세계대전, 한국전쟁이 일어나고 박제, 사진도 전부 없어졌습니다. 서울에는 호랑이의 흔적조차 남아 있지 않습니다."

고개를 갸우뚱했지만 언어가 문제였다. 남학생도 안됐다는 얼굴을 하고 있었다. 맥없이 사무실을 뒤로 했다.

정말로 한국호랑이가 없다는 것을 알자 창경원의 동물원이 갑자기 따분하게 느껴졌다. 더운데다가 동물들의 울음소리와 냄새에 진저리가 났다. 아까 그 남학생에게 아이스크림을 사 주고 함께 늑대(1964~67년 사이에 경북 영주에서 생포된 남한 마지막 늑대 5마리 중 2마리와 그 새끼들을 말한다.)와 수리부엉이, 독수리 등을 보았다. 고라니라고 하는 한국의 소형 사슴과 한국산양은 없었다. 남학생은 한국산 표범이 한 마리 있었는데 몇 년 전에 죽었다고 말했다(1962년 경남 합천군 오도산에서 생포된 수컷 표범을 말한다. 그 표범은 생포 직후 창경원에서 전시되다가 1972년에 죽었다).

"한국의 표범이? 삵이 아니고?"

남학생은 어슴푸레한 기억이라고 했다. 그러나 크고 둥근 무늬가 몸 전체에 있었다고 했다. 이건 나중에 조사해 보고 싶다는 마음이 들었다.

창경원의 동물원은 한국전쟁 당시 전화에 의해 폐허가 되었었다. 겨우 복구가 시작되었으나 휴전 상태가 계속 이어져 호랑이를 돌볼 여유조차 없었다. 이런 상황이니 야생 동물이 빈약한 상태인 것도 어쩔 수 없는 일이다. 커플들과 악수를 하고 헤어지고 지쳐서 돌아왔다.

서울 경희대학교 조류연구소의 원병오(元炳旿) 교수는 한국 조류연구의 제일인자이다. 일본의 홋카이도(北海道)대학교에서 학위를 받았으며 포유류에 대해서도 일가견이 있다. 1950년대, 젊었을 때부터 서로 알게 되었으며 신기하게도 마음이 딱딱 맞은 우리는 꽤 사이가 좋았다. 이번만 해도 한국의 박쥐를 조사하는 것이 목적이어서 원 교수에게 신세를 지고 있었다. 박쥐 샘플 채집조사를 할 때도 원 교수의 연구실 학생들에게 도움을 받아 조사를 했었다.

원 교수에게 물어보니 한국에서 호랑이가 멸종된 지 50년이 지났다고 한다. 발자국을 봤거나, 울음소리를 들었다는 뉴스는 가끔 나오지만 전부 뜬소문이라며 원 교수는 웃으며 말했다.

"어째서 호랑이가 없어졌을까요?"

"글쎄요…, 역시 개발 탓이겠죠. 국토는 좁고 인구는 증가하고. 호랑이뿐 아니라 야생 조류와 그 밖의 짐승들이 위험한 상태에 처해 있어요. 여러 종들이."

한국으로 한정해서 말하면 표범은 벌써 꿈에서나 볼 수

있는 환상의 존재로, 반달가슴곰도 보기 힘들어졌으며 늑대도 어디에 있는지 아무도 모른다고 한다.

"한국전쟁의 영향이 있었나요?"

"물론이죠. 전쟁이 이 나라 전체를 망쳐 버렸죠. 미군들 중에는 재미로 야생동물에게 총을 쏘는 병사들도 적지 않았어요…. 지금부터 야생동물들을 원래의 개체수로 돌리는 데는 엄청난 노력과 시간이 필요하죠. 한국의 힘만으로는 거의 무리죠."

한반도의 호랑이는 지금은 북한의 백두산(2,744m)을 품고 있는 백두대간에 극히 소수가 남아 있을 뿐일 거라고 말한다. 창경원 동물원을 묻자 전쟁 전에 호랑이를 사육한 것은 틀림없는 일이었다. 다만 기록이 전쟁에 의해서 소실된 것이 아닐까라고 한다.

나는 원 교수의 이야기를 듣고서야 겨우 납득이 갔다. 아직 호랑이가 있다고 멋대로 생각하고 한국에 와서 서울 창경원 동물원에서 호랑이를 찾다니…. 이것은 마치 우에노(上野) 동물원에서 일본늑대를 찾는 것과 같은 일이었다. 나는 나의 무지에 얼굴이 붉어졌다.

둘.

한반도 호랑이에 대한 기록

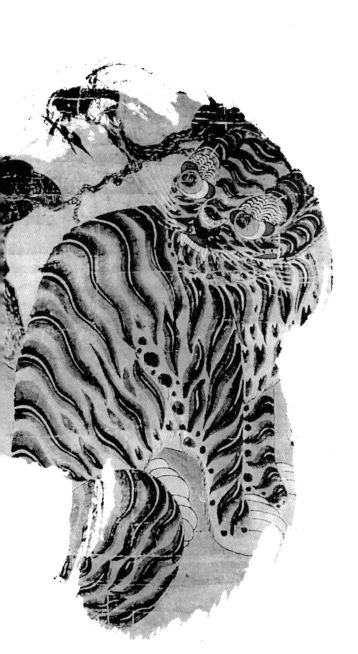

한국에서 돌아와 서점을 돌아다니다가 한국, 조선계의 책 이름에 나도 모르게 눈길이 가는 것을 느꼈다. 한 번 방문한 한국에 끌려서 무언가 알고 싶다는 호기심이 마음 한구석부터 올라왔던 것이다. 이런 식으로 서점을 돌아다니다가 드디어 좋은 책과 만났다.

『조선사정(朝鮮事情)』(저자 미상/헤이본샤(平凡社) 동양문고)이라는 책으로, 1845년부터 1866년까지 '일본의 메이지시대(1868~1912년) 이전까지 약 20년간' 개국 전야의 조선에서 생활한 프랑스인 선교사들의 견문록이었다. 근대문명에 때 묻지 않은 이 나라 사람들의 생활 모습이 잘 관찰되어 있었으며 그 가운데 호랑이와 수렵에 관한 흥미 깊은 문장들이 있었다. 요약을 해 보니,

"수렵은 천한 행동이라고 이 나라 사람들은 생각하고 있다. 그래서 많은 양반들은 거의 수렵을 하지 않는다. 수렵은 완전히 자유로, 무기세나 수렵금지구역, 수렵금지기간이 없다. 단 하나, 매는 죽이는 것이 금지되어 있어서, 만약

살못해서 한 마리라도 내에게 상처를 입히면 시울의 법정에 연행된다.

그들의 총은 일본식의 화승총(火繩銃)으로 무거울 뿐만 아니라 볼품도 없다. 조선 사람들은 이런 불편한 무기로 호랑이를 퇴치하고 있는데 만약 한 번에 호랑이를 명중시키지 못하면, 사냥꾼은 호랑이에게 잡아먹힌다. 호랑이가 어느 지방에 나타나 그 맹위를 떨치고 있으면 그 지방 관리는 사냥꾼들을 모아 보내 호랑이 사냥에 나서게 한다. 그러나 언제나 성과가 없다. 왜냐하면 호랑이 가죽은 정부의 소유가 되고 지방 관리가 사냥꾼들에게 지급할 보상금을 착복해 버리기 때문이다.

사냥꾼들은 생명의 위험을 느끼면서도 단독으로 호랑이 사냥을 나가는데 그 이유는 몰래 호랑이 가죽을 팔아 이익을 얻기 위함이다. 그들은 호랑이 고기가 매우 맛있다고 한다. 뼈는 가루로 만들든가 푹 고아서 여러 가지 약제로 제공된다. 특히 일본인이 고가로 이것을 사서 비약을 만든다(프랑스 선교사들이 중국인을 일본인으로 착각함, 저자 주).

조선에는 호랑이가 매우 많아서 매년 사고가 끊이지 않는다. 마을 사람들은 호랑이에 대해서 아주 무관심해 호랑이가 가까운 곳에 나타나도 여름에는 대문과 방문을 전부 열어놓는다든지 때로는 헛간이나 마당에서 자는 경우가 있다. 만약에 충분한 계획을 세워서 호랑이를 퇴치했더라면 살아남은 호랑이들을 사람이 거의 살지 않는 깊은 산속이나 삼림지대로 보내는 것이 가능했지 않았나 싶다.

그러나 사람들은 당면한 위험을 배제하는 것만 생각해 장래나 전체의 이익 등에는 신경 쓰지 않는다. 때로는 깊게 판 구덩이의 한가운데에 날카롭게 깎은 대나무를 거꾸로 꽂은 뒤 나뭇잎이나 흙을 덮어 눈속임을 해 호랑이를 잡는 경우도 있다. 그러나 이와 같이 사냥꾼에게 위험이 없고 단순한 사냥법조차 사용되는 경우는 드물다. 겨울, 반쯤 언 눈에 호랑이가 배까지 빠져서 기어 나오지 못할 때 여러 차례 칼과 창으로 찔러 죽인다.

조선의 사냥꾼은 날고 있는 것은 결코 죽이지 않는다. 그들은 동물의 모피와 날개, 보릿짚 등으로 위장해 구멍 안에 몸을 숨겨 가까이 다가온 동물을 잡는다. 그들은 다양한 새들의 울음소리를 생생하게 흉내를 낸다. 특히, 장끼의 울음소리를 잘 내서 그 방법으로 많은 꿩을 잡는다.

그러나 주요한 사냥감은 사슴으로, 사슴 사냥은 사슴뿔이 성장하는 5, 6월에 한해서 행해진다. 그것은 이 시기의 사슴뿔이 엄청나게 비싼 값으로 팔리기 때문이다. 사냥꾼들은 보통 3명 또는 많아 봐야 4명 정도로, 며칠에 걸쳐서 산속을 헤매며, 밤에는 몇 시간 동안 가만히 짐승을 기다린다. 산속의 지면이 젖어 있는 동안 그들은 놀라운 본능으로 사슴 발자국을 찾으며 보통 3일 만에 따라잡아 총으로 쏜

다. 사냥이 매우 잘될 때는 몇 개월간 버틸 수 있는 양식이 손에 들어온다. 이렇게 해서 적은 수의 사냥꾼들 중에는 재산을 쌓은 사람도 있다."

아, 역시! 나는 감탄을 했다. 한반도에 백 몇십 년 전에는 호랑이가 적지 않았다. 그것이 왜 어떤 과정을 거쳐 사라지고 말았는가?

그 이유가 궁금해졌을 무렵 K사(社)에서 '한국의 호랑이'에 대해 잡지에 써 보지 않겠냐는 편지를 받았다. 누군가에게서 내가 한국에 갔었다고 들었던 모양이다. 쳇. 무리라고, 그런 일은…라고 중얼거렸으나 의뢰장에는 인도호랑이의 경우에는 잘 쓰인 보고서나 기사 등이 있으나 한반도 호랑이에 관해서는 아무도 쓴 사람이 없다고 쓰여 있었다.

그렇다면 해 볼 가치가 있구나라고 생각해서 자료를 찾아봤지만, 제대로 된 자료가 없다. 국립과학박물관의 오바라 이와오(小原巖) 씨에게 물어봤다. 오바라 씨는 일본의 포유동물 분류의 제일인자로, 이마이즈미 요시노리(今泉吉典) 박사 밑에서 아시아 포유류에 대해서 폭넓은 식견을 가진 젊은 학자이다.

오바라 씨는 시골에 살고 있는 나에게 쿠로다 나가미치(黑田長礼) 박사의 『원색일본포유류도설(原色日本哺乳類図説)』을 소포로 보내줬다. 쇼와(昭和) 15년판(1940년)인 고색

창연한 이 책은 한국과 대만, 사할린 등 지역의 동물 자료를 찾기에는 제일이라고 한다. 떨리는 마음으로 책을 펼쳤다. 종이의 질은 전쟁 전의 갱지이나 도판은 아트지를 사용해 굉장히 좋았다. 고양이과(科)에는 눈표범, 스라소니, 구름표범, 한국호랑이, 한국표범이 그려져 있었다.

이 호랑이는 눈 위에 서 있으며 목에서 가슴, 아랫배까지가 희고 눈썹과 입 주위, 귀 주변도 흰색이었다. 젊은 호랑이인지 하반신이 크고 얼굴은 약간 작았다. 꼬리는 굵고 검은 줄무늬가 눈에 띄었다.

"음, 이건 꽤 훌륭한 호랑이가 아닌가!"

눈을 가늘게 뜨고 넋을 잃고 쳐다봤다.

본문에는, 메이지시대에 한국에서 호랑이가 포획된 장소가 여섯 군데 있다고 쓰여 있었다. 북한에서는 무산(茂山)에 5마리, 고산(高山)에 2마리, 북진(北鎭)에 1마리로 총 8마리다. 남한에서는 전남 영광군 불갑산(佛甲山), 강원도 춘천 가리산(加里山), 경북 경주의 세 군데로 포획된 것은 3마리뿐이다. 마지막 호랑이는 다이쇼(大正) 11년(1922년) 경주군 대덕산에서 포획된 수컷이라고 한다. 지금 현재(이 책이 쓰인 1980년대 당시, 역자 주)는 함경북도의 오지(奧地)에 어쩌다가 매우 드물게 포획되는 정도로 줄어 멸종에 가깝다고 쓰여 있었다.

뭐라고 표현할 수 없을 만큼 적은 수, 그리고 멸종된 시기로부터 또 많은 세월이 흘렀다. 이러니 서울의 동물원에 호랑이가 없었던 것이다. 생포해서 보여주려고 해도 요즘은 호랑이가 보기 힘들어졌다. 프랑스 선교사들은 많이 있다고 보고했는데, 메이지부터 다이쇼에 걸쳐 줄어들고 있었다. 도대체 어떤 일이 있었던 것일까?

실망해서 도설을 보다 보니 메이지 44년(1911년)에 불갑산에서 포획된 수컷 호랑이에 '재(在) 목포초등학교'라는 글이 쓰여 있었다. 다이쇼까지는 목포의 뒷산에도 살고 있었던 것이다.

목포라는 지명은 일본의 라디오 기상정보에서 들어서 친숙해 있었다. 목포에 기상대가 있는 모양으로 '목포 남남동풍, 풍력3' 등으로 보도되고 있다. 한반도의 황해에 돌출해 있는 항구 도시로 바람이 건너가는 곳이기도 하다.

확실히 낡은 단서이지만 혹시 하는 마음이 생겼다. 나는 대한민국 목포시 목포초등학교에 그 호랑이가 아직 학교에 있는지를 문의하는 서신을 보냈다. 어떻게 잡았는지 무언가 기록이나 문서가 남아 있지 않은가 하고.

목포의 초등학교는 나의 물음에 답장을 주지 않았다. 일본어를 읽을 수 있는 선생님이 없을지도 모르는 일이었다. 그렇게 생각하고 고생해서 영어로 다시 썼다. 그러나 이것도 깜깜무소식. 대일 감정이 좋지 않은 상태에서 모르는 일본인에게서 받은 편지를 무시한 걸까? 아니면, 호랑이가 벌써 처분되어 답장을 쓸 의미가 사라져 버린 걸까? 메이지 말, 70년 전 이상의 호랑이다. 남아 있는 것도, 기대하는 것도 무리일지도 모른다는 생각에 답장을 주지 않는 목포 초등학교를 원망하지 않기로 했다.

한국전쟁으로 깊은 상처를 입고 경제부흥에 힘을 쏟고 있는 한국은 야생동물에 신경 쓸 상황이 아니었다. 일본에서 온 우매한 물음에 대답할 시간이 없는 것이다. 이리하여 나는 K사에 편지를 썼다. 한국의 호랑이에 관해 쓸 재료가 없다고.

거절해 버렸지만 호랑이에 대한 생각은 점점 더 커졌다. 그러는 동안, 영국 조류학회의 회장으로 WWF(세계야생생물기금) 설립자의 한 명인 가이 마운트홋의 저서 『호랑이 구출』에 1972년의 세계 호랑이 서식상황이 실려 있는 것을 발견했다. 일찍이 호랑이는 유라시아 대륙에 넓게 분포해왔으나 지금은 어디서나 급격히 줄어들어 멸종위기에 있다고 한다. 여기에 IUCN(세계자연보호연맹)의 자료를 보충하면 호랑이의 서식지와 서식 개체수는 시베리아에 130마리, 중국 동북부에 불명하지만 소수, 한반도 불명, 인도차이나반도 국가들에 2,000마리, 인도네시아 수마트라 섬에 800마리, 자바 섬에 5~10마리(현재 자바호랑이는 멸종 상태임, 역자 주), 버마(현 미얀마, 역자 주)에 소수, 방글라데시에 100마리, 인도에 1,827마리, 네팔에 150마리, 시킴(Sikkim,

히말라야의 왕국, 1975년에 인도에 병합, 소멸됨, 역자 주)에 소수, 부탄에 200마리, 카스피 해 남부 이란 산악지대와 터키에 소수가 남아 있을 것으로 추정했다(현재 카스피호랑이는 멸종 상태임, 역자 주). 최근까지 남아 있었다고 하는 인도네시아 발리 섬의 호랑이는 아마도 멸종한 것으로 보고 있다.

1930년에는 10만 마리로 추정되었던 것이 현재는 5,000마리로 떨어졌다고 한다. 수년 전까지만 해도 일본에서 인도로 호랑이 사냥을 가는 투어가 있어 뻔뻔스러운 수렵 마니아들의 발길이 끊이지 않았다고 한다. 말로 형용할 수 없는 호랑이의 감소 추세다.

이에 보호는 어떻게 하고 있는지 살펴보면, 1969년 제10회 IUCN 총회에서 아시아의 호랑이가 급감하는 것을 세계에 알렸다. 이것이 계기가 되어 1970년부터 인도의 호랑이 사냥은 금지되었다고 한다. 인도의 시장에서 자유롭게 사고 팔던 호랑이 가죽의 거래는 금지가 된 것이다.

지구 상에는 수많은 야생동물들이 살아가고 있는데 그중에는 상거래의 대상으로 여겨지는 것이 적지 않다. 그들은 강제로 동물원에 사육당하든가 아니면 죽임을 당해 박제나 카펫, 상아 조각 등의 장식품이 된다. 혹은 모피류와 의류, 핸드백과 허리띠 등 장신구로 가공되어 대부분 비싼 가격으로 매매된다.

이런 상업적인 목적으로 남획되면, 처음부터 개체수가 적은 종은 멸종될 것이라는 우려는 당연한 것이었다. IUCN은 이런 국제적인 상거래로부터 희귀한 동식물을 지키기 위해 전 세계에 호소해 1973년에 드디어 워싱턴조약(CITES)이 탄생했다. 조약 중에는 전 세계에서 멸종 우려가 있는 동식물을 멸종의 위험도에 따라 3등급으로 분류했다. 그 내용은 부속서 I (420종이었으나 1985년 현재 490종으로 늘어났다), 부속서 II (약 270종), 부속서 III (약 80종)으로 나뉘어 가장 규제가 엄격한 부속서 I 의 동식물은 학술연구용 이외의 수출입을 일체 금지하고 있다. 여기에는 오랑우탄, 고릴라, 침팬지, 수달, 치타, 코뿔소, 신천옹(앨버트로스, 역자 주), 따오기 등이 속해 있으며 호랑이와 표범도 들어 있다.

이 해에 WWF는 호랑이 구출작전을 계획해 인도호랑이의 보호를 위해서 백만 달러의 조성금을 약속해 연구, 조사, 보호 활동 등을 광범위에 걸쳐 인도정부에 원조를 하기 시작했다. 간디 수상은 이것을 받아들여 "호랑이는 아시아의 맹수 왕이며 복잡한 삼림생태계의 정점에 있어 호랑이의 보호는 자연이 황폐하게 되는 것을 막는 데 필히 도움이 될 것이다. 오늘날에는 인간의 침입과 돈벌이 위주의 임업회사로부터 위협당하고 있는 호랑이의 서식처를 불가침 영역으로 할 필요가 있다. 임업회사는 인도 국립공원, 성역(聖域), 호랑이 보호구에서는 상업주의로부터 방향 전환을 도모하지 않으면 안 된다. 이 목적을 위해서 인도 삼림의 1∼2%를 원시림 상태 그대로 두는 것을 희망한다."고 국민들에게 호소했다.

인도정부는 WWF의 요청에 따라서 타이거 프로젝트를 세워 9곳의 호랑이 보호구를 설치했다. 거기에서는 호랑이 사냥의 전면 금지는 말할 것도 없고 호랑이의 생존에 위협을 가하는 마을 주민들의 이주까지 행해진 경우도 있었다. 호랑이 구출작전은 인근 나라에까지 전개되어 보호구는 네팔에 2곳, 방글라데시에도 1곳이 생겼다.

이렇게 해서 호랑이는 극적으로 보호를 받게 되었으나 일본은 세계의 흐름에서 벗어나 있었다. 1974년 가을, 나는 맹금류 밀렵 조사를 목적으로 도쿄의 한 수입상을 찾아갔다. 초로의 지배인은 들뜬 마음으로 굉장히 많은 수의 짐승 가공품이 있는 창고로 안내했다. 그 회사만 해도 매년 1,000마리 정도의 호랑이 가죽, 박제를 수입하고 있으며, 고급 인테리어로 잘 팔린다고 자랑스럽게 이야기했다.

나는 호랑이를 멸종으로 몰아넣은 이런 상인들이 현재의 일본 사회에 아직도 있다는 것에 경악을 금치 못했다. 이런 야생동물 가공품을 좋아하는 사람들은 대부분 세상이 어떻게 돌아가는지 모르는 사람들이었다. 일본이 야생동물의 대량 수입국으로서 세계의 야생동물 보호 관계자로부터 비난받고 있다는 사실 등을 알리고도 하지 않는다. 수입상의 창고 안에서, 나는 몰랐다고 하는 것은 벌써 죄를 지은 것과 마찬가지라고 생각하며 입술을 깨물었다.

일본 정부가 일본야조회(野鳥會)와 WWF 일본위원회 등의 힘으로 간신히 워싱턴조약을 비준해, 드디어 세계에 동참하게 된 해가 1980년 11월이었다.

그런데 이렇게 호랑이의 자료를 보고 있자니 중국, 한국의 호랑이 수가 어디에도 불명으로 나와 있는 것이 신경 쓰였다. IUCN과 WWF라고 하는 세계적인 기구들조차 중국, 한국의 자료를 입수하지 못하고 있는 것 같다. 정치의 벽이 이렇게 두꺼운 것인가 하고 한탄을 하고 있었을 때 「소련의 아무르호랑이」라고 하는 논문을 발견했다. 모스크바대학교의 동물박물관, 소련농업청자연관리중앙연구소, 시호테알린 보호구의 연구자 3명이 1964~77년에 걸친 현지 조사의 결과를 정리한 논문이다. 세계적으로는 시베리아호랑이로 불리고 있는데 소련에서는 아무르호랑이로 불리고 있다고 한다.

이 지역의 호랑이에 대해서는 러시아인인 니콜라이 바이코프가 몇 점의 걸작을 남기고 있다. 그러나 문학적 향기가 높아서 작품에 담긴 호랑이의 생태 등이 어디까지가 진실인지 읽고 있으면 조금 불안해지기도 한다.

야생 호랑이 분포도(『소련의 아무르호랑이』에서)

그런 면에서 「소련의 아무르호랑이」(소련: 지금의 러시
아, 역자 주) 논문은 엄밀히 비교하면 과학적이다. 50페이

지의 얇은 논문이긴 하나 동북아시아의 호랑이에 대해서, 그것도 내가 처음 보는 보고서여서, 심장이 요동을 쳤다. 사전을 한 손에 들고 하나하나 읽어 가자 한국과 중국의 호랑이에 대해서도 쓰여 있었다.

그중에 야생 아무르호랑이의 멋진 사진이 들어 있었고 다음 쪽에는 그 분포도가 있었다. 이 분포도와 개체수가 가장 궁금했던 터라 여기에 대략 써 보면,

일찍이 그 분포는 한반도 전체와 소련의 시호테알린에서 아무르 강, 우수리 강 양안(兩岸) 유역, 중국 동북부를 크게 둘러싸고 있었다. 요동반도에 물음표(?)가 붙어 있는 것은 옛날에는 여기까지 서식하고 있었을 것이라는 표시이다. 옆선을 그은 부분은 현재 소련 호랑이의 서식지로 시호테알린산맥 남부, 아무르 강과 우수리 강의 동쪽으로 둘러싸인 지역에 한정되어 있다. 소련, 중국 동북부, 북한의 호랑이는 백두산을 중심으로 국경을 넘어 이동하고 있는 것 같다.

아무르호랑이의 19세기 후반부터 20세기 초에 걸친 연간 포획 수는 120~150마리였다. 과연 굉장한 수다. 한반도의 서남단에서 한국 최후의 호랑이가 잡혔을 때, 시베리아에서는 매년 이렇게 많은 수의 호랑이가 잡혔었다. 1870~80년대에 시작된 이 지역의 인구 증가와 경제 발전이 호랑이 사냥을 활발하게 만들었다. 이보다 전에는 호랑이의 포획이

매우 드물있다고 한다. 1930~40년대에는 포획된 새끼 호랑이의 수가 수렵된 호랑이의 수보다 많았다. 번식수를 상회하는 개체수가 포획되면서 각지에서 호랑이가 자취를 감추어 갔다.

호랑이 사냥은 전쟁(제2차 세계대전)으로 인해 일시적으로 멈추었으나 1947년까지 공식적으로 호랑이를 총으로 쏘는 것이 금지되어 있지 않아서 새끼 호랑이의 포획은 계속되었다. 엄격한 호랑이 사냥 규제는 1956년부터 겨우 시작되었고, 그 이후부터 특별허가 없이는 호랑이 사냥을 할 수 없게 되었다. 자연보호구가 생기고 생태학적 연구가 행해져 아무르호랑이의 운명은 바뀌었다고 한다. 호랑이 보호에 대해 처음으로 근거 있는 요구가 중앙당으로 제출되었던 것이다.

1950년대 후반, 중국 동북부에 서식하는 아무르호랑이의 수는 200~250마리라고 슬라드스키는 보고했으며 학자들은 소련의 극동에 서식하고 있는 호랑이를 90~100마리로 추정했다. 아무르호랑이의 약 3분의 1이 소련 영토에 있었다는 것이 된다.

10년 후, 1970년에 상세한 조사를 행하자 소련 극동부의 전 개체수가 150마리로 증가했다. 시호테알린산맥에서의 아무르호랑이 보호정책은 눈부신 성과를 올려 호랑이의 존재는 어느 정도 낙관이 가능한 정도까지 왔다라고 보고서에는 쓰여 있었다.

아무르호랑이

　과연 대국인 소련답다. 시호테알린산맥에는 큰 자연보호
구가 생겨서 호랑이의 개체수는 전문가에 의해 관리된다고
한다. 안심하며 가슴을 쓸어내렸으나 헤이룽장성의 중국호
랑이와 시호테알린산맥에 서식하는 호랑이의 교류는 이젠
어려울 것이라고 낙담했다.

　소련 극동지구는 하바로프스크와 블라디보스토크를 중심
으로 철도가 다니고 있는데다가 도로까지 개통해 농어업,
철광업, 목축업까지 비약적인 발전이 일어나고 있다고 한
다. 중국 동북부도 소련과의 국경까지 개발이 진행되어 있
을 것이어서 호랑이의 서식지는 나날이 고립되어 가고 있
는 것이다.

마지막으로 북한과 소련 측의 호랑이 교류도 어려워지고 있다는 것을 알았다. 북한과 소련은 가까워서 호랑이의 자유로운 왕래가 가능하다고 생각했었는데 니콜라이 바이코프는 1925년에 인간의 영향으로 한반도와 국경에 접해있는 장백(백두)산 고원에 호랑이들이 모이는 것이 어려워지게 되었다고 썼다. 논문에는 확실히 쓰여 있지 않으나 다 읽은 뒤에 느낀 것은 한반도 북부에 있는 호랑이는 극히 소수여서 조사를 하지 않았나 하는 것이었다.

　이런 자료를 봤기 때문에 관광버스 가이드가 말한 한국에 호랑이가 나타났다는 이야기는 간단히 믿을 수가 없었던 것이다. 일본인 관광객을 재미있게 하려는 농담이었을지 모른다. 그러나 신문과 텔레비전에 호랑이의 사진이 나왔다는 것은 어떨까. 가이드가 거기까지 일본인 관광객을 재미있게 하려고 신문과 텔레비전에 호랑이의 사진이 나왔다는 농담을 말할 수 있을까.

　만약 호랑이가 나왔다고 해도 그것은 한국에 지금까지 숨어 있었던 것은 아니다. 북쪽에서 내려온 것이 틀림없을 것이다. 이것이 정말이라고 한다면…, 매우 흥분되는 일이 아닌가?

　나는 도저히 가만히 있을 수가 없어서 도쿄의 한 신문사에 전화를 걸었다. 잘 알고 있는 문화예술부의 기자를 바꿔 달라고 해서 한국에 호랑이가 나타났다는 뉴스를 서울 지

국에서 확인할 수 없을까라고 부탁해 봤다. 기자는 별로 대수롭지도 않게

"한국에 호랑이가 나왔다고? 원래 있지 않나? 흠…, 그거 뉴스거리가 되려나? 그야 물론 국제전화로 한 번 물어보면 되긴 한데…."

북한에 호랑이가 있는 산맥과 한국의 산맥은 그 맥이 연결되어 있는데 호랑이가 내려온다든가 올라간다든가 하는 것이 벌써 반세기 이상 끊어졌다. 호랑이의 서식권을 사람들이 완전히 분단시켜 버렸기 때문이다. 지금은 더욱 나쁜 상황으로, 38선을 중심으로 폭 4km의 비무장지대가 있어 남북의 병사들이 총을 겨누고 있다. 한국전쟁이 휴전된 해가 1953년인데 휴전선을 넘으려고 하면 가차 없이 총을 맞는 것이다.

그러나 호랑이가 그런 선들을 넘을 생각이었다면 벌써 강을 헤엄쳐 인간의 경계망을 뚫고 나갈 만큼 간단했을 것이다. 새로운 자신의 영역을 위해서 행동권을 넓히는 젊은 수컷 호랑이가 있다고 해도 이상할 것도 없다.

전화로 신문기자를 설득한 뒤, 나는 점점 흥분으로 달아올랐다. 정말이라면 세계적인 뉴스가 아닌가? 남북의 군대를 거들떠도 안 보고 정치가 넘을 수 없는 벽을 호랑이가 넘었다…. 이것을 뭐라고 해야 할지…. 어리석은 인간들을 향해서 커다란 포효를 하는 호랑이…, 현 정세에 딱 필요

한 호랑이가 아닌가?

물을 끓이고 컵을 꺼내 소중히 보관하고 있는 한국의 인삼차를 뜯었다. 한방약으로 세계적으로 유명한 고려 인삼의 엑기스를 과립으로 만든 것으로 뜨거운 물에 잘 녹는다. 각설탕을 하나 넣어서 잘 저으면 좋은 향기가 퍼져 나온다. 한 입, 두 입 입에 넣고 '흠. 과연 한국의 호랑이, 도대체 어디를 넘어서 어디서 나타났을까? 설마 서울 부근의 산은 아니겠지?'

의심하지 않으면 안 되는데 마음은 벌써 가이드 쪽으로 넘어가 버렸다.

한국의 동쪽에는 웅대한 백두대간이 달리고 있다. 서울에서 동해안의 속초로 고속도로를 탔을 때 본 적이 있다. 거기라면 호랑이가 나와도 이상하지 않다고 생각한다. 백두대간의 산들은 인적이 드물고 산은 끝없이 깊기 때문이었다.

혀끝을 살살 떨게 하는 인삼차의 깊은 맛을 음미하자 오랫동안 잊고 있었던 것들이 하나둘씩 되살아나고 있었다. 호랑이에 대한 두려움과 비슷한 동경심 ─ 호랑이가 출몰하는 산과 원시림, 거기에서 자연과 하나가 되어 생활하는 민족에 대한 선망 같은 그것, 그것은 소년 시대에 생긴 것이었다. 니콜라스 바이코프의 호랑이를 그린 명작 『위대한 왕』을 읽은 뒤부터였을까 아니면 아르세니예프의 우수리 지방의 탐험기 『데루스 우잘라』에 영혼을 뺏긴 뒤부터였을까?

이때까지 솔직히 나는 호랑이를 주제로 책을 쓰는 이런 엄청난 일은 생각지도 못했었다. 어떻게든 호랑이 근처까지 가 보고 싶었던 맹목적인 생각으로 움직였던 것이었다.

사흘 정도 지난 후, 도쿄의 신문사의 기자에게서 연락이 왔다. 유력지인 『한국일보』에 호랑이의 사진이 발표되었다는 것은 사실이었다. 열흘 정도 전의 일이었으며 장소는 관광지로 유명한 경주의 대덕산이라고 했다. 사진을 찍은 인물은 매스컴이 몰려드는 것에 대해 놀라 어딘가로 종적을 감추었다고 했다. 따라서 호랑이를 촬영한 자세한 상황은 모른다고 한다.

"이것뿐이어서 좀 미안한데…. 그래서 한국이라도 가 볼 참인가? 호, 열심히도 하는구나. 그래도 자세한 상황을 알게 되면 나한테도 알려줘. 우리 쪽에서도 신문에 올릴 수 있으니까. 아, 서울 지국에 가면 되겠구나. 통역도 어떻게 될 거야."

전화를 끊고 좋았어, 한국에 간다라고 큰 소리를 내자 아내가 옆에서 한 소리 한다.

"일부러 한국까지 갈 일이야? 설인이라도 나온 것이라면 몰라도…."

셋.

대덕산호랑이

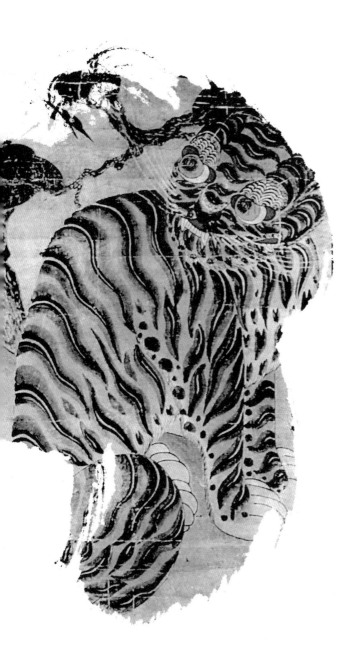

1980년 2월 초순, 나는 비자가 나오는 것을 끝까지 기다릴 수가 없어서 서울로 출발해 버렸다. 어떻게 해서라도 호랑이 사진을 찍은 사람을 만나고 싶었다. 호랑이가 나타난 현장도 가 보고 싶었다. 지구상의 야생동물들이 시달림을 받고 있는 중에 이웃나라인 한국에서 호랑이가 새로운 영역을 넓힌 것이 아닌가?

서울 김포공항은 세 번째 가는 곳으로, 갈 때마다 공항은 밝은 분위기로 바뀌어 있었다. 전에는 군용기로 가득해서 여객기가 작아 보일 정도였는데 이번에는 군용기가 저 멀리 한쪽에 있어서 별로 눈에 띄지 않았다. 공항에서 도쿄의 신문사 서울 지국으로 전화를 하자 지국장은 일본에서 온 경제 사절단과 동행 중이어서 없다고 한다. 어딘가 한국과 일본의 합병 회사가 생긴다고 했다. 경희대학교의 원병오 교수에게 전화를 하자 학생을 데리고 부산 근처의 낙동강 을숙도로 물새 조사를 하러 갔는데 2, 3일 못 돌아온다고 한다.

거참, 큰일이네라고 혀를 차자 원 교수의 형님이 생각났다. 원병휘(元炳徽) 박사 역시 교수로 서울 동국대학교에 재직 중이다. 전공은 생물학으로 일본포유동물학회의 회원으로 있다. 호랑이의 이야기를 할 거라면 원병휘 박사만 한 사람이 없다.

공중전화로 대학교의 교환수를 "여보세요." 하고 불렀다. 한국어로 '여보세요'는 일본어의 '모시모시'에 해당한다. 계속해서 "일본말을 잘 아는 사람을 부탁해요."라고 말했다. 교환수가 매우 빠른 한국말로 뭐라고 하는데 하나도 못 알아들었다. 작은 새가 지저귀는 것같이 들렸다. "플리즈, 일본말…."이라고 말하며 매달렸다.

한국의 관공서나 대학교에서는 이렇게 하면 대체로 일본어를 하는 사람이 나타나는 경우가 많았다. 이번에도 성공해서 원병휘 박사의 방으로 연결이 되었다. 원병휘 박사는 때마침 연구실에 있어 지금 와도 된다고 했다. 시간은 벌써 오후가 되었으나 숙소는 나중에 잡을 생각으로 나는 공항에서 택시를 잡고 원병휘 박사가 있는 곳으로 급하게 갔다.

서울은 구름이 희미하게 걸려 있고 기온이 영하 5℃였으나 공기가 건조한 탓인지 그렇게 춥다고 느껴지지 않았다. 동국대학교는 불교계의 대학교이다. 서울이 내려다보이는 남산의 일각에 있으며 3만 명의 학생들이 다니고 있다. 여기에는 일본문화연구소가 있다. 돌로 만든 웅장한 정면 현관을 들어가서 2층으로 올라가 긴 복도를 지나 응용생물학과의 원병휘 박사를 찾아갔다.

원 박사는 5년 전에 만났고, 그에게서 페스트와 쥐의 재미있는 이야기를 들은 적이 있다. 원 박사는 전쟁 전, 이나라가 식민지시대였을 때 만주의 쓰핑성(四平省, 현 지린성 쓰핑시, 역자 주) 방역연구소에서 페스트에 관한 연구를 했었다. 1911년, 북한의 개성에서 태어나 대륙의 야생동물에 대한 규모가 큰 이야기를 많이 가지고 있다. 생물학과의 주임교수였으나 정년이 지나고 지금은 명예교수가 되었다. 원 박사 연구실 방문을 열자 "오, 오"라고 소리를 내면서 일어나 맞이해 주었다. 안경을 끼고 흰 실험복을 입은 180 cm에 가까운 키를 자랑하는 원 박사가 있었다.

"오랜만입니다. 그래 이번에는? 오, 오, 한국의 호랑이를 조사하러 오셨습니까? 이런, 이런."

유창한 일본어다. 악수를 한 손은 고희를 맞이한 사람이라고는 생각도 못 할 정도로 뼈가 굵고 단단한 손이었다. 책장과 유리로 된 표본장에 둘러싸인 방의 한쪽에 있는 소파에 앉자마자 나는 즉시 호랑이에 관한 것을 물어봤다.

"에? 호랑이 사진을 찍은 사람을 만나고 싶다고요? 신문에 나왔다? 아, 아, 그건 오보였어요. 대구 어딘가의 동물원에서 호랑이를 찍은 거죠. 찍은 사람은 호랑이 주변을 가공해서 친구에게 장난을 걸었던 거죠. 산에서 우연히 만나서 찍었다고 해서…, 그 친구가 진짜인 줄 알고 매스컴에 발표를 하사 대소동이 일어난 거예요. 네, 바로 얼마 전에 사진을 찍은 사람이 사과를 했다지요. 이런 큰 소동이 일어날 줄 꿈에도 생각 못 했다고.”

원 박사는 웃으면서 이야기를 했다. 농담을 즐기는 얼굴이었다.

“버스 가이드가 그런 말을 했습니까? 한국에 호랑이가 나왔다고? 그래서 한국에 오셨군요. 이런, 이런, 수고가 많으시네요.”

머리를 흔들면서 웃음을 참으면서 원 박사가 말했다.

처음부터 한마디도 할 수 없었다. 버스 가이드가 한 말을 믿고 한국으로 날아온 이런 바보 같은 짓에 뭐라고 말해야 좋을 상황인가. 눈이 빙빙 돌아가는 것 같은 기분이 들어 소파에 몸을 깊숙이 파묻자 불쌍하게 생각했는지 원 박사는 천천히 호랑이 이야기를 하기 시작했다.

“우리나라에서는 토라(ㅏㅋ, 일본어로 호랑이, 역자 주)를 호랑이라고 부릅니다. 지역에 따라서는 범이라고도 부르지요. 한반도에는 옛날부터 많이 살았지요. 그리고 이 나라를 상징하는 동물이기도 하지요.”

30년 이상이나 일본어를 사용하지 않았다고 했는데 유창하고 품격 있는 어조의 일본어였다. 방에는 석유스토브가 타는 소리만 났을 뿐 대학교의 큰 건물은 겨울방학에 들어가 있어서 조용했다.

"호랑이는 우리나라의 건국 신화에도 등장하는 동물로 민간 신앙의 중요한 대상이 되기도 하죠. 신통력을 가지고 있는 동물로 무당들은 신과 함께 숭배를 해 왔죠. 남자아이가 생기게 해 주세요, 병을 낫게 해 주세요, 행복하게 살게 해 주세요 등을 호랑이에게 빌었습니다. 호랑이에 대한 강한 바람이 울음소리를 들었다, 발자국이 있다, 호랑이를 봤다라고 하는 유언비어로 발전하는 것이죠. 호랑이는 산신의 사자로서도 나타납니다. 산신각을 세워 거기에 산신과 호랑이의 그림을 걸어서 고사를 지내죠. 호랑이가 산신과 함께 마을을 지켜 준다고 생각하고 있어요. 산신각은 산속 깊은 곳에 있는 절에 있어요. 예를 들면…."

나의 표정을 보더니 원 박사는,

"아! 동물학적인 이야기가 필요한 것이었죠? 이런, 이런, 내 정신 좀 봐…, 이야기가 빗나갔네요. 민속학적인 이야기가 되어 버렸네요. 지금은 꽤 적은데 아직도 호랑이 그림을 문에 붙여 부적으로 사용한다든가 등 시골 사람들은 호랑이의 위력을 받들어 생활하기도 합니다. 사람들에게 해를 끼치는 경우가 있어도 호랑이가 없어졌으면 좋겠다고 생각하는 사람은 이 나라에 없습니다. 호랑이는 사자와 견줄만한 맹수이지만 인간에게 있어서는 결코 강한 존재가 아니었지요. 전국 각지에 호랑이 사냥이 성행했고 지금은 그 수가 매우 줄어서 북한의 국경 주변지대에 적은 수가 남아 있을 뿐이에요. 남쪽의 한국에서는 벌써 멸종했어요. 마지막으로 잡힌 것이….”

원 박사는 일어나 책장 앞으로 가더니 두꺼운 자신의 저서를 꺼내 들었다. 1967년에 출판한 진한 청색 표지의 『한국포유류도감(韓國哺乳類圖鑑)』이란 책이었다. 표지를 열자 양면의 페이지에 한국의 늑대가 한국화로 그려져 있었다. 원 박사는 호랑이가 실려 있는 부분을 펼쳐서 보여줬다. 학명 옆에는 영명과 로마자로 일본 이름까지 쓰여 있었다. 해설은 한글로 쓰여 있었고 한자는 군데군데 조금씩 섞여 있을 뿐이었다. 나는 읽을 수 없어서 일본어로 번역을 원 박사에게 부탁했다.

대호도병풍(大虎圖屛風, 19세기, 에밀레 박물관 소장) 에밀레 박물관 관장 (고)조자용 씨

1922년 – 한국 남부에서의 마지막 호랑이는 경주 대덕산(大德山)에서 잡혔다. 원 박사의 자료를 하나하나 비교해 봤다. 불갑산, 가리산은 쇼와 15년(1940년) 쿠로다 나가미치 박사의 도설과 똑같았다.

"최근 100년간 한국의 남부에서 잡혔다는 기록이 남아 있는 것은 이 세 마리뿐입니다. 눈 위에 발자국이 나타났다는 것은 표범일지도 모릅니다. 표범의 발자국도 크기 때문이죠. 표범은 조금이지만 한국에 남아 있어요."

원 박사는 책을 내려놓았다. 한숨을 쉬며 고개를 끄덕일 수밖에 없었다. 조수인지 젊은 여성이 커피를 가지고 왔다. 조용히 커피를 내려놓고 나갔다. 다시 힘을 내서

"북한에서는 어떤가요?"

"북한에는 남아 있어요. 함경북도 무산의 오지에 남아 있지요. 그곳은 한국의 최고봉인 백두산의 동부로 중국, 소련의 국경으로 둘러싸인 변경 지대예요. 거기에는 1935년에 5마리를 잡았다고 합니다. 호랑이 전문 사냥꾼이 있었다고 합니다. 지금도 조금 남아 있을 거예요. 겨울에 두만강이 얼어서 중국 쪽에서 호랑이가 건너오니까요. 아니지, 여름에도 강을 헤엄쳐서 건너오죠.

낡은 기록으로는 1881년에 함경남도 고산에 암컷과 새끼 호랑이 1마리, 1930년에는 평안북도 북진에 새끼 호랑이 1마리, 뭐 이 정도죠. 아, 제2차 세계대전 후인 1946년에 초

산(楚山)에 1마리입니다. 거기는 국경인 압록강 바로 옆이에요. 기록으로서는 이 정도의 것이죠."

"이것밖에 없습니까? 수렵의 통계라든가 논문이라든가, 뭐든지 좋으니 남아 있는 것이 없습니까?"

나도 모르게 가시가 있는 질문을 해 버렸다. 멀리 떨어진 서울까지 와서 요만큼의 자료밖에 없다는 말에 뭐라고 말을 해야 좋을지···. 원 박사는 여유로운 표정으로 조금도 동요하지 않았다. 커피잔을 양손으로 감싸듯 잡고 부드러운 표정으로 대답했다.

"그거야 물론 사냥꾼이 어디에다가 발표할 리가 없고 우리나라에서는 전문적으로 조사한 사람도 없었으니까요. 더욱더 많은 호랑이를 포획했겠지만 기록이 없네요. 일본늑대도 그렇죠?(일본의 늑대는 1905년 나라 현에서 잡힌 한 마리를 마지막으로 멸종된 상태다.) 정확한 산지나 포획한 날짜가 불명인 것이 많습니다. 어디에 가도 그렇습니다."

원 박사는 담담히 말했다.

"한반도의 호랑이가 멸종해 버린 것은, 음, 무엇이 원인일까요? 원래, 이 나라에 호랑이가 처음부터 많지 않았다는 설도 있습니다. 얼마나 있었는지 자료가 없어서 모르겠네요···. 그러나 인간들 때문에 멸종했다는 것은 틀림없는 일입니다. 옛날부터 이 나라에서는 사람과 가축의 피해를 막는다는 명분으로, 실제로는 고가의 모피와 뼈를 목적으로 호랑이를 사살한 예가 있기도 합니다. 호랑이 뼈도 꽤 값어치가 나가죠. 모피와 동등한 가격으로 거래가 되었다고 합니다. 호골주라고 하는 유명한 술이 있죠. 동남아시아에서는 지금도 팔리고 있습니다."

원 박사는 커피를 마시고 잔을 살짝 들어

"호랑이 뼈를 알코올 도수가 높은 술에 담가서 약으로 한다고 합니다. 뼈를 가루로 갈아서 마시는 경우도 있습니다. 그거야 효과가 있는지 없는지 모르겠습니다만. 그러나 맹수의 왕인 호랑이의 뼈니까 말이죠, 그 뼛가루를 핥기만 해도 강하게 된 것 같은 기분이 드는 것이 아닐까요? 자양강장제로서 이 이상인 것은 없다고⋯."

원 박사는 입술 끝을 조금 들어 올리며 독특한 웃음을 지었다.

"옛날의 왕과 귀족들과 부자들에게 많은 인기가 있어서 아까 이야기한 뼛가루나 이런 것들이 생겨난 것입니다. 정실 이외에 첩들이 몇 명이나 있었으니⋯. 그래서 더 필요했던 것일 겁니다. 사냥꾼들에게는 호랑이 한 마리를 잡으면 막대한 이익이 돌아오는 것이죠."

원 박사는 이렇게 말하고 다른 낡은 노트를 꺼내 들었다.

"1918년, 가리산에서 쏜 것은 일본인 후지키 츠루야마(藤木鶴山)라고 하는 사람인데 호랑이의 체중이 46관(172.5kg), 가죽과 뼈를 331원 25전으로 중국인에게 팔았다고 합니다. 그 뒤, 2, 3명에게 전매되어서 마지막으로는 가죽만 500원, 뼈는 655원에 팔았다고 합니다. 이것은 꽤 큰 호랑이로 그 당시에 600원이라고 하면 엄청 큰 재산이죠."

나의 눈빛이 바뀌었기 때문에 원 박사는 살짝 웃었다.

"오, 이번 것은 도움이 되었습니까? 그것 잘됐네요. 이런 것들이 많으면 좋은데…. 음, 동생한테는 뭔가 없었을까…."

노트를 다시 읽어 달라고 부탁해 받아쓰기 시작했다. 이건 매우 좋은 자료였다.

"이 기록 말입니다만, 일본인으로 당시 경성 사범학교의 교사가 조사한 것이라고 하는데, 전쟁 전에 쿠로다 나가미치 박사에게 받은 자료입니다. 쿠로다 박사도 도설에 그대로 인용했지요. 그 외의 것은…, 어디에 있는지 안 보이네요. 음, 경주 대덕산의 호랑이 이야기는…, 그래그래, 옛날의 소학교의 교과서에 실려 있었어요. '대덕산의 호랑이'라고 했었나. 확실히 일본인 순사가 호랑이를 퇴치했다는…."

"그것은 어딘가에 없을까요?"

"수신(修身, 현재의 도덕)의 교과서였던가. 음, 확실히 수신이네요. 제가 소학교 때에 배웠던 것이니까, 다이쇼시대네요. 음, 어쨌든 옛날 일이니까 자세한 것은 기억하고 있지 않습니다. 물론 일본어로 쓰인 교과서였죠. 조선총독부가 발행한 것인데. 찾아보면 어딘가에 있을 것입니다. 서울에도."

이건 재미있는 일인 것 같다. 읽어 보고 싶은 마음이 굴뚝같았다.

"국립중앙도서관에는 있을 거예요. 남산의 높은 곳에 새로 지은 지 얼마 안 되는. 네, 이 학교 가까운 곳에 있습니다. 자, 외국인은 어떻게 되는지. 누군가가 안내를 하면 좋은데⋯."

갑자기 대학교의 직원 같아 보이는 사람이 들어와 이야기가 끊어졌다. 무슨 일이 일어났는지 원 박사와 빠른 어조로 이야기를 했다. 무언가 예정이 잘못되었는지 원 박사는 손목시계를 찼다. 외출할 약속이 있었던 모양이었다. 갑작스런 방문을 사과하고 나는 일어섰다.

"가이드의 뜬소문을 그대로 믿고 오셔서 안타깝습니다. 그래도 저한테라도 더 많은 자료가 있었으면 좋았을 텐데 말입니다."

원 박사의 전공은 들쥐였다. 중국 동북부에서 북한, 한국에 대해서 원 박사만큼 들쥐를 조사한 사람은 없다고 한다.

"아닙니다. 확인도 제대로 안 하고 한국으로 날아온 제가 잘못한 것이죠. 어쩔 수 없죠. 아니, 좋은 공부가 되었습니다."

머리를 숙이자 원 박사도 일어났다. 그리고 문밖까지 배웅을 해 주었다.

"지금부터 어떻게 하실 겁니까?"

"음, 어떻게 하면 좋을까요?"

"모처럼 오셨는데 한국요리도 드시고…, 관광버스도 좋지요. 서울의 명소라도 다니시면서 2, 3일 기다리면 동생도 낙동강의 물새 조사에서 돌아올 겁니다. 동생에게 물어보면 호랑이의 기록이 어떻게든 발견될 겁니다. 낡은 것이라도 말입니다."

원 박사는 고개를 끄덕이며 나의 손을 잡았다.

"또 들러 주세요. 뭐든지 곤란한 것이 있으면 전화를 하면 되니까요. 사양하지 말고. 네, 네, 저야 매일 여기로 출근하고 있습니다."

대학교 복도에서 원 박사와 헤어져 밖으로 나왔다. 거리는 붉은색으로 물들어 저녁 퇴근시간의 사람들로 붐볐다. 검은 복장으로 빠른 걸음으로 걷는 사람들이 많았다. 짐과 보따리를 머리 위로 얹은 아주머니들도 많았다. 식료품점에는 많은 사람들이 있었다. 영화관의 간판과 가게들의 쇼윈도가 5년 전보다 밝은 느낌이었다. 시민 생활이 향상되어 가고 있는 것이 느껴졌다. 지하철 공사, 고속도로의 공사현장이 여기저기 있었다. 겨우 택시를 타고 종로에 있는 작은 한식 여관으로 들어갔다.

"관광이에요? 혼자?"

여관 주인은 환갑을 넘긴 일본어를 잘하는 사람이었다. "네, 네…."라고 말을 흐렸다. 있지도 않는 호랑이를 찾으러 왔다고는 부끄러워서 말할 수 없었다. 저녁식사는 한국 요리로 반찬 수가 많은 것이었지만 너무 낙담을 한 탓인지 식욕이 없었다. 반 이상 남겨 버렸다.

아침, 잔뜩 찌푸린 하늘로 영하 9℃. 과연 대륙의 겨울은 심하다. 창을 열자 바깥의 공기는 찌르듯 건조한 상태로 숨을 들이쉬자 머릿속까지 진통이 왔다.

사람이라는 동물에게는 목표를 잃어버린 것만큼 괴로운 것이 없다. 외국까지 나왔는데 외출할 마음도 안 나고 온돌 방바닥에서 어둑어둑한 천장을 바라봤다. 멀리 떨어진 서울까지 왔는데 호랑이 뉴스가 뜬소문이었다니… 가족들을 볼 면목이 없다.

한숨을 쉬면서 생각해 봤다. 이 나라에서 호랑이가 멸종되었다는 기록이 잘 정리되지 않고 대충 남아 있는 것은 왜일까? 쇼와 15년(1940년)의 쿠로다 나가미치 박사의『원색일본포유류도설』에서 멈추어 버렸다. 외국까지 나와서 공연한 참견일지도 모르겠지만 이것을 조사할 수는 없는 것일까? 한국의 마지막 호랑이의 이야기는 다이쇼시대(1912년 이후)의 소학교의 교과서에 실려 있다고 한다. 그것만이라도 찾고 싶다. 이렇게 생각하자, 갑자기 힘이 솟았다.

큰길의 작은 식당에는 나무 테이블에 긴 의자가 늘어서 아침부터 손님들로 가득이었다. 회사원으로 보이는 남자들이 죽을 먹고 있었다. 손짓으로 같은 것을 시켰다. 여자아이가 고개를 끄덕이며 "해장구 – 우욱!"이라고 끝을 길게 빼고 말한다.

아아, 유명한 스태미나 요리라는 것을 눈치 챘다. 잠시 기다리자 두꺼운 냄비에 김이 펄펄 나는 해장국이 왔다. 파와 부추를 섞은 죽에 검은 고기 같은 것이 들어 있었다. 소를 도축할 때 짠 선혈을 군힌 것으로 선지는 숙취나 체력이 약할 때 한국 사람들은 자주 먹는다고 한다. 간과 비슷해 보여서 입에 넣으니 간과 완전히 다른 것으로 담백한 맛이 조금 단단한 곤약과 한천을 먹는 것 같았다. 음, 이것은…. 꽤 맛있지 않은가!

작은 접시에 벽돌색으로 물든 무김치가 있었다. 고춧가루와 마늘로 버무린 이것도 이 나라 사람들의 스태미나의 원천이다. 뜨거운 국을 훌쩍거리며 김치도 먹었다. 차갑고 얼얼하게 오는 매운맛이 좋다. 두꺼운 초벌구이를 한 질냄비는 국이 식지 않도록 궁리를 한 것이었다. 다른 사람들을 신경 쓰지도 않고 숟가락을 들어 해장국을 다 비우자 머리 꼭대기에서부터 땀이 흘러내렸다. 몸 전체가 따뜻해져 힘이 솟아나는 것 같았다.

국립중앙도서관은 서울 남산에 있다. 여관 주인에게 가는 길을 물어서 서울시청 앞까지 버스를 타고 그 뒤에 택시로 갈아탔다. 중심가 남쪽에 빌딩촌 건너편에 불쑥 솟아나 있는 남산이 보였다. 해발 265m로 산 정상에는 하얗고 기다란 펜 모양을 한 타워가 서 있다. 전망대가 있다고 들어서 타워를 올려다보자 타워의 상층부에 작은 창들이 보였다.

남대문을 지나자 길은 오르막길로 변했다. 드라이브웨이 양옆에 있는 잎이 다 떨어진 플라타너스 나무가 아름다웠다. 여행 안내서를 보니, 남산의 중턱에는 식물원, 야외음악당, KBS방송국, 민족문화센터, 국립국악원, 국립극장 등이 있다고 쓰여 있었다.

국립중앙도서관은 한국 최대의 도서관으로 아래로는 서울 중심가를 내려다볼 수 있게 높은 곳에 있었다. 기다랗고 흰 건물로 지상 10층, 지하 3층이라고 한다. 옥상은 전망대인 모양으로 원형의 돔 구조로 되어 있었다. 신축한 지 얼마 안 되어서 여기저기 공사 중인 곳이 있었다.

10시 전이었으나 석조로 된 정면 현관으로 삼삼오오 대학생들이 들어갔다. 두리번거리며 그들의 뒤를 따라 들어가자 입구 바로 왼쪽에 접수가 있어 중년의 남성이 학생들의 신분증을 확인했다. 긴장하면서, 여권을 보여주자 깜짝 놀라는 얼굴이었다.

"일본인?"

"네"라고 말하자 파란 도서대출 카드를 주더니 손가락으로 휙 하고 안쪽을 가리켰다. 안심하고 학생들 뒤를 따라갔다. 엘리베이터가 있고 4층이 대출을 할 수 있는 방이었다.

천정이 조금 낮고 교실 2개분의 넓이에 도서 색인카드 박스가 늘어서 있다. 접수 카운터가 있어 대출카드에 이름과 국적, 여권번호와 주소를 썼다. 반대편에는 대출 카운터가 있었다. 자, 그럼 이제부터 시작해 볼까?

'보통학교 교과서 목록, 1920년 이후'

라고 쓰고 갸름한 얼굴의 접수 카운터 아가씨에게 내밀자 그녀는 눈을 동그랗게 뜨며 놀란 얼굴을 했다. 내가 쓴 한자를 가리키며 무언가 묻고 있다.

"초등학교. 옛날의."

라고 그녀에게 설명을 해 줬다. 한국에서는 현재 소학교를 국민학교(지금의 초등학교, 역자 주)라고 한다. 그녀는 또 무언가 물었다. 얼굴을 흔들며 한국말을 못 한다는 몸짓을 하자 그녀는 뒤에 있는 문으로 들어가더니 50대 남성을 데리고 나왔다. 감색의 사무복을 입은, 관리직 같아 보였다.

"일본에서 왔습니다. 옛날의 국민학교, 즉 보통학교(소학교)의 교과서를 보고 싶은데요…."

말을 걸자 반응이 없다. 일본어를 알 것 같은 연대로 보였는데 아닌 것 같았다. 그 사람은 잠깐 동안 나의 모습을 위아래로 훑어보더니 접수 카운터의 아가씨에게 무언가 말을 했다. 그러자 그녀는 큰 파일을 가지고 왔다. 그녀가 가느다란 손가락으로 파일을 열자 거기에는 조선총독부 발행의 교과서 목록이 있었다.

"역시! 국립중앙도서관!"

어깨를 들썩들썩하며 파일을 들여다보자 확실히 그 당시 보통학교의 교과서가 수신(修身)부터 국어, 과학, 기술, 음악까지 순서 없이, 학년도 순서 없이 등록되어 있었다. 이건 아주 힘들 것 같았다. 그녀를 쳐다보자 한 번에 2권 빌려 줄 수 있다고 손짓으로 말했다. 어쩔 수 없었다. 수신서 '제1, 2권'이라고 써서 대출 카드를 내밀었다.

주위를 둘러보자 4, 50명의 학생들이 조용히 책의 대출을 기다리고 있었다. 책상에서 무언가 조사를 하는 사람도 있었다. 점퍼와 코트를 입은 검소한 복장을 한 남학생들이 많았다. 일반 시민은 드문드문 보였다. 중고생들은 입관이 안 된다는 것 같았다. 조용한 학생들을 보고 있자니, 새삼스레 전쟁 전의 역사가 생각났다.

일본은 1910년에 이 나라를 강제로 합병하고 나서 1945년 패전까지 35년간 식민지 통치로 황국신민 이념을 밀어붙여 이 나라 사람들에게 대일본제국의 신민이 되도록 강제로 교육시켜 왔다. 초등학교의 아이들에게 조선총독부 편찬 발행의 일본어 교과서를 사용하게 했던 것이다.

접수 카운터의 아가씨 뒤로 작은 창이 있어 쌓여 있는 책들이 나오고 있었다. 그녀가 이름을 부르면 이름이 불린 학생이 "네"라고 말을 하고 일어서서 나갔다. 귀를 기울이자, 이름 뒤에 '씨'라는 말에 신경이 쓰였다. '상(さん)' 대신에 '씨'를 사용하는 것이었다.

　20분이 지났을까, 접수 아가씨가 조금 이상한 악센트로 "엔도 씨, 엔도 씨"라고 나를 불렀다. 이런, 이런, 기뻐하며 제1, 2권의 수신 교과서를 받았다. 작은 사이즈의 얇은 책이었다. 조심스레 책을 펼치자 다이쇼 11년 발행으로 전체가 일본어의 가타카나(일본문자의 한 종류, 역자 주)로 쓰여 있었다. 서둘러 목차로 눈길을 돌렸으나 '대덕산의 호랑이'는 없었다. 유감이었다. 제1권은 보통학교 1학년용인 것 같았다. 1. 학교, 2. 교실부터 시작해 시간을 지키자, 부모님의 은혜, 거짓말을 하지 말자, 규칙을 지키자 등의 덕목들이 있었다. 15. 천황 폐하의 항목이 있어 움찔했다.

　제2권도 효행에서부터 약속을 지키자, 나쁜 짓을 하지 말자 등, 그대로 조선총독부에 들려주고 싶은 덕목들이 있었고, 역시 천황 폐하의 페이지가 있었다. 천천히 보고 싶었지만 여기서는 '호랑이'만을 찾는 것에 전념해야 했다. 접수 아가씨에게 반납을 하고 다음으로 제3, 4권이라고 카드에 썼다.

　벌써 11시를 지나 학생 수가 늘어났다. 이젠 빈자리가 없었다. 붐비기 시작하면 책을 찾는 데 시간이 걸리는 것은 어느 나라 도서관도 똑같은 현상인 것이다. 10분 간격으로 콜이 있었지만 내 차례는 좀처럼 오지 않았다. 겨우 불려 제3, 4권을 받았다. '대덕산의 호랑이'는 없다. 대신에 '교육에 관한 칙어'라든가 '국기'', '메이지 천황' 등이 있었다.

이것도 빨리 반납하자 접수 아가씨가 한글로 쓰인 나무판을 세우고 일어섰다. 12시부터 1시까지 점심시간이라고 한다. 어쩔 수 없었다. 아래층의 식당에 들어가 온면을 먹었다. 사발에 들어 있는 우동이었다. 싱거운 맛으로 파와 야채 튀김 같은 것이 들어 있었다. 남학생들은 도시락으로 작은 병에 김치를 들고 와 먹고 있는 사람이 많았다. 어느 도시락의 밥에도 보리와 잡곡이 섞여 있었다. 나라의 지도로 쌀로만 지은 밥을 먹지 않도록 하고 있는 모양이다(당시 정부 주도로 이루어진 혼분식 장려 운동을 말한다. 역자 주).

오후부터는 제5권을 빌렸다. 여기에도 호랑이의 이야기가 없다. 책 안에는 한자가 섞인 히라가나(일본문자의 한 종류, 역자 주)로 이루어진 문장이 들어 있었다. 목차에는 공민의 의무, 공익, 시간을 지키자, 검소, 성실, 도량, 덕행, 좋은 국민 등의 어려운 덕목들이 있었다. 초등학교 5학년생, 11살 정도의 어린이들에게 이런 일본 문화를 억지로 배우게 했던 것이다. 당시 교사들은 도대체 어떤 식으로 수업을 했을까? 나도 모르게 반납하는 것을 잊어버리고 집중해서 읽어 버리고 말았다. 제1과의 우리나라에서는 아마테라스 오오미카미(天照大神, 일본 신화의 신으로 천황의 시조, 역자 주) 신화부터 진무(神武) 천황 이후 지금까지 몇천 년 동안 이어 온 천황을 받들고 있는 것과 조선 합병의 설명이 있었다. 호랑이와는 직접 관계가 없으나 후세를 위해서 소개한다.

제2과 우리나라

조선반도는 바다를 사이에 두고 내지(內地. 일제시대에 일본 본토는 내지로, 식민지는 외지外地로 불렀다. 역자 주)와 마주 보고 있어 내지와의 교통이 옛날부터 번성해 좋은 관계를 유지해 왔습니다. 그러나 조선은 그 위치상으로 옛날부터 대륙의 나라들로부터 압력을 받아 괴롭힘을 당한 적이 적지 않습니다. 그 때문에 내지도 가끔 피해를 입었고 때로는 외국으로부터 공격당한 적도 있었습니다.

지금부터 수십 년 전, 세계의 제국들이 아시아로 눈을 돌리게 되어 만주와 조선이 그 중심이 되었습니다. 당시 조선은 안으로는 당파의 파벌 싸움이 끊이지 않아 백성들은 매우 피폐한 생활을 하게 되었습니다. 그뿐만 아니라, 외교에도 실패를 거듭해 곤란한 상태로 빠졌습니다.

거듭되는 조선의 외교적 실패는 동양의 평화를 깨는 지경에 다다랐기 때문에 일본은 결국 정의를 위해서 지나(支那. 중국. 역자 주), 러시아와 싸움을 하게 되었습니다.

메이지 27년. 28년의 전쟁(1894~95년의 청일전쟁을 말함. 역자 주) 이후 조선은 지나의 손아귀에서 빠져나와서 대한제국이라고 칭하며 정치를 개혁했으며, 메이지 37년. 38년의 전쟁(1904~05년의 러일전쟁을 말함. 역자 주) 이후에는 일본의 보호 아래 정치 개혁을 꾀했으나 다년간의 폐정을 완전히 제거하는 것이 어려워 민심은 더욱더 편한 날이 없었습니다. 그래서 조선인 중에도 국리민복(國利民福)을 위해서 일본과의 합병을 바라는 사람들이 많이 나타났습니다. 이런 상황에 한국의 황제는 통치의 권한을 천황에게 양보했습니다. 한국의 황제는 제국의 신정(新政)에 의해 더욱더 국민이 행복하게 되는 것을 바랐으며 천황도 그 필요성을 알고 계셨기 때문에 메이지 43년(1910년) 8월. 드디어 일본과 한국은 합병하게 되어 여기서 동양 평화의 기틀이 단단해지게 된 것입니다. 그 뒤 폐정은 세월과 함께 없어져 저희들 조선반도의 국민들은 일본제국의 국민으로서 천황의 은혜를 입고 세계 1등 국민으로서 그 문화에 공헌하는 것이 가능해졌습니다. 저희들은 이 행복을 느끼는 동시에 훌륭한 국민이 되어 대일본제국을 위해서 힘을 쏟지 않으면 안 됩니다.

읽고 있자니 부끄러움으로 귀가 온통 빨갛게 되어 주위의 학생들에게 들키는 것이 아닌가 하고 가슴이 두근두근해졌다. 말도 안 되는 한일합병의 이야기이다.

다시 호랑이를 찾는 일로 돌아와, 이런, 제6권은 누락되어 있다고 한다. 유감이었다. '대덕산의 호랑이'는 거기에 들어 있을지도 모르는데. 고생해서 제6권의 교사용 지도서를 발견해 이번에는 있겠지라는 생각으로 펼쳐 보았으나 실려 있지 않았다. 묻는 것도 지쳐서 복도의 공중전화로 원 박사에게 전화를 해 봤다.

"이런, 중앙도서관에 계십니까? 혼자서 아침부터? 이런, 이런."

원 박사는 놀라듯 말했다.

"발견하지 못했습니까? 수신 교과서를? 그렇죠. 누군가 말을 아는 사람과 같이 갔으면 찾을 수 있었을 터인데요. 응? 전부 다 봤습니까? 이런, 이상하네. 네, 제가 소학교에 들어간 해가 다이쇼시대(1912∼1926년)입니다. 중학교에는 쇼와시대(1926∼1989년)가 된 후에 들어갔죠. 음, 나오지 않았습니까? 수신 교과서에? 대덕산의 호랑이는 어디에 숨어 버렸을까요?"

원 박사는 태평스러웠다. 동생인 원병오 교수에게 형은 대륙 기질로 만사 서두르지 않는 성격이라고 들은 적이 있었다.

"이거 참 곤란하게 되었네요…. 어떻게 할 겁니까?"

원 박사의 목소리는 별로 곤란한 것 같지 않았다. 일본에서 복사해 온 쿠로다 박사의 도설의 내용을 문득 물어보았다.

"대덕산이 아니고 불갑산에 잡힌 호랑이는 '재(在) 목포 소학교'라고 나와 있습니다만 그것은 어떻게 되어 있습니까? 벌써 없어졌을까요?"

"아직 있지 않을까요? 누군가가 유리 케이스에 넣어서 장식까지 해 줬다고 말했어요. 네, 근년입니다. 물론 전쟁 후죠."

원 박사는 당연한 듯 말했다. 나도 모르게 안달이 나서

"그러면 한국호랑이의 표본은 목포에 있는 것이군요. 그것뿐입니까?"

"그렇죠. 그렇게 되는 것이죠. 그러나 어떤 상태로 있을지…. 무엇보다도 아주 낡은 표본이기 때문이죠. 박제인지 가죽인지 잘 모르겠군요. 감상하기에 문제없는 상태라면 좋겠지만요."

좋았어, 낡은 교과서 찾는 것은 그만두고 목포까지 호랑이를 보러 가자. 전화를 끊자 갑자기 눈앞이 밝아졌다. 여

관 주인에게 전화를 해서 목포에 가는 기차 시간을 알아봐 달라고 했다. 17시 10분에 출발하는 특급이 있다고 한다. 17시까지 2시간, 시간적인 여유는 충분히 있으나 나는 허둥지둥 도서관을 빠져나왔다.

넷.

암호랑이 박제

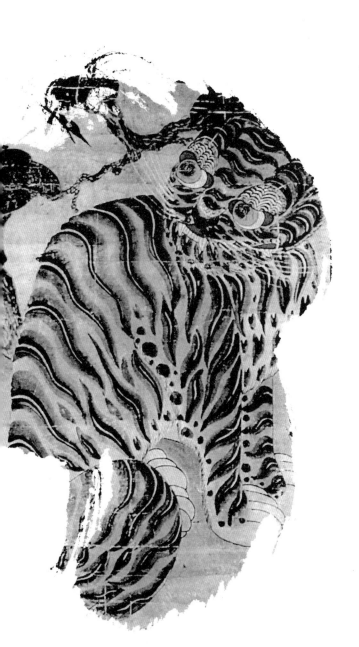

빛바랜 벽돌건물의 서울역은 르네상스 서구풍의 2층 건물이다. 도쿄역을 설계한 사람이 설계를 해서 어딘가 닮은 곳이 있다. 한국전쟁 때 소실한 것을 전쟁이 끝난 후 복원했다고 한다. 시간에 맞게 목포행 새마을호에 탈 수 있었다.

새마을호는 한국이 자랑하는 특급열차로 크림색의 차체 옆 부분에는 파란 선이 들어가 있다. 높이가 높아 홈에서 삼단 계단으로 올라서 열차 안으로 들어가자 열차 안의 창이 꽤 컸다. 양옆의 2열 좌석도 일본의 신칸센보다 여유가 있어 보인다. 창밖은 해가 지려고 하나 아직 밝다. 일본이라면 벌써 어둑어둑한 시간인데. 홈의 지붕에 귀여운 참새들이 모여들어 지저귄다.

파란 제복에 모자를 쓴 젊은 여성 승무원이 다니고 있었다. 스튜어디스 같은 느낌의 날씬한 미인이다. 중년 남성인 차장과 함께 두 명이서 차표를 보고 차표 넘버를 적고 있었다. 다른 레일을 달리는 보통열차는 만원인데 특급열차는 그 반 정도로 승객 중에는 정장을 입은 사람들이 많았다.

곧 출산을 맞이할 것 같은 임신부도 타고 있었다. 버스와 비교를 하면 옷차림이 좋은 사람들이 많았다.

점심은 도서관의 식당에서 우동만 먹었을 뿐이어서 배가 고팠다. 서울역의 홈에서 산 도시락을 꺼냈다. 포장지에는 일식 대중식당 '선향'이라고 쓰여 있었다. 일식이라는 것은 일본 요리를 말하는 것이었다. 반찬과 밥이 이중 상자로 겹쳐 있었다. '한식으로 샀더라면 더 좋았을 텐데.'라고 생각하며 뚜껑을 열었다. 반찬 상자의 대각선 끝에서 끝까지 커다랗고 푸른 고추가 떡하니 들어 있었다. 역시 한국의 도시락! 이 나라 사람들이 제일 좋아하는 것들이 도시락에 담겨 있었다. 잠깐 동안 감탄하며 바라보았다. 작은 비닐봉지가 고추에 가려지듯 들어 있었다. 하나는 깍두기가, 다음은 배추김치. 둘 다 고춧가루가 들어 있어서 빨갛다. 다른 하나의 봉지에는 건포도 같은 것이, 자세히 보니 작은 검은콩을 조린 것 같았다. 연근 튀김, 도라지 볶은 것, 명태와 비슷한 생선이 들어 있었다.

조심조심 푸른 고추를 먹어 보았다. 의외로 맵지 않았다. 지금은 겨울인데, 푸른 고추는 비닐하우스에서 재배한 모양이다. 푸른 고추는 보리를 섞은 밥과 잘 어울렸다. 어느 반찬도 소박한 가정의 맛이다. 일본의 도시락 — 독살스러울 정도로 색깔이 선명하고 지나치게 달달한 — 이 떠올랐다.

특급열차는 마을들을 스쳐 갔다. 겨울의 초목이 마른 쓸쓸한 논밭은 건조해 있어서 눈(雪)이 없었다. 가끔, 얼음이 언 강을 건넜다. 저 멀리 벌거숭이가 된 포플러 나무의 나뭇가지에 까치둥지가 보였다. 일본이라면 어디에도 있는 까마귀가 여기에는 없다. 야생조류의 수는 일본보다 적지 않나 하는 생각을 했다.

해가 저물기 시작한 먼 산은 험난한 바위산이다. 일본의 산과 계곡과 비교하면 매우 남성적이라고 말해도 좋을 듯하다. 여기에 살았던 호랑이는 무엇을 먹고 있었을까라고 생각했다.

'아무르호랑이'의 논문에서는 시베리아에서 호랑이가 습격하는 동물로는 다음과 같은 것들을 들고 있다. 멧돼지, 백두산사슴, 대륙사슴, 노루, 사향노루, 주걱뿔사슴, 산양, 반달가슴곰, 불곰, 개, 너구리, 오소리, 스라소니, 멧토끼, 고슴도치, 들꿩.

이 중에 호랑이가 잘 잡는 것은 대륙사슴, 백두산사슴, 멧돼지, 노루의 4종류로 전체의 85~90%를 차지하고 있다. 호랑이는 유제류(有蹄類)에 의지하며 살아가고 있는 것이었다.

한반도의 유제류에는 멧돼지, 백두산사슴, 대륙사슴, 노루, 고라니, 사향노루, 산양이 있다. 그중에 사향노루는 희귀한 동물이었고 백두산사슴은 북단의 함경남북도에 그 분포가 한정되어 있다. 그러면 한국호랑이는 멧돼지, 대륙사슴, 노루, 고라니를 주로 먹고 있었을 것이다.

멧돼지는 잣나무와 신갈나무 삼림에서 나무 열매들이 풍작인 그다음 해에 엄청난 번식을 하기 때문에 호랑이는 그 무리를 노려서 사냥을 했다. 대륙사슴을 포함해서 유제류가 폭발적으로 증가하지 않도록 항상 따라다니는 것이다. 아무르호랑이가 잡는 멧돼지의 80%가 젊은 멧돼지라고 한다. 자연은 그 구조가 잘 정비되어 있는 것이다.

이런 한반도에서 대륙사슴은 멸종해 버렸다. 일본사슴과 거의 구별이 가지 않아 같은 종류라고 하는 한반도의 사슴은 신록의 계절, 수컷의 새로 돋아나는 뿔이 고가로 매매되는 탓으로 남획되어 1945년경까지 거의 없어졌다고 한다. 노루의 경우 지금 현재 그 수가 적다고 한다. 가끔 휴전선에 그 모습을 나타나서 뉴스가 되기도 한다. 많은 것은 멧돼지와 고라니뿐. 혹시라도 한반도에 호랑이가 나타난다고 해도 멧돼지와 고라니에 의지하든가 아니면 가축을 덮치는 수밖에 없다. 고라니라고 하는 것은 긴 송곳니를 가지고 있는 작은 노루이다.

발 근처에는 발을 올릴 수 있는 발판이 붙어 있어서 구두를 벗고 발을 올려 좌석을 뒤로 젖히자 슬슬 졸려 오기 시작했다. 도서관에서 악전고투를 한 탓이기도 했다. 클래식 음악이 잔잔히 흐르고 있다. 수원, 서대전이라는 방송이 나온 것까지 기억하나 그 뒤로는 기억이 잘 나지 않는다. 종점까지 푹 자 버렸던 것이다.

한반도의 서남단, 목포에 도착한 것은 밤 10시 40분. 도중에 절반 이상의 손님들이 내려 새마을호는 텅 비었다. 역전의 광장에는 어두운 가로등 밑으로 택시가 10대 정도 있고 으슬으슬 추운 날씨로 사람 그림자는 드문드문했다. 항구 도시로 바다가 바로 옆일 텐데 바다 냄새가 나지 않는다. 이런 마을에 한국 유일의 호랑이 박제가 있는 것일까?

대로(大路) 저편의 작은 길에 여관의 간판이 보였다. 크지는 않으나 저기라도 괜찮겠다고 생각했다. 한글로 여관이라는 문자를 기억했기 때문에 숙소를 찾는 것이 매우 편했다. 조금 어두운 현관을 들어가자, 카운터에는 아무도 없었다.

"여보세요?"

라고 부르자 카운터 밑에서 중년의 여성이 갑자기 벌떡 일어났다. 바닥이 온돌이어서 모포를 덮고 자고 있었던 모양이었다.

"어서 오세요. 방 있어요."

라고 더듬거리는 일본어로 말했다.

"아주머니, 목포초등학교 알아요?"

"목포초등학교? 음, 잘 몰라요."

"호랑이 표본이 있는 학교 몰라요?"

"호랑이? 호랑이가 뭐예요?"

아주머니는 자다 일어나서 멍한 얼굴을 하고 있었다.

"호랑이요. 몰라요? 호랑이가 있는 학교."

"음, 잘 모르겠네요."

"목포에 초등학교가 몇 개 있어요?"

"많아요, 많이."

그렇다. 목포가 인구 30만의 대도시라는 것을 잊어버렸다. 자, 이제 어떻게 할까?

온돌방으로 안내를 받았으나 목욕탕의 목욕물은 벌써 미지근했다. 밤 11시여서 무리도 아니라고 생각했다. 얼굴과 다리만 씻고 바닥에 깔린 이불에 몸을 눕혔다. 오늘 적었던 메모를 정리하자 똑똑 하고 방문을 두드리더니 아까 그 아주머니가 얼굴을 내밀었다.

"호랑이…, 있는 학교 알았어요. 미안해요."

여관 주인에게 물어봤나 보다.

"유달초등학교예요. 유달산의 학교예요. 호랑이, 유리 상자에, 들어 있다고 해요. 네, 실례합니다."

학교를 알아서 마음이 놓였다. 지갑을 꺼내서 팁을 줬다. 호랑이 표본은 유리 케이스에 들어 있는 모양이다. 박제일까, 아니면 가죽만일까?

"저기요. 유달초등학교까지 택시로 5분, 10분 정도, 내일 갑니까? 유달산의 전망도 좋아요. 산에도 가 보세요. 산 위에 공원이 있어요. 그리고 낙지, 낙지가 맛있어요. 그것도 먹어 보세요."

그 아주머니는 팁을 받아서인지 기분이 좋아 보였다. 산낙지는 목포의 명물이라고 했다.

아침, 해가 밝는 것을 기다려 여관 계단을 올라가자 위

층은 연립 주택으로 되어 있었다. 복도에는 김치를 담은 병
들이 늘어서 있었고 줄에는 빨래들이 걸려 있었다. 작은 여
관이라고 생각했는데 5층 건물이었다. 옥상에서 전망을 바
라보자 시가지의 지붕들이 끝없이 이어져 보였다.

　시가지의 서쪽에 울퉁불퉁한 능선이 보였고 그것은 검은 바
위산이었다. 높이는 200m도 될까 정상은 우뚝 솟은 절벽이다.

유달산(목포)

　파란 운동복 차림의 중학생에게 물어보니 고개를 끄덕였
다. 마른 소년으로 줄넘기 줄을 손에 쥐고 있었다. 옥상에
서 운동이라도 하려고 하던 모양이었나 보다.

　쿠로다 나가미치 박사의 도설에 다이쇼 연간(1912～1925

년 사이)까지는 목포의 뒷산에도 호랑이가 살고 있었다는 대목이 있었다. 바로 유달산을 말하고 있는 것이라는 생각이 들었다. 이런 곳에 호랑이가 나왔다는 것일까?

가이드북에는 '儒達山'이라고 한자로 나와 있었다. 유달초등학교는 바위산의 산기슭에 있는 것 같다.

목포는 황해로 튀어나온 항구 도시이다. 공기는 조금 습하고 추위는 서울만큼 심하지 않았다. 머리 위를 괭이갈매기가 조용히 날아간다. 그러나 몇 마리만이다. 일본의 항구 마을이라면 항상 많은 솔개와 까마귀가 여기에는 없다.

근처 식당에서 아침으로 매운탕을 먹었다. 잡스런 뼈가 있는 흰 살 생선의 머리와 꼬리를 넣어 끓인 국 같은 것으로 무와 파란 채소 잎이 함께 들어 있었다. 붉은색에 노란색까지 띠고 있는 이 국의 색은 고춧가루때문일까? 배추김치와 함께 보리밥을 먹었다. 스테인리스제의 밥그릇이 독특했다.

7시 반, 마을은 이제 밝아졌는데 벌써 가방을 멘 학생들이 보였다. 같이 가 볼까 하고 여관에 짐을 두고 작은 가방에 카메라와 노트를 넣었다.

"유달초등학교까지 택시로 가세요. 10분 정도예요."

아주머니의 권유를 거절하고 걷기 시작했다. 바람이 얼굴에 닿아 아팠고 길가의 물이 얼어 있었지만 호랑이가 가까이 있다는 생각에 마음이 들떴다. 여관 근처에 있는 아이들은 유달산에서 멀어져 가듯이 걸어갔다. 학구(學區)가 다른

것이었다. 역에서 남쪽으로 대로를 걸어서 유달산을 목표로
했다. 상점가에서 산 쪽으로 돌아갔다. 그렇게 해서 걸어가
자 같은 방향으로 가는 3명의 여자아이들을 발견했다.

"유달초등학교?"

"네."

성실한 얼굴들이었다. 아이들은 점퍼에 목도리를 하고
있었다. 코트를 입은 아이도 있었다. 등에는 천으로 만든
가방을 란도셀(일본의 초등학생용 가방, 역자 주)처럼 매고
있었다. 4, 5학년 정도인가 서로서로 작은 소리로 속삭이더
니 빠른 걸음이 되었다. 이상한 발음으로 내가 외국인이라
는 것을 눈치 챘나 보다.

유달초등학교(왼쪽의 흰 교사에 호랑이 박제가 있다.)

"호랑이…, 있어요?"

라고 반복해 물어보자 아이들의 발걸음이 딱 멈추었다. 활기를 띤 얼굴이 되어서 서로서로

"네! 네! 호랑이 있어요!"

아이들은 호랑이가 있다고 말하는 것 같았다. 그래서 같이 걸어갔다. 귀여운 아이들로 눈이 맞으면 나를 보고 웃어주었다. 여고도 있는지 같은 방향으로 연지색의 교복을 입은 여학생들이 등교를 하고 있었다. 폭이 넓은 차도는 산꼭대기로 가는 관광도로인 것 같았다. 양측으로 보도가 있고 잎이 떨어진 플라타너스 나무가 늘어서 있다.

유달산이 보였다. 남쪽으로는 완만한 경사로 되어 있다. 산 중턱까지 민가가 있고 정상부 쪽에 호쾌한 암석들이 줄지어 섰다. 과연 이런 산이라면 호랑이가 있었을지도 몰라. 호랑이는 큰 바위들로 이루어진 산을 좋아한다고 한다.

호랑이 굴이라고 하는 호랑이가 숨을 수 있는 장소가 생기기 때문이라 한다.

산 정상에는 드문드문 정자풍의 휴게소가 보였다. 산 앞쪽의 높은 곳에 파라볼라 안테나와 풍속계를 단 사각형 건물이 있었다. 목포기상대였다. 여기에서 일본으로 기상 정보가 오는 것이다. 돌담을 따라서 완만한 오르막길을 올라 모퉁이를 돌자 눈앞에 2층 건물이 보였다. 빨간 옷을 입은 여자아이가 신나게 떠들고 있었다.

"유달초등학교!"

초콜릿색의 벽돌담 위를 전나무와 상수리나무가 덮고 있었다. 그 안으로는 벽돌로 지은 튼튼한 건물이 보였다. 여기에 어떤 상태로 호랑이 표본이 있는 것일까? 너덜너덜한 상태가 되어 있지는 않을까?

긴장하며 교문을 돌자 안쪽에는 학생 선도를 하는 젊은 여자선생님이 서 있었다. 아이들이 작은 소리로 인사를 하며 들어간다.

"안녕하십니까?"

돌문 위로 철근으로 만든 아치가 있어 거기에 슬로건이 걸려 있었다. 왼쪽으로는 하얀 2층 건물이 빛났다. 잘 정리된 학교를 보자 왠지 숨이 막혔다. 반일 사상은 공교육의 장에 강하게 남아 있다고 한다. 이런 상황에 호랑이를 보러 왔다고 하면 매몰차게 거절당하지는 않을까?

"안 좋은 데에 호랑이가 있구나."

중얼거리며 머리를 흔들자 여선생님은 뭔가 이상하다는 얼굴을 하고 있었다. 흰 얼굴이 보기 좋은 선생님으로 앞머리에는 예쁘게 컬을 넣었다. 용기를 내어서,

"일본에서 왔습니다. 호랑이를 좀…, 보고 싶습니다."

영어로 말을 하자 선생님은 갑자기 목부터 빨개졌다. 얼굴을 흔들어 당황해한다. 그러자 아까 같이 온 여자아이들이 다시 나에게로 되돌아왔다. 한 명 한 명이 도와줬다.

"호랑이를 보러 온 거예요. 이 외국인."

미인 선생님은 가슴을 쓸어내리며 머리를 크게 끄덕였다. 이쪽으로라고 몸짓을 해 가며 안내를 하려고 한다. 가방을 덜컹덜컹하며 여자아이들이 달리기 시작했다. 흰 건물 쪽으로 간다. 직원실 같은 창 밑으로 통과하자 양쪽으로 여닫는 문이 나타났다. 여자아이들이 문을 열자 어둑어둑한 넓은 현관 정면의 바닥에 놓인 유리 케이스가 빛을 내고 있었다. 그리고 그 안에…, 진짜 호랑이가 있었다!!!!

"이런, 이런!"

1m 정도 높이의 받침대에 직사각형의 유리 케이스 안에 튼튼한 사지를 뻗어 머리를 높이 올려 들고 서 있었다. 송곳니를 드러내고 빨간 입을 크게 벌리고 있다.

유달초등학교 소장 호랑이 박제

"이런 박제가 남아 있다니…. 뭐라고 말해야…, 훌륭한 호랑이다!"

아시아의 한국호랑이라고 불리는 귀중한 표본이다. 몸길이는 2m 정도, 세인트 버나드 개를 쭉 잡아 당겨 크게 한 정도로, 호랑이로서는 중간크기 정도였다. 그래도 발 크기와 몸통 굵기로 보면 100kg은 넘는 체중이 틀림이 없다. 이 나라의 단 하나뿐인 호랑이라고 생각하자 다리가 떨려 왔다.

쌀쌀한 현관에서 1911년(메이지 44년) 당시의 전라남도 영광군 불갑산이 생각났다. 그곳의 왕으로 군림하다가 어떻게 해서 학교까지 오게 되었을까? 유리 케이스에 얼굴을 갖다 대었다가 떼었다가 해서 바라보았다. 전신에 힘이 들어간 멋진 호랑이 박제였다. 다리가 놓인 배치라든가 목선 등의 균형이 잘 잡혀서 예술작품으로 봐도 손색이 없었다. 이것은 명인급의 박제사가 만든 것이 틀림없다. 받침대의 밑을 보자 작은 금속판이 붙어 있었다. '교토 시 키야마치(京都市木屋町), 시마즈(島津) 제작소', 이런! 일본제다! 한국에 출장소라도 있는 것일까?

머리를 갸우뚱하자 키가 큰 연배가 있는 남자선생님이 나타났다. 검은 양복에 조금 닳은 넥타이를 매고 있었다. 수줍어하는 듯한 웃음을 띠고 있었다. 온화한 일본어로,

"추우니까…, 안으로…, 들어오세요…. 어서."

단어를 하나하나 생각하면서 천천히 말했다. 오, 이렇게

기쁜… 내쫓지 않는 것 같았다. 그 선생님을 따라서 현관 옆에 있는 교장실로 들어갔다. 교기가 걸려 있고 우승컵들이 줄지어 있었다. 이른 아침 방문을 사과하고 명함을 건넸다.

아까 그 선생님은 성함이 장세창(張世昌)으로, 교감선생 님이라고 했다. 일본의 교두선생님에 해당한다. 교장선생님 은 출장 중이었으나 교감선생님과 교장실에서 이야기를 나 누었다.

"호랑이를…, 보러 오셨군요. 저기…, 호랑이 기록 말입 니까?… 불갑산에서 농부가 잡았다고 합니다. 그것을 목포 의 타타미 가게가 사서…, 일본의 교토로 보내서…, 박제로 한 것입니다. 당시 이 나라에서는…, 호랑이를 박제하는…, 기술이 없었다고 합니다. 그러고 나서 이 학교에 기증한 것 입니다."

장 선생님의 어조는 시간이 지나자 물 흐르듯 부드러운 일본어로 변했다. 50대 후반인지 전쟁 전의 일본어 교육을 받은 연대인 것 같았다.

"호랑이를 잡은 당시의 상황요?… 어쨌든 옛날 일이어 서…, 학교에 기록 같은 것이…, 남아 있지 않네요."

한숨을 쉬면서 다시 물어봤다.

"불갑산에서…, 호랑이를 잡은 농부 말입니까?… 그것 은…, 잘 모르겠네요. 음…, 찾는 것은…, 불가능하지 않을 까요? 옛날 일이니까. 네, 이 학교에는…, 지금까지 호랑이를 찾은 사람은 없었어요."

장 선생님은 담배를 꺼내 불을 붙였다. 담배 연기 속에서 눈을 깜박이며 미안하다는 식으로 몸을 작게 움츠렸다. 조용하고 친절한 선생님이었다.

"호랑이를 학교에 기부한 타타미 가게 말입니까?… 그건 알고 있습니다. 잠깐만 기다려 주세요."

선생님은 담배를 놓더니 일어섰다. 책장에서 교사(校史)의 서류를 꺼내더니 "하라구치(原口), 하라구치 쇼로(原口庄朗)라는 사람이 기증했네요. 1908년에."

"예? 일본인입니까?"

"물론입니다, 타타미 가게를 했던 사람이니 일본인이죠."

아연실색을 했다. 경주 대덕산과 마찬가지로 여기에도 일본인이 얼굴을 내밀고 있었다.

"하라구치 씨는…, 타타미 가게를 했다는 것 이외에는 아무것도 모릅니다. 네, 호랑이 가격과 박제비가 550원이라고 적혀 있네요. 이것은 당시로서는 고가였습니다. 꽤…."

장 선생님은 목소리를 죽였다.

"지금의 돈으로 환산하면…. 어느 정도일까요…. 기절할 정도로 많지 않겠습니까? 아마도 큰 집이라도 살 수 있을 정도로."

장 선생님은 순간, 해서는 안 될 말을 한 것 같은 얼굴을 했다. 그리고 검은 표지의 서류를 무릎 위로 얹었다. 긴

얼굴로 눈동자기 맑은 교감선생님이었다. 아이들에게 둘러
싸여 존경을 받는 것이 어울릴 듯한, 좀 더 옛날이었다면
일본의 초등학교에도 있을 법한 선생님이었다.

행진곡풍의 종소리가 몇 번인가 울리고 수업이 시작되었
다. 중년의 서무직원인 여성이 커피를 들고 왔다. 학생 수
는 3,500명으로 교직원 수는 71명. 거대한 맘모스 학교이
다. 목포시에 초등학교가 28개 교 있으나 그것도 부족하다
고 한다. 한 학급당 학생 수는 60명으로 교실이 꽉 찬다.
"일본은 45명 정도죠?"라고 장 선생님은 잘 알고 계셨다.

창으로 햇빛이 들어왔다. 카메라를 들고 밖으로 나가자
현관은 매우 밝았다. 호랑이의 정면부터 카메라를 들이대자
안뜰의 저편에 있는 흰 교실 건물이 카메라 화면으로 들어
온다. 역광선이 되어서 호랑이가 검게 비칠 것 같았다. 여
기저기 위치를 바꿔 가며 의자를 빌려서 높은 곳에서부터
찍어 보았다. 유리 케이스의 테두리가 방해가 되었다.

언제부터 쉬는 시간이 되었는지 아이들이 몰려왔다. 선
생님들도 4, 5명 무표정으로 뒤에서 서서 지켜보고 있었다.
내가 여러 방향에서 카메라를 들고 사진의 구도를 잡는 것
에 고생하는 것을 본 젊은 남자 선생님이 나타났다.

"어이, 어이"라고 말하듯 동료들에게 말을 걸어 유리 케
이스의 위 판을 집어 들자, 반대편에서 사람들이 손을 내밀
었다. 어럽쇼 하는 사이에 유리 케이스의 위 판이 걷혀 버

렸다. 교감선생님의 명령도 없는데 남자 선생님들은 바로
또 좌우의 유리판에 손을 댔다. 커다란 한 장의 유리였다.
두근두근하며 바라보자 모두가 힘을 합쳐서 좌우 양쪽의
유리판을 걷어 내고 검은 테두리를 빼자 호랑이가 드디어
유리 케이스 안에서 밖으로 나타났다.

"응?…"

모두들 웃지 않고 나를 쳐다봤다. 건실해 보이는 청년
교사들이었다.

유달초등학교의 호랑이와 어린이들

"정말 감사합니다. 대단히 감사합니다."
나는 한층 더 가깝게 나타난 호랑이에게 셔터를 눌렀다.

밝은 빛 속에서 보면 볼수록 멋진 호랑이었다. 긴 세월 탓으로 흑갈색의 줄무늬가 퇴색되어 있었으나 털가죽의 노란색은 퇴색되지 않았다. 북방의 호랑이답게 털이 길고 그 사이사이 솜털이 촘촘히 나 있다. 낡은 박제는 형태가 일그러진다든가 털이 빠진다든가 하는 법인데 그런 기색은 전혀 찾아볼 수 없었다. 유리로 만든 의안에는 청백색으로 까만 눈동자가 들어 있었다.

촬영이 끝나자 남자 선생님들은 다시 유리 케이스를 조립하기 시작했다. 가끔 청소를 하는 모양인지 그다지 고생하지 않고 조립을 했다. 엉덩이에 붙은 꼬리 쪽을 보자 암컷 같았다. 아직 새끼를 낳지 않은 젊은 암컷 같았다. 건강한 상태로 갑자기 생을 끝낸 것이 틀림없었다. 총에 맞았을까? 아니면….

교감선생님께서 학교를 안내하신다고 하여 학교를 둘러보았다. 안뜰에 연못이 있고 작은 새장이 있었다. 닭과 토끼 사육장도 있었다. 복도의 한가운데 꽃병이 놓여 있었고 전시물도 예쁘게 전시되어 있었다. 큰 목조로 된 강당으로 들어갔다. 800명의 학생들이 들어갈 수 있다고 한다. 정면에는 연극도 할 수 있는 무대가 있었다. 천정도 주위의 장식들도 신경을 많이 썼다. 전쟁 전의 건물이나 이 정도 규모의 강당은 전라남도 내에서는 없다며 키가 큰 교감선생님은 자랑스럽게 이야기했다.

과학실험실에 동물 표본이 있다고 해서 둘러보았다. 키가 큰 선반 안에는 재두루미, 황새, 큰고니, 중대백로, 두루미 등의 박제들이 들어 있었다. 쇼와 초기의 제작인지 이 지방에 살던 새들이었다. 이 중에는 속에 채웠던 솜이 빠져나오고 엷은 갈색으로 변색한 것들이 많았다.

이렇게 보면 호랑이 박제는 빼어나게 보존 상태가 좋다. 긴 세월, 위험했던 적은 없었을까?

"한국 전쟁 때는 목포도 북한군에 의해 점령당해서…, 서류들은 불에 태워졌지만…, 학교 건물은 무사했습니다. 그러나 이 흰 건물은 전쟁 후 화재가 나서 다시 세웠습니다."

"네? 화재요? 호랑이는 어떻게 했습니까?"

"아니요, 그때는 저쪽에 있는 벽돌 건물에 호랑이가 있어서, 그 건물은 화재가 나지 않았어요."

나도 모르게 몸이 떨렸다. 학교라는 곳은 왜인지 모르나 화재가 나는 경우가 많은 법이다. 이 나라에 하나밖에 없는 것을 초등학교의 현관 등에 두는 것은 조심성이 없는 것은 아닐까?

"서울에도 호랑이 박제가 있다고 들었습니다만…. 그렇습니까? …한국호랑이는 여기 이것뿐인가요?"

장 선생님은 여유로워 보였다. 호랑이 박제를 어떻게 생각하고 있는지 복도를 돌면서 물어봤다.

"그렇습니다…. 이 학교는 자연과(科), 즉 과학교육의 연구시정교가 되어서…. 호랑이 표본이 있다는 것이…, 이 학교의 특색입니다. 호랑이가…, 아직 산에 있으면 좋겠다…라는 교육을 하고 있으며…, 자연 보호를 중점으로 말입니다. 그래서 그 당시, 고가인 호랑이를 기증해 준 일본인에게는…, 감사를 드리고 싶은 마음입니다. 정말로.”

장 선생님은 온화한 목소리로 '정말로'를 반복했다. 무언가 마음에 걸리는 것이 있어서 물어볼 말을 찾고 있는 중에 “이 목포는…, 일본인이 만든 마을입니다. 일본인은…, 공로자랍니다. 일본인이 오기 전까지 여기는 작은 어촌이었습니다.”

“예?”

놀라서 장 선생님을 쳐다봤다. 이 나라를 35년간 침략한 일본인을 칭찬하는 교사가 있을 줄이야…. 의외였다. 그때 직원실에서 사무관이 나타나서 큰 종이봉투를 건넸다. 그러자 키가 큰 장 선생님은 갑자기 악수를 청해 왔다.

“유감입니다만…. 시청에 서류를 들고 갈 일이 있습니다. 좀 더 이야기를 나누었으면 좋겠습니다만….”

“이런…, 저도 유감입니다.”

내민 손을 잡고 나도 모르게

“다시 뵈었으면 합니다.”

“정말로…. 다음에 또 와 주세요.”

코트를 입고 나가는 장 선생님을 현관에서 배웅을 했다.

"유달산은 전라남도에서는 유명한 관광지입니다. 다도해를 바라보기에는 정말 좋으니 올라가 보세요. 그럼, 안녕히…."

허망한 헤어짐이었다. 남은 직원들 중에 일본어를 아는 사람이 없었다. 그 뒤로 힘이 빠진 상태가 되어서 멍하니 현관에 서 있었다. 자, 그럼, 지금부터 어떻게 할까?

줄자를 꺼내서 유리 케이스의 크기를 재었다. 가로 × 세로의 길이가 2.22 × 0.85m, 높이가 1.25m였다. 아까 유리를 걷어 낼 때, 호랑이의 전체 길이를 재었으면 좋았는 데라고 혀를 찼다. 나의 조사는 아무래도 제일 중요한 것이 빠지기 십상이었다. 케이스의 정면에 검은 칠을 한 판에 흰글씨로 호랑이의 설명이 쓰여 있었다.

호랑이를 기증한 일본인, 하라구치 씨는 어떤 사람일까라는 생각이 떠올랐다. 학교의 서류에는 쇼로(庄郎)라고 나왔지만 쇼타로(庄太郎)나 쇼이치로(庄一郎)일지도 모른다. 타타미 가게라는 것은 주인도 시루시방텐(印半天, 일본의 목수, 미장이들이 일할 때 입는 허리까지 오는 옷, 역자주)을 입은 영세한 직업의 사람들이 많다고 생각하고 있다. 그런 사람이 어떻게 이런 고가의 물건을 기증한 것일까? 가격까지 공표한 것을 보면 목포에서 벼락부자로 거만한 사람이지 않았을까? 타타미 이외에 무언가 뒷거래로 검은 돈을 만지는 일을 하지 않았을까?

문득 빨갛게 칠한 석고로 만든 호랑이의 혀 양옆에 드러난 송곳니가 이딘가 빈약하다는 것을 깨달았다. 송곳니가 가늘고 유치(乳齒)같이 희었다. 호랑이의 송곳니는 그 큰 입에 어울리는 크고 거대한 노란색이지 않았던가?

"이것은…. 좀 이상한데…. 혹시…, 2살도 채 안 된 젊은 암컷일지도."라고 중얼거렸으나 조사할 방법이 없다. 호랑이를 대각선 방향으로 서서 바라보자 파란 눈이 유리라고는 생각할 수 없을 정도로 빛을 가득 담고 있었다. 가만히 응시하자 호랑이가 "왜?"라고 나에게 묻는 것 같았다.

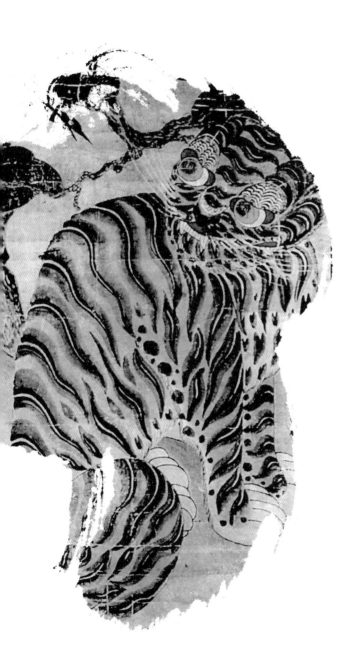

다섯.

호시**탐탐**(虎視眈眈)

서무실 직원의 배웅을 받으며 학교를 나왔다.

"잘됐다…. 드디어 한국호랑이를 봤으니."

어딘가 미련이 남아 있었으나 오랜 세월의 꿈이 실현된 것이었다. 기쁜 일이 틀림없었다. 한반도 남단의 햇빛은 밝았고 바람도 없었다. 아스팔트길을 따라 유달산으로 향했다. 완만한 경사면에는 나무들로 둘러싸인 주택가가 있었다. 15분 정도 뚜벅뚜벅 걸어 올라가자 4, 5채의 토산품 가게가 나왔다.

벌써 낮이다. 두유와 팥떡을 사서 돌계단을 올라가자 거기에는 전망대로 갑옷을 두른 이순신 장군의 거대한 동상이 서 있었다. 서쪽의 바다를 향해서 검을 단단히 쥐고 있다. 수군(水軍)을 인솔하고 토요토미 히데요시(豊臣秀吉)를 무찔렀으나 마지막에 유탄에 맞아 쓰러진 장군은 구국의 영웅으로 각지에 기념비가 세워져 있다.

눈 아래에 펼쳐져 있는 바다에는 섬들이 이어져 있어서 어디가 만(灣)의 어귀인지 짐작이 안 갔다. 희미하게 보이는 황해를 둘러보면서 벤치에 앉아 떡을 먹었다. 삼각대에 카메라를 단 사진사가 맞은편의 벤치에 우두커니 앉아 있었다. 여기저기를 전망하면서 떡을 먹고 두유를 마시자 사진사 아저씨가 일어났다. 60세 정도일까? 햇볕에 잘 그을린 사람이었다.

"일본인이시죠? 한 번에 알아봤어요."

사투리도 섞이지 않은 표준 일본어이다.

"혼자서 모교 방문입니까?"

"모교요?"

깜짝 놀라서 묻자 여기를 방문하는 일본인은 대부분 목포 출신으로 모교를 방문한다고 한다. 작년 봄에는 오사카 사람들이 단체로 왔다고 한다.

유달산에서 바라본 목포 시가지(유달초등학교와 옛 일본인 마을이 보임.)

"여기서 태어나 여기서 성년이 될 때까지 살았던 사람들이어서 목포가 그리운 것이에요. 패전으로 모두들 일본으로 돌아갔죠. 집도 집안의 묘도 그대로 두고…. 여기로 올라와서 쭉 일본인 마을 쪽을 바라보고 눈물을 흘리는 사람도 있어요. 기념사진도 찍었지요. 그러면 제가 일본으로 보내드렸죠. 물론 모두들 학교를 방문했죠. 모교에 돈을 기부한다든가 야구공을 기부한다든가 하면서요."

그는 남쪽으로 눈을 돌려 유달초등학교의 지붕을 가리켰다. 우리가 있는 곳으로 가끔 택시가 올라와 하나둘씩 관광객들이 늘어났다.

학교에서 남동쪽으로 펼쳐진 시가지, 공장, 항만 등 목포의 중심부 일대는 일본인이 만든 것으로, 이전에는 조수가 가득 차 오는 갈대밭이었다고 한다. 북쪽의 조그맣게 보이는 목포역에서 반대편에 있는 시가지도 일본인이 바다를 메워 육지로 만들었다고 한다.

"일본인이 목포를 개항한 것이 메이지 몇 년이었더라…. 메이지 2, 30년 정도(1887~1897년)였을 겁니다…. 그 당시…, 여기는 외로운 어촌이었지요. 초가집이 십수 채, 저쪽에 한 채, 여기에 두 채, 이런 식으로 산재해 있었고 어두워지면 뒷산에서 호랑이의 울음소리가 들려왔다고 합니다. 즉 이 유달산에서 들렸다고 합니다. 이 산에 호랑이 굴이 있었어요. 그런데 일본인은 훌륭하네요. 이런 춥고 외로운 어촌에 눈을 돌려 이만큼 큰 항구 마을을 만들었으니…"

그는 수염을 만지면서 잡담을 말하는 것 같은 어조로 말했다. 별로 아부를 떨려는 말투도 아니었다.

"잠깐만요. 재미있는 이야기 중에 죄송하지만 일본인의 목포 개항이 메이지시대라는 것은 너무 빠르지 않습니까? 일본이 한국을 합병한 것이 메이지 43년 8월이니까 개항은 그 후인 다이쇼시대가 아닙니까?"

의기양양한 얼굴로 참견하자,

"음, 당신도 참. 뭐가 빠르다는 겁니까?"

그는 나를 빤히 쳐다봤다. 그러고 나서 한숨을 섞어 가며 이야기했다.

"일본이 쇄국정치를 하고 있던 조선을 운양호의 대포로 위협하면서 강화도조약…, 그 악명 높은 불평등조약입니다. 정확히는 한일수교조약이었죠…. 이 조약을 맺은 해가 메이지 9년입니다. 조약을 맺자마자 바로 부산을 개항시킨 것이죠. 그 뒤를 이어서 원산, 경성(서울), 인천을 개항시켰고 목포는 확실히 메이지 중반입니다. 여기에 올라오는 도중에 빨간 벽돌 건물이 있었지요? 아담한 사각형. 그것이 바로 일본영사관이에요. 지금은 도서관이 되어 있지만 그 건물을 세운 것이 메이지 중반이죠. 향토사 책을 읽어 보면 금방 알 수 있는데…. 그것이 몇 년이었는지 몰라요."

그는 눈썹을 찡그렸다.

"목포에 일본영사관이?"

"목포만이 아닙니다. 조선 각지에 많은 일본인 거류지가 생기고 자꾸자꾸 일본인들이 건너왔습니다…. 메이지 43년에 합병을 강행한 거예요. 뭐, 합병이 아니죠. 점령이죠. 총과 칼의 힘으로. 잘 아시겠어요?"

나는 당황했다. 목포에 일본영사관이라든가 거류지라든가 처음 듣는 말뿐이었다. 강화도조약으로 이 나라의 쇄국정치를 타파했으나 그때 개항시킨 것이 확실히 부산, 인천, 원산의 3개 항뿐이지 않았던가? 일본에서 출판된 조선에 관한 역사책을 나는 많이 가지고 있지만 어디에도 조선 각지에 거류지를 만들어 침식했다는 말은 나오지 않았다.

그는 기분 탓인지 화가 난 얼굴을 하고 있었다. 어쨌든 호의적으로 나에게 말을 걸어온 사람을 화나게 해서는 안 되었다. 일본인은 이럴 때 바로 사과를 한다.

"아무래도 저는 역사 공부가 부족해서…, 죄송합니다."

"아니 아니, 그것은 당신이 저지른 죄가 아니니까. 일본에서는 한국의 역사를 베일로 가려서 가르치지 않으니까 그것 때문이죠. 뭐, 어느 나라도 자기에게 불리한 것은 가르치려고 하지 않으니까…. 그러나 궁금하시면 유달초등학교에 물어보세요. 목포를 개항한 다음 해에 바로 일본인 학교를 탄생시켰으니까요."

사진사는 담배를 물더니 불을 붙였다.

그러나 이런 이야기는 함부로 믿을 수 없는 것이어서 노트를 꺼내 메모를 했다. 학교에서 적은 기록 중에 타타미 가게 주인이 호랑이를 기증했다는 연도가 눈에 확 들어왔다. 1908년…이라면, 메이지 41년이다. 그해는 한일합병 전이 아닌가? 이것은 어떻게 된 일일까? 합병 전에 일본인 학교가 벌써 있었단 말인가…라고 중얼거렸다.

"그럼, 그럼, 그렇고말고."

그는 화난 얼굴이 아니었다.

"일본인 거류민단은 여자들과 아이들까지 데리고 왔죠. 네, 네, 역시 일본인이에요. 절을 세우고 학교를 만들어 교육을 시켰으니까 훌륭한 일이 아닙니까? 그러나 모두들 일본에서 벌이가 시원치 않은 상인들이라든가 호시탐탐(虎視眈眈) 기회를 노려 일확천금을 챙기려는 사람들만 왔다고 합니다…. 성냥, 가위, 거울 등의 일용품, 면직물 등의 양품을 들고 와 쌀, 콩 등의 곡물, 금은 등을 가로채 갔습니다. 거저먹기로 엄청 많이 벌었다고 하죠. 조선 사람들에겐 아주 심하게 손해 가는 물물교환이었으니까."

그랬구나. 이 나라의 주권을 빼앗고 견디기 힘든 식민지 정책을 강행한 것이 1910년의 한일합병부터라고 생각했었는데 그것보다 몇 년도 전부터 상인들의 실력행사는 시작되었던 것이었다.

그렇다 치더라도, 거리 사진사의 이야기에 완전히 놀라

고 말았다. "향토사를 잘 알고 계시네요."라고 감탄하자 그는 주름 깊은 얼굴에 함박웃음을 띠며, "이 정도는 목포 사람들은 다 알고 있는 걸요. 저는 『목포사(史)』라는 두꺼운 책을 가지고 있어요. 거기에는 목포는 일본인이 만든 도시라는 것이 잘 쓰여 있어요. 일본인은 목포에 있어서 은인이기도 하죠. 네, 복잡합니다. 나라로서는 심한 처우를 당했는데 지역으로서는 은혜를 받았으니…."

장 선생님이 말한 것과 같은 것을 말하고 있다. 맞장구를 칠 말을 생각하는 중 젊은 커플이 올라왔다. 여자는 끌릴 정도의 긴 한복 치마를 입었다. 흰 저고리와 연지색의 치마가 드레스 같은 느낌으로 꽃이 활짝 핀 것 같았다. 사진사 아저씨가 갑자기 일어나서 말을 걸자 여자는 고개를 끄덕이더니 남자의 팔을 잡았다. 수줍어하지도 않고 남자의 팔을 잡아당겨 이순신 장군의 동상 밑으로 간다. 신혼여행인지 여자가 주도권을 잡고 남자는 조용히 따라가고 있었다. 그는 허겁지겁 카메라를 들고 사진을 찍었다.

너덜너덜 바지에 갈색의 낡은 점퍼 차림의 사진사였다. 대일 감정이 나쁘다고 들어 왔는데 잘 모르는 일본인을 친절하게 상대해 줬다. 어딘가 아픈지 왼쪽 어깨가 조금 내려앉은 것 같았다.

그 뒤로도, 벤치에 앉아서 계속 이야기를 들었다. 그는 박학다식이었으나 유달초등학교의 호랑이는 몰랐다. 물론 호랑이를 기증한 타타미 가게주인인 하라구치 씨도 몰랐다.

"이 마을 어딘가에 단서가 없을까요?"

"음, 유달초등학교에서 모르면 좀 어렵지 않을까요? 메이지 말기에 있었던 일이니까. 당시의 관계자는 거의 없지요. 다 죽어 버려서."

조용히 고개를 끄덕일 수밖에 없었다. 또다시 담배를 문 사진사는 갑자기 이마에 손을 대었다. 그 손으로 이마를 쿡쿡 찌르면서

"그래그래, 유달초등학교 호랑이…, 말이죠? 벌써 옛날에 죽은 선배에게 들은 적이 있습니다…. 호랑이를 짊어지고 온 농민들 하고…, 일본인 사이에…, 소유권 쟁탈이 있었다고."

앗 하고 소리쳤다. 이것은 꽤 큰 정보임이 틀림없다.

"음, 제가 들은 것은 이 정도의 단편적인 것입니다…. 한국전쟁 후 학교가 불타서…. 재건을 위한 기부운동에 힘썼던 선배가 말했던 것이죠. 음, 선배는 좀 더 자세히 알고 있었을지도 모르겠네요. 살아 있다면 여든 이상 나가는 선배이죠. 저는 호랑이에 대해서 별로 관심이 없어서…, 응응 하고 듣고 바로 흘려버렸죠. 자세히 잘 들었으면 좋았을 텐데…. 그렇게 했다면 도움이 되었을 텐데…. 아니요, 일본인과의 사이에 소유권 쟁탈이 일어났다는 것은 극히 당연한 일이었어요…. 그러니까 일본인은 합병 전에…. 벌써…, 여기에도 보세요. 재판소를 세웠습니다. 목포 경찰서장이 재

판관이었습니다…. 그 자리에서 뭐든지 바로 결정했지요….
조선 사람들에게는 뭐가 뭔지도 모르는 판결이었지요. 게다
가 재판소가 세워지기 전부터 벌써 형무소가 있었으니…. 커
다란 석조 건물입니다."

그러고 나서 그는 큰 소리로 웃었다. 동양인은 아주 기가
막힐 때 소리를 내어서 웃어 버리는 경향이 있다. 거기에
나도 쓴웃음을 지을 수밖에 없었다. 이 나라와 합병하기 전
에 일본인은 조선에 경찰서를 두고 재판소, 형무소를 만들어
조선 사람들을 체포, 구속을 했다니, 도대체 어떻게 된 일인
가? 유달초등학교 호랑이에게도 무언가 감춰진 이야기가 있
는 것이 아닐까?

그는 젊었던 시절, 일본으로 건너갔다. 나가사키(長崎)의
조선소에서 일하며 사진은 나고야(名古屋)의 인쇄공장에서
배웠다고 한다. 심한 고생을 했음이 분명한 데도 고생한 이
야기는 안 했다. 건강할 때 한 번 더 일본에 가 보고 싶다고
했다. 건강할 때라고 반복해 말하는 것이 마음에 걸렸다.

이순신 장군의 동상의 그림자가 길게 늘어지자 관광객들
은 돌아갈 준비를 했다. 조금 차가운 바람이 불어와 코트의
옷깃을 세웠다. 이제 숙소로 돌아가지 않으면 안 되었다.
마지막으로 호랑이가 잡힌 영광군 불갑산을 물어봤다.

"불갑산? 북쪽이네요. 여기에서는 멀어서 안 보이고, 역시
영광에서 봐야 하죠. 그래그래, 불갑사라는 절이 있어요. 산

속에. 거기라면 호랑이가 있었을지도 모르네요. 깊고…, 훌륭한 산이죠."

깊은 감사의 말을 전하고 그와 헤어졌다. 버스가 온다는 말을 뒤로하고 내리막길을 걸어서 내려갔다. 자 이제, 어떻게 할까? 내일 서울로 돌아가서 다시 한 번 더 오래된 교과서를 찾아볼까?

숙소에 도착해 메모를 정리하자 호랑이를 포획한 해가 쿠로다 박사의 『원색일본포유류도설』과 다른 것을 알았다. 도설에는 1911년이라고 되어 있는데 학교의 기록에는 1908년이었다. 대단한 차이다. 한쪽은 합병 후, 다른 한쪽은 합병 전이다. 아아, 큰 한숨소리가 절로 나왔다. 외국에 와서 이렇게 큰 차이가 나는 상황에 부딪힌다면 어떻게 해야 할지 막막해진다. 온돌방에 엎어져 누워 눈을 감았다.

장 선생님에게 한 번 더 물어보는 것이 낫다고 생각했다. 학교의 개교기념일 확인도 있고 하니 내일, 한 번 더 가 보자. 그러나 학교에 폐가 아닐까? 집요한 일본인이라고 얼굴을 찡그릴 거라는 생각이 들었다. 처음부터 오늘의 취재를 주의 깊게 확인했으면 미연에 방지할 수 있는 일이었다.

무기력함과 낙담이 온몸을 휩쓸었다. 호랑이를 포획한 해와 일본영사관 같은 것은 정확하지 않아도 되었다. 어쨌든 메이지 말기에 잡은 것이니. 그것보다 오늘까지의 취재로 한국호랑이 르포를 쓴다고 하면, 도대체 몇 장이나 나올까라는 생각이 들었다.

호랑이 박제를 찾아냈지만 포획 정황과 기증한 인물도 모른다. 이런 상황이라면 4백자 원고용지로 10장도 안 나오게 생겼다. 상상을 해서 이야기를 멋대로 만들어 내는 것이 서투른 나다. 어떻게 해서든 논픽션으로 한국호랑이 르포를 쓰고 싶었다. 호랑이가 잡힌 산으로 가 보고 싶다는 생각이 들었다. 절이 있다고 하니까 거기서 물어보면 무언가 단서를 잡을 수 있지 않을까….

어느샌가 나도 모르게 깜빡 졸아 버렸다. 정신을 차리니 저녁식사 시간이 되었다. 목포의 명물 산낙지라도 먹을까 하고 일어섰다. 현관으로 나가자 잠깐만! 서울의 원병오 교수가 생각났다. 혹시 서울로 돌아왔을지도 모르겠다. 아주머니에게 시외전화를 걸어 달라고 부탁해 전화를 걸자 바로 원병오 교수가 받았다.

"오! 엔도 씨, 지금 어디예요? 목포? 왜 거기서 어슬렁어슬렁하고 있어요? 호랑이가 달아나요. 빨리 돌아오세요."

유창한 일본어로 나를 놀렸다. 낙동강 조사는 빨리 끝났다고 했다.

"호랑이는요, 목포의 박제보다 더 재미있는 정보가 있지요. 경주 대덕산의 호랑이가, 엔도 씨가 중앙도서관에서 교과서를 찾았죠? 발견하지 못했다고, 하하하…, 형님에게 들었죠."

원 교수는 매우 기분이 좋은 듯 큰 소리로 웃었다. 무언가 재미있는 이야기가 있는 모양이었다.

"경상북도 경주시에, 잘 들으세요. 호랑이에게 물린 노인이 살고 있답니다. 신문에 나왔어요. 하하하…. 어때요? 굉장한 뉴스죠? 바로 경주로 가세요."

쾅 하고 가슴이 울렸다.

경주 대덕산에서 붙잡힌 수신 교과서에도 나온 한국의 마지막 호랑이가 신문에 특종기사로 나왔다고 한다. 게다가 그 당시 호랑이에게 물렸던 사람이 살아 있다고 한다. 1월 26일자 『한국일보』로 열흘 정도 전에 나왔다고 한다. 동국대학교의 원 박사는 그 신문을 보지 않았던 것 같았다. 전화로 신문기사를 읽어 달라고 부탁했다. "경주 라이온스클럽 회장인 이상걸(李相杰) 씨가 그 당시의 사진을 가지고 있으며, 사진 뒷면에는 다이쇼 10년(1921년) 9월 호랑이 포획 기념이라고 쓰여 있었다. 호랑이와 맞붙은 김유근(金有根) 씨는 여든넷, 경주 대덕산의 마을에서 지금도 유유히 생활을 하고 계신다."

경주는 유명한 관광지가 아닌가? 좋았어. 가자!

"음, 경주시는 인구 10만이나 되는 큰 도시예요. 혼자서 이상걸 씨를 찾을 수 있으려나…. 그렇군! 경주에 가서 누군가에게 전화번호부로 찾아 달라고 해 보세요. 이상걸 씨는 아마도 그 지역 유지(有志)니까 쉽게 찾을 수 있을 거예요."

전화를 끊자 가슴이 뛰었다. 드디어 해냈다라고 소리를

질렀다. 뭐라 하더라도 역시 인생에 있어서 가져야 할 것은 '친구' 그 자체였다. 나는 원병오 교수의 자신만만한 얼굴을 떠올렸다.

여섯.

마지막 호랑이 사진

아침, 버스를 타고 광주시로 향했다. 도로의 양측은 호남 평야라고 불리는 곡창지대가 펼쳐지고 있었다. 완만한 능선의 언덕에는 어린 소나무가 많았고 언덕과 언덕 사이에는 논이 펼쳐져 있었다. 논은 호미질이 되어 있었고 이른 봄빛의 따스함을 그대로 품고 있었다. 용수로도 있었으며 여기저기 마른 갈대로 뒤덮여 있는 늪이 있었고 언덕 근처의 지면은 선명한 벽돌색이었다. 거기에 회색으로 빛이 바랜 농가가 모여 있었다. 회색으로 보였던 것은 기왓장과 콘크리트로 만든 담장이었다. 담장 사이로 줄에 넌 빨래들이 보였다.

호남지방은 온난한 기후인 것일까, 농가의 뒤쪽으로는 굵은 맹종죽(孟宗竹, 죽순대) 숲이 있었다. 대나무는 추위가 심한 곳에서는 자랄 수가 없는 식물이다. 서울 근교 등에서는 이 맹종죽이 전혀 없다는 것이 생각났다. 일본의 카노파(狩野派, 일본 회화의 최대의 파로 무로마치室町 시대부터 에도江戶 시대까지 약 400년간 활동한 전문화가집단,

역자 주)의 화가들은 용감한 호랑이의 그림을 그렸는데 배경으로는 대체로 굵은 대나무를 넣었다. 그 이유의 하나로 대나무 숲에 호랑이가 있다는 이야기가 전해 내려와 화가들이 배경으로 대나무를 넣은 것이라고 한다. 대나무 숲에 호랑이가 있다고 전한 인물은 아마도 토요토미 히데요시의 군세(軍勢)가 아닐까? 그렇다면 호남지방에도 호랑이가 있었다고 생각되었다. 왜냐하면 굵은 대나무 숲이 있기 때문이었다.

광주시는 전라남도의 도청 소재지로 인구 70만의 — 도착해서 보니 넓은 도로가 질서 정연하게 통해 있고 자동차 통행이 많은 — 대도시였다. 이곳은 민족적인 궐기운동이 일어난 곳으로 유명하다. 일제시대인 1929년 10월에 일어난 광주학생운동은 독립운동으로 발전해 전국으로 확산되었다. 통학열차 안에서 한 조선인 여학생을 일본인 남학생들이 희롱한 것이 발단이 되어 한국과 일본의 학생 사이에 큰 충돌사건이 일어났던 것이다.

버스 터미널 주위에는 먹을 것을 파는 포장마차와 과일과 채소를 파는 리어카들이 줄지어 있었다. 사람들이 붐비는 길에서 상자 위에 앉아 인스턴트 라면을 먹고 있는 아주머니가 있었다. 용감하다는 생각이 들었다. 사람들이 붐비든 말든 아무렇지도 않게 생각하는 듯했다.

광주에서 경주까지 — 한반도를 서쪽에서 동쪽으로 횡단을

하는— 고속버스로 5시간 걸린다고 한다. 고속버스는 고속
도로를 빠른 속도로 달릴 뿐이어서 나는 시골길을 달리는
완행버스에 올라탔다. 작은 버스로 승객들은 3분의 2 정도
가 차 있었다. 맨 앞자리에 앉아 지도를 펼쳐서 가끔씩 운
전사에게 여기가 어딘지 다음은 어딘지 알려 달라고 해 주
변의 풍경을 만끽했다. 5년 전까지는 시골 어디에서나 초
가지붕집이 있었으나 이젠 모두 기와지붕이 되어 있었다.
소형 트럭, 경운기가 맞은편에서 달려와 지나갔으나 자동차
의 통행은 드물었다.

광주를 빠져나와 2~30㎞를 달리자 산길이 나타나더니
드디어 소백산맥으로 들어간 듯했다. 여기저기 흰 눈이 보
였다. 산속의 작은 마을에 치마와 스웨터를 입은 한 여성이
큰 보따리를 머리에 얹은 채로 걷는 것이 보였다. 아이들을
데리고 양철대야를 머리에 얹은 아주머니도 있었다. 손으로
보따리나 함지박을 잡지도 않고 능숙하게 잘 걸어 다녔다.

머리에 물건을 얹고 나르는 것은 시골뿐만 아니라 서울
시내에서도 본 적이 있었으나 모두 중년 이상의 여성이었
다. 왜 젊은 여성이나 남자들은 물건을 머리에 얹고 나르지
않는 것일까라고 생각했다.

남원을 지나자 양쪽으로 험한 산맥들이 보였다. 눈이 쌓
인 장대한 산맥들이었으나 수목이 적은 바위산이 줄지어
있는 것처럼 보였다. 아득하게 높은 산으로 눈을 돌리자 호

랑이 그림의 배경으로 잘 어울릴 듯한 산이 아닌가라는 생각이 들었다.

실상사(實相寺)로 가는 갈림길에서 버스는 급유를 위해 주유소로 들어갔다. 도로표지에는 화살표가 있었고 거기에는 지리산(智異山, 1,915m)이라고 한자로 쓰여 있었다.

운전사에게 어디가 지리산인지 알려달라고 하자 산과 산 사이의 아득히 높은 산이 지리산이라고 말했다. 지리산은 한국에서 두 번째로 높은 산으로 한반도 남부에서는 최대의 산이기도 하다.

"지리산에는 아직 표범이 남아 있다는 소문이 있습니다. 뭐, 발자국이 있었다는 정도의 아주 작은 정보입니다만."

원 교수에게 들은 적이 있었기 때문에 나는 은색으로 찬란히 빛나는 산을 눈부시게 쳐다보았다. 알프스를 연상하게 하는 이렇게 큰 산이 이어져 있는데 왜 호랑이와 표범이 없어져 버렸을까? 작은 버스 안에서 흔들리면서 생각한 것이 그것이 전부였다. 육식을 하는 무서운 맹수인데 그들에게는 유리처럼 섬세한 곳이 있지 않았을까?

버스는 전라남도에서 경상남도로 달려 드디어 경상북도로 고개를 넘어갔다. 대구시를 통과해 하루 정도 걸려 경주에 들어간 것은 완전히 해가 넘어간 뒤였다. 여기는 신라의 고도로 유명한 관광지이지만 밤은 적막하고 어두웠다. 작은 호텔을 발견하고 거기에서 묵었다.

다음 날 아침, 까치의 울음소리에 눈이 뜨였다. "까치, 까치" 하는 소리를 내며 창문 밖에 있는 포플러 나무에 앉아 있는 것 같았다. 좋아! 오늘은 좋은 일이 있겠군 하고 벌떡 일어났다. 한국 사람들은 하얗고 검은 두 가지 색의 까치를 길조로 여기고 있다. 호텔 식당에서 아침을 먹고 밖으로 나갔다. 희미하게 안개가 걸린 이른 봄날의 하늘이었다.

경주는 직경 수십 킬로미터, 높이 4, 5백 미터의 산들로 둘러싸인 큰 분지이다. 지금의 경주는 분지의 북서부에 아담하게 자리 잡고 있지만 신라 때는 분지 전체를 차지했었다고 한다. 한국의 마지막 호랑이가 나타난 대덕산은 어디일까 하고 둘러보았다. 거기에서 호랑이와 격투를 벌인 김 노인이 살아 계신다고 한다. 목포에 있었을 때보다 그 이상으로 가슴이 울렸다. 이번이야말로, 호랑이를 만난 이야기를 생생히 들을 수 있을지도 모른다.

버스 터미널에서 사람들이 움직이기 시작했다. 원병오 교수에게서 들은 경주 라이온스 클럽회장인 이상걸 씨와 연락을 취해야만 했다. 호텔 프런트에서 직원에게 '李相杰'이라고 종이에 써서 전화를 가리키자 그는 한자를 보더니 고개를 갸우뚱했다. 안쪽을 향해 동료를 부르더니 서로서로 고개를 갸우뚱했다. 더듬더듬 알고 있는 한자만 읽는 것같이 입술을 움직이더니

"상⋯, 뭐라고 하지?"

"원구가 아닐까?"

라고 서로서로 말하면서 전화번호부를 뒤적였다.

전화번호부는 전부 한글로 한자는 하나도 없었다. 이(李)라는 성은 유서 깊은 성으로 한국에서는 꽤 많다. 몇 페이지나 쭉 길게 이어진 이씨 성을 가진 사람들의 이름 속에서 도대체 어디에 숨어 있는 것일까? 한글의 철자를 모르면 전화번호부조차 찾을 수 없는 것이었다. 광복 후, 한국은 철저한 한글교육을 추진해 한자를 배제해 왔다고 한다. 젊은 사람들 중에는 한자를 모르는 사람들이 늘어나고 있다고 했다.

그러면 하고 이번에는 라이온스클럽 사무실을 찾아달라고 했다. 그러나 이것도 나오지 않았다. 프런트의 두 명은 전화번호 안내로 전화를 해 물어봤던 모양이었다.

"없어요, 없어."

라고 되풀이 말했다.

이런, 곤란하게 되었군 하고 중얼거렸으나 희망을 잃지는 않았다. 자본주의 국가의 도시라면 어디에라도 라이온스클럽이 있기 때문이었다. 국제적인 사회봉사단체로 마을의 명사, 유력자가 그 회원이다. 매월 한 번씩 점심식사회의를 열어 누군가에게 연설을 시킨다. 나도 몇 번인가 고향에 있는 라이온스클럽에 초대받은 적이 있었다. 실업가, 의사, 은행 지점장 등이 주요 회원이어서 그들을 중심으로 찾아보면 이상걸 씨를 반드시 찾아낼 수 있을 것 같았다.

그러나 이상걸 씨는 아마도 매우 바쁜 사람임이 틀림없을 것이다. 오전 중에 약속을 잡지 않으면 못 만나는 것이 아닐까? 공교롭게도 오늘은 토요일이다. 서울에라도 올라갔다면 내일도 만날 수 없는 것이 되어 버린다. 초조해하며 한국일보 경주 지국이라고 종이에 썼다. 호랑이 사진을 특종으로 올린 기자를 만나는 다른 방법도 있었던 것이다. 호텔 직원은 그것도 없다고 고개를 흔들었다. "어려운 일이네."

팔짱을 끼며 난감한 얼굴을 했다. 호텔의 프런트는 유리를 통해 밖에서 지나가는 사람들에게도 보인다. 택시 운전사가 이쪽을 보고 있었다. 무언가에 일본인이 곤란하다는 것을 눈치 챘나 보다.

"관광 안내, 택시, 서비스할게요."

말을 걸어왔다. 전화는 포기하고 '大德山'이라고 종이에 써서 보여줬다. 그런데 택시 기사까지 포함해 3명 다 모른다고 한다.

"대덕산, 대 – 덕산."

서로 얼굴을 마주보고 있다. 호랑이가 나온 산이긴 하나 외곽지역으로 관광과는 인연이 없는 곳인 것 같았다. 어쩔 수 없이, 택시를 타고 시내를 한 바퀴 돌기로 했다. 시내의 아웃라인을 아는 것도 어떤 식으로든 도움이 된다고 스스로를 위안했다. 9시가 되어서 은행이 문을 열면 지점장에게 물어봐야겠다고 생각했다.

버스 터미널에서 역까지 완만하게 굽은 대로가 현재 시가지의 주도로라고 한다. 가로수인 버드나무는 잎이 떨어져 있고 실과 같은 나뭇가지가 아름다웠다. 보도에는 돌담이 있으며 거리의 가로등도 꽤 신경을 썼다. 담의 저편으로 황토색의 작은 산이 보였다. 대충 7, 8개가 여기저기 겹쳐 보였다. 신라시대의 왕족들이 잠들고 있는 고분이었다.

"천마총, 천마총. 나중에 보면 아주 좋아요."

택시 기사는 고분의 하나를 가리키며 분묘 공원의 주위를 돌았다. 금관이 발견된 무덤 내부가 공개되어 천마총은 관광객의 인기를 모으고 있다고 한다.

등교하는 아이들, 출근하는 사람들로 이제야 거리는 활기를 띠었다. 횡단보도의 인파를 뚫고 역 앞으로 나왔다. 신호기가 없는 아름다운 거리로 광장에는 3층 석탑이 서 있었다. 신라의 고도는 전화(戰火)로 멸망해 지금은 사방 2.5㎞ 아담한 거리로 역전의 대로를 중심으로 바둑판의 눈처럼 정리되어 있다. 상점과 집들의 기왓장에도 어딘지 모르게 고도답게 예스러운 멋과 품격이 있다.

거리의 중심에서 외곽을 한 번 돌아보고 원래의 주도로로 돌아왔다. 시청의 건너편에 큰 국기가 보여서 바라보니 만국기가 줄에 걸려 장식되어 있었다. 현란한 장식이 적은 거리에서 그곳만 이상했다.

"잠깐만요. 스톱. 여기는요?"

"시의회 청사…, 오늘은 명예시장의 퇴임식이 있어요."

오랜 취임기간 동안, 경주시에 공헌한 김창곤(金昌坤) 시장이 퇴임을 한다고 한다.

"좋았어, 여기서 기다려 보자."

순간적으로 결정했다. 경주의 명사들은 한 명도 빠짐없이 출석하지 않을까? 라이온스클럽 회장이라면 반드시 출석할 것이라고 생각했다.

현관홀에 들어가 보니 완장을 두른 청년들이 식장준비를 하고 있었다. 일본어, 영어로 말을 걸어 보았으나 거의 통하지 않았다. 퇴임식은 10시부터라는 것만 겨우 알았다. 일단 택시 기사와 헤어졌다. 밖은 9시로 아직 추웠다.

가까운 커피숍에서 커피를 마시고 30분 정도 있다가 나오니 현관에 차가 멈춰 있고 정장을 차려입은 남자들이 시의회 청사 안으로 들어갔다. 담력을 키울 셈 치고 나도 들어갔다. 접수에 한복을 입은 사람이 앉아 있었다. 그 앞에는 긴 두루마리가 있고 출석자들은 붓으로 자기의 이름을 쓰고 있었다. 종이에 싼 전별(餞別, 이별을 아쉬워하는 정표로 주는 금품이나 선물, 역자 주) 같은 것을 내는 사람도 있었으며 참석자들은 서로서로 정중히 예를 갖추어 인사를 하고 있었다.

현관홀에서는 손님들이 악수를 하고 어깨를 두드리고 있었다. 라이온스클럽 사람들이라면 금색으로 빛나는 배지를 달고 있을 것이다. 찾아다니지 드디어 키가 큰 신사의 양복 깃에 본 기억이 있는 L을 발견했다. 일본어로 말을 걸자 그 신사는 깜짝 놀랐다. 그러나 일본어가 잘 통했다.

"이상걸 씨는 아직 도착 안 했습니다. 여기에 올 겁니다. 네, 제가 찾아 드리죠. 이쪽으로 오시죠."

현관 앞의 광장으로 나왔다. 줄을 이어서 차들이 도착하고 남자들이 내렸다. 키가 큰 그 신사는 만국기 밑에서 도착하는 손님들을 보고 있었다. 갑자기 회장 안에서 관악대의 음악 소리가 들려왔다. 벌써 개회식이 가까워지고 있는 것이었다. 사람들이 줄지어서 회장으로 들어간다. 역시 안 되는 것일까라고 생각하며 입구 쪽을 보자 키가 큰 신사가 나를 불렀다.

"이상걸 씨입니다. 경주 라이온스클럽 회장인."

검은 더블 양복을 입은 작은 몸이지만 정한(精悍, 날쌔고 사나운, 역자 주)한 느낌의 남자가 있었다. 50대의 실업가 타입으로 머리숱이 적었다. 양복 깃에는 역시 라이온스클럽의 배지가 빛나고 있었다. 명함을 꺼내서 대덕산의 호랑이를 취재하러 왔다고 하자, 뚜렷한 일본어가 들렸다.

"그럼, 제 사무실에서 기다려 주세요. 여기는 1시간 정도로 끝나니까요. 제 차로 가세요."

결단이 빠른 사람 같았다. 이상걸 씨는 광장에서 U턴하고 있던 검은색 외제차의 운전사에게 말을 걸었다. 그러자 흰 장갑을 낀 운전사가 내리고 문을 열어 주었다. 고용하고 있는 운전사인 것 같았다. 희고 청결한 커버의 좌석에 올라타자 나도 모르게 소리를 내었다.

"드디어…, 대덕산의 호랑이와 접촉했다!!"

차는 본 적이 있는 버스 터미널 쪽으로 가더니 뒷길로 들어갔다. 토산품 가게가 늘어서 있는 거리의 한곳에 멈추었다. 운전사가 내려서 문을 열어 주자 '경상북도 관광협회'라고 한자로 쓰인 간판이 보였다. 주위를 둘러보자 오늘 아침에 출발했던 호텔의 간판도 약간 보였다. 엎드리면 코 닿을 곳에 이상걸 씨의 사무실이 있었던 것이었다!

운전사의 안내로 좁은 계단을 올라가자, 2층에 안경을 쓴 여성이 사무를 보고 있었다. 안쪽에 있는 회장실의 소파에 앉아서 기다리기로 했다. 발 근처에는 석유스토브가 타고 있었다. 받은 명함에는 경상북도 관광협회 회장이라는 직함이 있었으며 자택의 전화번호도 쓰여 있었다. 이런 명사인데 왜 발견하지 못했을까라고 한숨이 나왔다.

창밖을 보니 관광버스가 지나간다. 관광 성수기가 아니어서 버스는 텅텅 비어 있었다. 희미한 햇빛에 감싸인 경주는 잠든 것처럼 조용했다. 드디어 생각했던 것보다 빨리 이상걸 씨가 높은 발걸음 소리를 내며 돌아왔다. 두 명 정도의 남자들이 그 뒤를 따랐다. 이상걸 씨는 테이블을 보더니 갑자기 옆방을 향해 한국어로 뭐라고 말을 했다. 그러자 안경을 쓴 어싱이 당황해하며 일어났다.

"손님에게 차도 안 내고 뭘 하고 있는 거야?"

라고 혼내고 있는 것 같았다. 소파에 이상걸 씨와 마주
보고 앉았다. 그는 목이 쉰 소리를 냈다.

"저번에 나왔던 한국의 신문을 보고 왔습니까? 하하하,
경주의 대덕산에 호랑이가 나왔다고 발표한 남자가 있어
서…. 뭐 웃긴 뉴스가 되어 버렸습니다."

이야기의 시작이 척척 순조로웠다.

"대덕산은 여기에서 14~15km 떨어진 교외에 있습니다.
표고가 200m 정도로 제가 있는 마을의 뒷산이죠…. 네, 지
금도 옛날과 변함없이 그대로 남아 있습니다. 대덕산을 방
문하고 싶으시다면…."

그는 옆에 있는 젊은 사람을 뒤돌아보자 사무국장이라는
사람이 경주의 커더란 지도를 꺼내서 들고 왔다. 키가 크고
언행이 부드러운 사람이었다. 손가락으로 가리킨 곳을 보자
대덕산은 그 유명한 관광지인 불국사로 가는 길 도중으로
불국사에서 3~4km 밖에 떨어지지 않았다. 지도 곁으로 안
경을 쓴 여성이 조심조심 커피를 들고 왔다.

이상걸 씨는 관광 팸플릿과 서류뭉치를 부스럭거리며 이
건가? 이건가? 하며 가짜 호랑이 사건을 보도한 한국일보를
꺼냈다.

"서울 서대문구 대현동의 박용관(朴龍觀), 38살이네요. 사

건의 발단은 작년 12월 29일 오전 10시, 경주 대덕산에서 야생동물 관찰 중에 공교롭게도 호랑이를 만나서 4장의 사진을 찍었다고 발표했습니다. 이 사람은 8년간의 군대 장교 생활 중에 야생동물을 관찰하는 취미를 가지게 된 것 같습니다."

어디 어디 하며 신문을 살펴보자 경사면을 내려오는 희미한 호랑이 사진이 실려 있었다. 이것이 내가 속아 넘어간 사진인가 하며 뚫어지게 봤다. TV에서도 보도되었고 버스 가이드도 이 뉴스를 관광객들에게 소개했으나 컬러 사진을 흑백 사진으로 변환한 사진이었다.

이상걸 씨는 한글로 쓰인 신문을 번역하면서 자신의 감상을 덧붙였다. 가끔 관광협회의 두 명에게 한국어로 말을 걸고는 다시 일본어로 나에게 말을 걸었다.

"TV 뉴스에서는 말입니다, 오십 몇 년 만에 호랑이가 발견됐다고 하지요, 산림청에서는 무지한 사람에게 밀렵당하면 큰일이라고 하며 공무원들을 여기까지 출장을 시키고…, 마을에서는 어린이들이 호랑이에게 잡히지 않도록 경비를 철저히 하라는 등 큰 소동이 있었습니다. 그런데 4장의 사진을 자세히 검토한 결과, 이것은 서울 어린이대공원의 벵갈호랑이를 찍은 것이라고 판명되었죠. 풀어 놓고 키워서 넓은 곳이라고 하죠? 호랑이 우리가…, 200평이라고 쓰여 있네요."

1921년에 대덕산에서 사살된 호랑이(『한국일보』 1980년 1월 26일에 게재 - 이
상걸(李相杰) 씨 제공.)

건너편 방의 전화가 울리더니 안경을 쓴 여성이 무언가
전하러 왔다. 이상걸 씨는 곤란한 듯한 얼굴을 하고 조끼
주머니에서 시계를 꺼내 시간을 보았다. 시간을 늦추라고
말한 것 같았다. 대구에서 누군가와 만날 약속을 한 모양이
었다.

"이 박용관이라는 남자는…, 이것 참, 정상인이 아니었네요. 여기에 부인의 이야기가 있네요. 남편이 어떻게 찍었는지 모르지만 호랑이 사진을 꺼내더니 아 이건 일확천금이 되겠다라고 말했다고 합니다. 형편없는 남자죠."

이상걸 씨는 별도로 꺼내 두었던 다른 신문을 펼쳤다. 원 교수가 전화로 알려준 1월 26일자 한국일보였다. 일면 톱으로 호랑이와 상하 2연총을 거머쥔 남자의 사진이 크게 실려 있었다.

"오…, 이것은 꽤 큰 호랑이가 아닙니까?"

나도 모르게 숨이 막혔다.

목포의 박제와 비교할 수 없을 만큼 거대한 호랑이가 사살된 직후의 상태로 촬영되었다. 머리를 앞쪽으로 돌리고 앞발을 올린 상태로 뒤집혀져 있었다. 오른쪽 발은 석유 깡통으로, 왼쪽 발은 장작으로 지탱되어 있었다. 지면에는 피가 흐르고 있었고 위를 향한 머리는 석유 깡통보다 매우 컸다. 몸 둘레는 둥글둥글하게 살이 쪄서 배 쪽에서 몸을 구부리고 있는 남자가 작게 보일 정도였다. 이것은 엄청나게 큰 호랑이였다!!! 이렇게 큰 호랑이를 누가 어떻게 쏘아서 죽였을까?

이상걸 씨는 숨을 죽인 나를 보더니 기분이 아주 좋아진 것 같았다.

"가짜 호랑이 사건으로 많은 신문기자들이 여기에 계속

찾아왔습니다. 옛날의 대덕산 호랑이의 무언가가 남아 있지 않을까라고 말입니다. 공교롭게도 저에게 기념사진이 한 장 있었습니다. 다이쇼 10년의…, 그것이 바로 이 사진입니다."

그는 신문을 가리키면서 어쩌다가 우연히라는 말을 사용할 곳을 공교롭게도라는 말을 연속해서 사용했다. 그는 지면을 간략히 번역해 주었다. 총을 거머쥔 사람은 그의 부친인 이복우(李福雨) 씨로 양반이었다.

귀를 기울였으나 호랑이와 격투를 한 김유근 노인의 이야기는 실려 있지 않았다. 그것이야말로 알고 싶은 부분이지만 기자는 인터뷰를 하지 않았던 것 같았다.

"아니요, 호랑이를 쏜 것은 저의 아버님이 아니고, 백부에 해당하는 이위우(李渭雨) 씨였습니다. 총탄 2발로 쓰러뜨렸습니다. 호랑이 가죽은 일본 황실에 헌상되었다고 합니다."

"네? 일본의 뭐라고요?"

"천황 일족으로 황족이었을 겁니다. 거기에 헌상되었다는 소문이 남아 있습니다. 한국의 마지막 호랑이는 일본에 간 것이지요."

이상걸 씨는 얼굴을 옆으로 돌렸다.

"…."

"호랑이와 격투를 한 할아버지는 유유히 살고 있다고 신문에 실려 있지만, 마을에서는 호랑이에게 물린 할아버지라고 말하고 있습니다…. 음, 꽤 연세가 있으셔서 이야기가 될지 어떨지 잘 모르겠네요…. 그런데 엔도 씨는 일본에서 뭣 때문에?… 음, 신문기자입니까? 아아, 작가십니까? 아시아의 동물 르포를…, 그것 참 수고하시네요."

그는 새삼스럽게 다시 한 번 더 나를 위에서 아래로 훑어보았다.

"호랑이에게 물린 할아버지가 그렇게 귀중한 자료가 됩니까?… 아, 그렇군요. 그렇다면 아시아에서는 적겠네요. 신문기사를 조금 더 자세히 조사하고 싶으시다면. 한 가지…, 안내할까요? 저의 통역으로. 북한에도 이런 할아버지가 있는지 어떤지 모르겠습니다. 호랑이와 격투를 했다고 하면 대체로 살아 있지 않으니까요."

그는 오늘 할 일을 과감히 내팽개친 것 같았다.

"대덕산에 갔다 와서 일을 할 테니까!"

라고 말하듯 안경을 쓴 여성에게 말을 하며 나를 재촉하면서 일어섰다.

밖에서는 그의 차가 기다리고 있었다. 두근두근하면서 그의 옆에 앉자 사무국장은 조수석에 앉았다. 사무국장도 호랑이와 격투한 할아버지를 만나고 싶다고 미소를 지었다.

"오늘은 토요일이니까 뭐 괜찮겠지요. 앞으로의 관광에 도움이 될지도 모르니까요…."라고 이상걸 씨가 말했다.

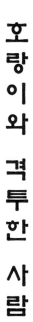

일곱.

호랑이와 격투한 사람

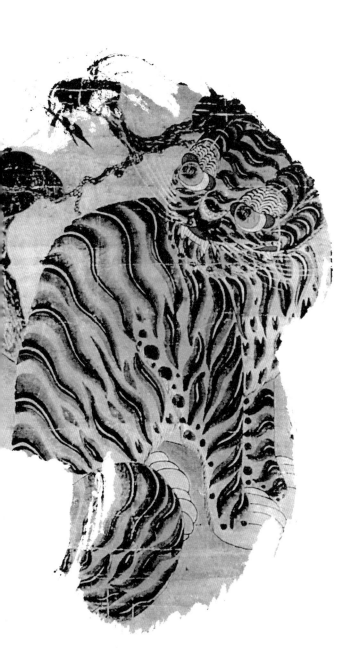

차는 고분 옆을 통과해 시가지를 빠져나갔다. 넓은 고속도로가 시골풍경을 길게 뚫고 지나가고 있었다. 고속도로와 평행해서 중앙선 철도도 달리고 있었다. 동쪽으로 크게 가로놓인 산은 토함산(吐含山, 745m) 국립공원으로 산 중턱에는 석굴암, 산기슭에는 불국사가 있다. 이 나라에 꽃을 피운 불교문화의 최고봉이 이곳에 있다.

　이상걸 씨는 차 양옆으로 이어지는 겨울의 전원 풍경을 보면서 강한 어조로 말했다.

　"엔도 씨, 여기는 신라의 수도입니다. 천년이나 이어져 온 나라의 유적지입니다. 어디를 파도 유적이 나오고 유적을 만나게 됩니다. 동양의 대도시라고 할까요. 천년이나 이어져 온 나라의 수도이지요. 전성기에는 이 분지에 17만 5천 가구의 기왓장 집이 늘어서 있었다고 합니다. 보세요, 이 근처는 왕궁이 있었던 곳으로 반대편의 저것은 안압지입니다. 신라 30대 왕인 문무왕이 한반도 통일을 기념해서 세운 별궁이었지요…. 이제 겨우 복원을 했지만 그 연못에서 만 수

천 점의 유물이 나와서 현재 국립경주박물관을 장식하고 있습니다.”

넓은 풍경 안에서 버드나무 가로수 사이로 별궁이 보였다.

“저 별궁의 기왓장 말인데요, 3천 년 전의 것을 복원한 것입니다. 어떻습니까? 훌륭하죠? 차에서 내려서 보면 좋은데…. 아니, 호랑이를 먼저 생각해야죠.”

낮이 가까워졌지만 희미한 햇빛은 사라지고 추운 겨울하늘이 되어 버렸다. 바람이 있는 듯 버드나무의 가지가 한쪽 방향으로 몰리고 있었다. 반대편, 소나무로 둘러싸인 낮은 언덕이 반월성 터라고 한다. 성터로 눈을 돌리자 언덕의 소나무 숲이 어딘지 모르게 칙칙한 것이 건강하게 보이지 않았다. 나는 고개를 갸우뚱했다.

“저것은? 어떻게 된 것입니까?”

이상걸 씨는 얼굴을 찌푸리더니

“엔도 씨, 이상한 걸 잘도 보시는군요…. 저 소나무는 조금 누르스름하죠? 소나무에는 종류가 있어서 저것은 조선 적송이라고 하는 한반도에서 중국까지 분포하는 소나무입니다만, 솔잎혹파리가 대량 발생해서 소나무를 말라 죽게 합니다. 아니요, 재선충이 아니고…, 여기에는 3㎜도 채 안 되는 작은 혹파리입니다. 그 유충이 솔잎의 밑동에 붙어서 양분을 빨아 버리죠…. 그러면 저렇게 전체가 누르스름하게 되어 버립니다. 훌륭한 소나무가 꽤 말라 버렸네요. 큰 문제입니다. 아니요, 여기만이 아니고, 한국 전체에 발생하고 있습니다."

일제시대의 남벌, 게다가 광복 직후 한국전쟁이 겹쳐서 이 나라의 삼림은 철저히 파괴되어 한국은 민둥산으로 뒤덮여 있었다고 했다. 그러나 그런 말은 벌써 옛날이야기가 되었다. 바위와 돌로 이루어져 식목이 불가능한 곳을 빼고 전국 곳곳에 나무를 심어 녹색으로 바꾸었다. 나라에서 시작한 녹화사업이 극적으로 성공한 것이었다. 그러나 여기에 생각지도 못한 장애물에 부딪힌 것이다. 솔잎혹파리가 대량 발생해 소나무를 말라 죽이고 있는 것이다. 단일 식생으로 산을 뒤덮는 것은 어느 나라를 가도 위험한 일이다.

불국사역은 전원 속에 홀로 외로이 자리하며 나무숲으로 둘러싸여 있었다. 길은 왼쪽으로 굽어져 있었다. 똑바로 가면 바로 나타나는 곳이 불국사라고 한다. 차 양쪽에는 낮은 민가가 나타났다. 농가인 모양인지 가축우리도 있고 퇴비도 쌓여 있었다. 밭에 달라붙은 황록색은 보리이고, 논은 깨끗이 쟁기질이 되어 있었다. 갑자기 4층 건물이 나타났다. 이상걸 씨에게 묻자 유스호스텔이라고 한다. 그 뒤를 이어 마을이 나타났다. 구정동(九政洞)이다. 동(洞)이라는 것은 마을을 의미하는 말인 듯했다.

"여기가 제가 살고 있는 마을입니다. 네, 호랑이와 격투한 노인도 살고 있습니다. 구정동은 500가구 정도 있습니다.

마을 진체가 친척 같지요…. 호랑이기 잡혔을 때는 지금의 절반도 없었다고 합니다. 저것이 저희 집입니다. 오래된 집이죠, 옛날 양반 집이니까요."

그의 집은 토담으로 둘러싸여 있었다. 감나무, 오동나무 사이로 흙색의 오래된 지붕이 보였다. 동쪽으로는 저 멀리 논이 있었다. 나는 호랑이가 나타난 산이 어디에 있을까 하고 주위를 둘러보았다. 호랑이에게 잘 어울리는 목포에 있는 유달산과 같은 바위산은 보이지 않았다. 마을의 서쪽에 언덕과 비슷한 것이 소나무로 덮여 있었다.

"어, 어? 대덕산입니까?"

"그렇습니다. 저기에서 호랑이가 나왔습니다."

그는 창밖으로 눈을 돌렸다. 엄숙한 얼굴이었다.

차는 잡화점 가게 앞에서 왼쪽으로 꺾어 덜컹 하고 포장이 안 된 길로 들어갔다. 울퉁불퉁한 길을 2~3백 미터 정도 가자 사과나무 과수원, 배나무 과수원이 나타났다. 탱자나무로 만든 담 옆에서 운전사가 길을 묻고 있다.

"같은 마을이라고 해도 저는 김 할아버지를 만난 적이 없습니다. 그러나 대덕산 호랑이 이야기는 마을 전체 누구나 다 알고 있죠. 저도 어렸을 때부터 나이 드신 분들로부터 들었었죠. 아, 여기라고 합니다."

마을의 바깥에 가까운 T자로의 막다른 곳에 콘크리트 담이 있고 문 앞에는 퇴비가 쌓여 있었다. 문 안쪽에는 둘레가 수십미터 정도의 정원이 있고 2채의 집이 보였다. 문을 열고 들어가자, 오른쪽의 우물에서 한 여성이 튕겨지듯 일어나 깜짝 놀란 얼굴로 집 안으로 달려 들어갔다. 중년의 아주머니가 웅크리고 앉아 빨래를 했던 모양이었다. 집 안으로 들어간 아주머니를 대신해 살이 찐 할머니가 얼굴을 내밀었으나, 할머니도 더블 양복을 입은 이상걸 씨를 보자 많이 놀란 얼굴을 했다. 그가 말을 걸자, 정면에 있는 집의 왼쪽 끝을 가리키면서 얼굴을 찡그렸다.

거기에 연한 청자색의 기왓장을 얹은 단층집이 조용히 있었다. 작은 양 여닫이 격자문이 3개 보였다. 온돌방 3개가 나란히 있는 듯했다. 그는 툇마루로 다가가 말을 걸었다. 격자문에는 창호지가 발라져 있었다. 안에서 작은 소리로 대답이 있었던 것 같았다. 그가 간단히 문을 열었다. 어두운 방에 겨우 눈이 익숙해지자 작은 노인이 우두커니 책상다리를 하고 앉아 있었다.

호랑이와 싸운 김유근 할아버지!

나는 툇마루까지 다가갔다. 왠지 눈부신 것을 본 것처럼 얼굴이 죄어들었다. 드디어 호랑이 근처까지 온 것이다.

그는 툇마루에서 구두를 벗고 안으로 들어갔다. 그를 따라서 안으로 들어가려 하자 나도 모르게 다리가 휘청거렸다. 툇마루에 손을 대고 조심조심 안으로 들어갔다. 가까이에서 본 김유근 할아버지는 청백색의 저고리에 바지, 거기

에 양말을 신고 있었다. 저고리의 가슴에 호박과 같은 황갈
색의 구슬이 2개 달려 있었다. 이런 작은 몸집으로, 도대체
어떻게 그런 큰 호랑이와 격투를 했다는 것일까?

이상걸 씨는 방언 같은 말투로 할아버지에게 인사를 했
다. 경상도라고 하는 한국의 동남부의 방언은 서울의 표준
어와 비교해 말투가 강하다. 신라시대의 강직한 기풍의 흔
적일까? 크게 입을 열고 한 마디 한 마디 뱉어 버리듯 발
음을 한다. 듣고 있는 김유근 할아버지는 조금도 웃지 않는
다. 갑작스런 손님을 어떻게 생각하고 있을까? 짙은 갈색 얼
굴의 입 주변에는 흰 수염이 눈에 띄었다. 눈썹과 턱, 짧게
깎은 머리도 반 이상은 흰색이다.

호랑이와 격투를 한 인물이지만 얼굴과 그 모습 어디에
도 그런 격렬한 기는 보이지 않았다. 사람을 위압하는 그런
것을 가지고 있지 않은 사람일까? 그렇다고 해도 애교가 있
는 얼굴도 아니었다. 시종일관 무표정으로 나에게는 눈길도
주지 않는다. 호랑이에게 물렸다고 하는 곳은 어디일까라고
나는 조용히 눈으로 찾았다. 할아버지의 얼굴 어디에도 물
린 흔적은 없었다.

"뒷문을 닫읍시다. 할아버지가 추워해요."

그에게 재촉을 받아 안쪽에서 문을 잡아당겨 닫았다. 아
침에 불을 피운 온돌바닥은 벌써 차가워지려고 했다. 길고
좁은 방은 아련히 밝았다. 빛은 북쪽에도 있는 흰 창호지문

을 통해서 들어오고 있었다. 안에는 검은 옷장이, 그 앞에는 둥글게 갠 이불이 있었다. 할아버지의 뒤에는 큰 마대가 3, 4개 있었다. 울퉁불퉁한 것이 감자인 듯했다. 할아버지는 감자와 같이 생활하고 있었다.

내가 벽에 등을 대면서 테이프레코더를 준비하자. 옆에 있는 이상걸 씨가 책상다리로 앉은 채 묻기 시작했다. 김유근 할아버지는 84살로 1921년(다이쇼 10년)에 호랑이를 만났을 때는 25살로 젊었을 때였다.

그가 할아버지를 재촉하듯 말을 끊고 책상다리를 한 상태의 무릎에 양손을 대었다. 할아버지의 하얀 수염이 벌룩벌룩했다. 갑자기 할아버지는 이야기를 시작했고 이상걸 씨가 통역을 시작했다.

"음력 8월 12일…. 네, 네, 그대로, 그대로."

할아버지는 높은 피리소리와 같은 소리를 내었다.

"귀가 어두워서, 잘 이야기를 할 수 없다고 합니다. 네, 에, 마을 사람들 몇 명과 함께 아침부터…, 지게를 지고 대덕산으로…, 나무하러 갔다고요? 네, 네."

그는 통역을 잠시 멈추고 네, 네라고 맞장구를 치고 있었다. 시골 노인의 방언이어서 사투리가 심한 것인지 익숙하지 않은 신음소리 같은 억양이었다.

그날의 사건을 할아버지는 '음력 8월 12일'이라고 기억하고 있었다. 이 나라에서는 아직도 음력을 사용하고 있는 것이다.

할아버지의 기억력을 걱정했지만 기억을 확실히 하고 있었다.

할아버지는 이야기를 계속했고 이상걸 씨는 이야기에 끌려들어서 가만히 듣기만 했다. 한 마디, 두 마디 맞장구를 사이사이 넣고 있을 뿐, 눈을 크게 뜨고 듣고 있기만 했다. 3분, 5분 통역을 해 주기를 바라는 마음을 억누르고 기다렸다. 할아버지의 가슴에 있는 호박 구슬이 흔들리고 있다. 연한 청자색의 저고리에 눈을 돌리자 희(囍)라는 글자가 저고리의 여기저기에 있었다. 이 나라 사람들은 이 글자를 길하게 여겨 여러 곳에서 사용하고 있다.

그가 갑자기 할아버지의 왼쪽 팔을 잡았다. 그리고 희(囍) 글자가 새겨진 소매를 걷었다.

"그때, 호랑이에게 물린 흉터입니다."

나는 눈이 휘둥그레졌다.

할아버지의 드러난 팔이 굉장히 가늘었다. 손목에서 상완까지의 살이 무참히 도려내져 있었다. 60년 가까운 옛날 일이어서 상처는 피부와 섞여 있었다. 그러나 굵은 송곳니가 만든 흉터는 손목 바로 위에 남아 있었다. 이것은 아주 큰 상처임이 틀림없었다. 그것을 보고 나는 아무 소리도 낼 수 없었다. 할아버지는 가만히 팔을 보여주고 있을 뿐이었다.

"호랑이에게…, 당한 곳은 팔뿐입니까?"

조심조심 물어봤다. 이상걸 씨가 통역을 했다.

"호랑이가 입으로 물고 발톱으로 할퀴고 그랬다고 합니

다. 상처는 몸의 여기저기에 생겼지만, 지금 남아 있는 상처는 아까 그 팔의 상처만이라고 합니다…. 지금 이 정도인데 그 당시에는 대단히 큰 상처였지요. 살이 떨어져 나갔다고 하니까요."

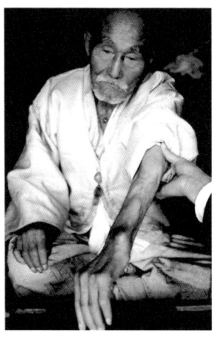

호랑이에게 당한 김유근(金有根) 할아버지(84세)

할아버지의 팔을 조용히 내린 후, 이상걸 씨를 재촉해 처음부터 통역을 해 달라고 했다.

"음력 8월 12일. 곧 추석이 다가오는 날입니다. 일본에도,

추석이 오죠? 한국에서는 일본보다 한 달 늦은 중추명월(仲秋明月)의 절구(節句)에 추석이 있습니다. 역시, 일을 쉬고, 조상님들께 차례를 지냅니다. 추석이 다가와서 마을 사람들과 같이 아침부터 대덕산에 나무를 하러 갔다고 합니다…. 그렇습니다. 바로 저기 뒷산입니다. 할아버지는 오리(五里)라고 하네요. 한국에서의 십리는 일본의 일리(一里)이니까, 그것의 반이 되는 2㎞ 정도 되네요. 30분도 걸리지 않았을 겁니다…. 대덕산의 동쪽 경사면을 올라가서 할아버지는 마을 사람들과 떨어져…, 산 오르막길을 내려가려고 하자 갑자기 아무 기척도 없이 호랑이가 달려들었다고….”

 “정면에서요? 아니면 뒤에서부터?”

 “뒤에서”라고 말하더니 그는 다시 한 번 더 할아버지에게 확인했다. 그러자 할아버지는 양손을 이마까지 올려서 열 손가락을 앞으로 뻗쳐 이리와, 이리와 하는 식을 보였다. 호랑이가 앞발을 들어 점프를 하면서 덮쳤던 모양이었다.

 “정면에서라고 하는군요…. 다행히 지게를 진 채로….”

 할아버지는 잠시도 버티지 못하고 넘어졌다. 지게가 등과 머리 사이로 걸쳐졌다. 호랑이는 할아버지를 덮쳐 지게 위로 올라가 심하게 물었다.

 지게라는 것은 상당히 무거운 물건도 옮길 수 있는 도구로 튼튼하게 되어 있다. 양쪽에는 차목(叉木)이 2개 고정되어 있어 거기에 몇 개의 횡목(橫木)으로 단단히 끼워져 고정되어 있다. 단단히 끼워진 횡목(橫木)에는 짚으로 엮어 만든 등받침이 있다. 호랑이는 그 튼튼한 지게를 산산조각으로 만들어 버렸다.

"호랑이는 지게 밑에 있는 할아버지를 물고 발톱으로 할퀴고…."

"기절했습니까?"

"정신은 있었다고 하네요. 몇 분간 쓰러져 있더니 호랑이가 가 버려서…, 겨우 사람들을 불렀다고 합니다. 그러자 떨어져 있던 마을 사람들이 달려왔다고 합니다. 할아버지 주위는…, 피바다가 되어 있었다고 합니다. 그러고 나서 마을 사람들에게 안겨서 집으로 돌아왔다고 하네요."

호랑이와 격투를 한 할아버지로 이야기가 전해져 오고 있지만, 막상 들어보니 일방적으로 당해 저항도 못 하고 쓰러져 있었던 것이었다. 지게 밑에서 움직이지도 않고 가만히 있었던 것이 생명을 구한 것이었다. 큰 한숨을 돌리고, 그 당시의 가족들의 상황을 물었다.

"결혼을 했었습니다. 집에는 어머니와 21살 되는 부인이 있었습니다. 자식은 아직 없었다고 합니다. 할아버지는 형제가 없고 어머니와 단둘이었다고 합니다."

이상걸 씨는 할아버지가 제대로 말하지도 않았는데 통역을 했다. 같은 마을이어서 잘 알고 있었던 것 같았다.

"어머니와 부인은 기겁해 아이고, 아이고 하며 울 뿐이었

습니다. 그리고 경주의 경찰진료소로 옮겨졌는데 거기에서
도 어쩔 도리가 없었습니다. 사촌 형제인 김일원(金一圓)
씨와 어머니의 시중을 받아 기차로 대구까지 가서 거기에
있는 병원에 입원했습니다. 대구는 그 당시, 부산에 이은
대도시여서 의료설비는 잘 갖추고 있었습니다."

　　"…."

장작 등을 나르는 지게(지게 덕분에 할아버지는 목숨을 건졌다.)

"마을에서는 죽을 것이라고…, 팔을 잡아 떼였으니 더
이상 어렵다는 소문이 돌았는데 그해 연말까지 입원하고 백

일째 되는 날 집으로 돌아왔습니다. 팔도 다행히 제대로 붙어 있었고요."

이상걸 씨는 한숨을 돌렸다. 그때 안쪽에서 할머니가 나타나서 뭐라고 중얼거리면서 할아버지 뒤에 앉았다.

"이번에는 호랑이를 잡은 상황을 이야기해 볼까요?… 마을은 큰 소란이 일어났습니다. 이 구정동에는 주재소가 있어서 일본인 순사가 있었습니다. 네, 미야케(三宅) 순사라고 합니다. 거기에 알렸죠…. 추석이어서 마을에는 수백 명의 젊은 사람들이 귀성 중이었다고 합니다…. 경찰은 귀성 중인 젊은 사람들을 동원해서 대덕산으로 호랑이를 잡으러 갔습니다. 사수가 6명, 미야케 순사와 마을 사람들이 엽총을 들고…, 그 당시는 당신들 일본인들의 방침으로 일반 조선 사람들에게는 총을 소유하는 것을 허용하지 않았지요. 저의 집에 2연총 등 수정(丁)이 있어서 그것을 들게 했지요. 총을 쏜 것은…."

이상걸 씨는 다시 한 번 더 할아버지에게 물었다.

"할아버지를 문 곳에서 500m 떨어진 곳에서…, 호랑이는 도망가지 않고 거기에 있었습니다. 이위우라고 하는 저의 큰아버님이 호랑이를 발견하고 2발 총탄을 퍼부어서 쓰러뜨린 것입니다."

"그 당시, 호랑이가 가축을 잡았다든가 하는 피해는 있었습니까?"

"그런 것은 없었던 것 같다고 합니다."

"할아버지가 어렸을 때, 호랑이가 있었다든가 나왔다든가 하는 이야기는 있었습니까?"

"없었고…, 그때가 처음이자 마지막이었다고 합니다."

그 후의 생활상을 물어봤다.

그러자 처음으로 할아버지의 얼굴에 표정이 나타났다. 눈썹을 숙여 슬픈 듯한 표정을 나타냈다. 퇴원 후에도 몸을 자유롭게 움직일 수가 없어서 고생을 많이 했다고 한다. 생활은 어려워졌다. 지금도 호랑이에게 물린 팔은 잘 사용할 수가 없으며 날씨가 추워지면 아파 온다. 부인은 자식도 못 낳은 채, 35살에 죽었다. 그리고….

갑자기 할머니가 웃기 시작했다. 이런 상황에 웃음이? 하고 고개를 갸우뚱했다. 할아버지는 40살에 재혼을 해 지금의 할머니 사이에 2남 4녀를 두었다고 한다.

"신문기자라든가 대덕산의 사건을 조사하러 온 사람이 있었습니까? 지금까지?"

"그전에 한 번…."

"그러면 한국일보의 사진은 첫 발표입니까? 즉 긴 세월 동안 할아버지는 알려지지 않았던 것입니까?"

"그렇습니다…. 아니, 그것은 말입니다, 대덕산의 호랑이…라고 옛날의 소학교 교과서에 실려 있습니다. 그때는 일본 식민지 시대여서 대덕산의 호랑이를 미야케 순사가 잡았다고…, 공훈 이야기같이 말입니다. 일본어로 쓰여 있지요. 아니요, 저는 배우지 않았습니다. 우리들의 앞 세대였지요. 지금의 60대들은 그 교과서로 배웠지요. 음…, 소학교 2~3학년이 아니었을까 하네요."

동국대학교의 원병휘 박사가 수신(도덕교과서)에서 배웠다고 말한 것이 여기서 일치했다. 조선총독부 간행의 교과서에 실려 있었다는 것은 사실이었다. 그는 어조를 강하게 했지만 담담하게 말했다.

"미야케 순사가 쓴 것은 아니었지요…. 마을 사람이 쓴 것이었는데, 적당하게 바꾼 것이죠…. 경찰의 선전처럼…, 음, 그 교과서는 벌써 어디에도 없을 겁니다. 광복 후 태워버렸으니까요…."

그가 갑자기 무릎을 세웠다.

"자, 이제 슬슬 일어설까요? 실례했습니다. 할아버지가 피곤해하시네요."

라고 입을 다물었다. 아직 묻고 싶은 것이 많은데. 어쩔 수가 없었다. 시계를 보니, 40분이나 실례를 하고 있었다.

김유근 할아버지의 사진을 찍었다. 할머니도 같이 찍자고 했으나, 얼굴을 찡그리고 안쪽으로 숨어 버렸다. 일본에서는 사진 찍는 것을 싫어하는 할머니들이 있는데 한국에서도 똑같았다. 큰길에 있는 가게에서 과자라도 사서 드리려고 하자 이상걸 씨는 돈을 드리는 것이 좋다고 했다. 적지

만 마음을 담아 돈을 드렸으나 할아버지의 얼굴은 시종일
관 무표정이었다.

희미한 햇빛이 비치고 마당은 밝아졌다. 동행한 사무국
장은 툇마루에 앉아서 기다리고 있었다. 북쪽에 있는 옆집
과의 경계로 토담이 있었다. 담벼락에는 포도나무가 있었고
지붕의 처마까지 매달려 자라고 있었다. 포도나무가 감고
올라갈 수 있도록 철사로 만든 지지대가 있었다. 빈약하지
만 여름이 되면 할아버지의 방을 시원하게 그늘지게 해 줄
것 같았다. 우물 옆에는 외양간이 있고 안에는 소가 있었
다. 남쪽에는 새로 지은 집이 또 한 채 있었다. 자식들이
살고 있는 집일까, 안쪽의 콘크리트로 만든 받침대 위에는
검게 빛나고 있는 큰 병이 7, 8개 늘어서 있었다. 받침대는
장독대라고 해서 어느 집에 가도 있는 것이었다. 병(장독)
에는 된장과 간장이 들어 있다.

나가려고 대문을 나설 때 뒤를 돌아보자, 문 근처에서
배웅하는 것도 아닌데 웅크리고 앉은 할아버지의 모습이
보였다. 할아버지보다 꽤 연하인 것 같은 할머니는 장독대
부근에서 허리에 손을 대면서 배웅을 해 주었다. 처음에 빨
래를 하던 아주머니도 얼굴만 내밀면서 배웅을 해 주었다.
호랑이에게 물렸을 때, 집은 좀 더 산 쪽으로 있었고 초가
지붕에 흙벽으로 된 허술한 집이었다고 한다.

차로 돌아오자, 나는 이상걸 씨에게 부탁을 해 대덕산으

로 향하는 길로 가자고 했다. 옛날에는 이 근처에 매우 큰 나무들이 있었다고 한다. 20년 정도 되어 보이는 조선 적송이 완만한 언덕과 같은 산을 감싸고 있었다.

"이런 산에서…, 이런 곳에서…."

생각보다 이곳이 사람들이 많은 마을이어서, 그 옛날이라고 해도, 호랑이가 사람을 습격했다고는 도저히 생각할 수 없는 장소였다.

"그렇습니다…. 어딘가에서 나타난 지나가던 호랑이었겠지요. 이 산에서 계속 살던 호랑이가 아니었겠지요. 그러나 더 먼 옛날에는 어디에도 있었겠지요. 신라시대에는 왕의 창고에 호랑이와 표범 가죽이 몇백 장이나 보관되어 있었다…라는 기록이 있습니다. 그 당시, 호랑이는 여기저기에 있었습니다."

그는 호랑이 나라 사람답게 여기저기에 호랑이가 있었다는 사실을 별로 신기하게 생각하지 않은 듯했다.

차가 U턴을 하는데 산으로 들어가는 샛길이 보였다. 좀 걸어 보고 싶다고 말하고 차에서 내려 나는 혼자서 대덕산으로 들어가 보았다. 산을 횡단하는 작은 습지가 있고 그 안쪽으로 논이 늘어서 있다. 샛길의 오른쪽에는 소나무 숲으로 산은 마른 참억새와 관목으로 뒤덮여 있었다. 숲 속에서 우거져야 할 잡초들이 빈약해 보였다. 여기저기에 잡초들이 말라 비틀어져 있었다. 한반도에서는 7, 8월에 비가

집중적으로 내리고 그 뒤로는 건조한 계절이 계속되는 것
이다.

사건이 일어난 곳은 어디일까 하고 멈춰 서서 주위를 둘
러보자 사무국장이 따라오고 있었다.

"묘가…, 많습니다. 저편으로."

그 안쪽으로는 골짜기도 있고 험한 벼랑도 있다고 몸짓
으로 가르쳐 줬다. 김 할아버지가 호랑이에게 당한 곳은 그
쪽인 것 같았다. 조금 더 그 근처로 가 보았다. 걸어 들어
가자, 50대 정도로 보이는 한 아저씨가 소나무 뿌리를 어
깨에 지고 갑자기 나타났다.

"당신들, 어디로 가려고 합니까?"

놀란 얼굴로 말을 걸어왔다. 사무국장이 김 할아버지가
호랑이에게 당한 곳을 보러 왔다고 말하자 과장되게 손을
흔들더니 여기가 아니라고 몸짓을 한다.

"여기는 앞산으로 대덕산은 산을 2, 3개 더 건너뛰어 저
편에 있다고 합니다."

사무국장은 간단한 일본어로 통역해 주었다.

"당신, 일본어를 할 줄 아는군요."

라고 놀라서 물어보자,

"조금, 공부했습니다."

30살 정도의 얼굴이 하얀 사무국장은 수줍어했다. 어쨌든
소나무를 진 아저씨와 함께 산을 내려가기로 했다. 아저씨

는 더러워진 흰 수건을 머리에 두르고 있었다. 걸으면서, 힘을 준 어조로 이야기를 시작했다. 가끔 멈추어서는 소나무 뿌리로 산을 가리켰다.

"그 날, 호랑이 사냥의 몰이꾼은 이 길을 따라 일렬로 줄을 서서 북쪽으로 몰았다고 합니다."

앗 하고 나도 모르게 소리를 냈다. 이 산길에서 몰이꾼들이 소리를 지르면서 올라갔단 말인가?

"김 할아버지가 호랑이에게 물렸던 것은 과수원 뒤에 있는 산인 것 같습니다. 아까 그 길까지 다시 가 봅시다."

찻길로 돌아오자, 이상걸 씨의 차가 없어졌다. 아저씨는 거기서 멈추어 서서 경운기가 지나가는 길의 안쪽을 가리켰다. 그 길은 1㎞ 정도 쭉 계속되어 있어 길을 따라 서쪽으로는 반구형의 작은 산이 3, 4개 겹쳐 있었다. 높이는 5, 6m 정도로 보였다. 이것도 소나무 산이었다.

"저기서부터 안쪽까지가 대덕산이라고 합니다. 가 볼까요?"

아저씨의 뒤를 따라가자, 길과 대덕산의 사이에 폭 100m 전후의 농지가 있는 것이 보였다. 사과와 배의 묘목이 심어져 있었고 주위는 탱자나무 울타리가 있었다. 과수원의 뒷산을 바라보면서 10분 정도 가자, 좁고 긴 우리가 나왔다. 그 안에서 닭 울음소리가 들린 것으로 보아 양계장 같았다. 아저씨는 울타리 문 앞에서 산을 가리키며 자신만만하게 양계장으로 들어갔다.

"여기에 있는 소나무 산에서 호랑이가 죽은 것은 틀림없는 일이라고 합니다."

호랑이가 출몰했던 대덕산

가는 적송이 각각 제멋대로인 방향으로 뻗고 있었다. 이런 곳이 호랑이 사냥의 현장이었던 것일까?

산으로 카메라를 대자, 키가 큰 양계장 사람과 우리를 안내한 아저씨가 나타났다. 산의 여기저기를 가리키면서 무언가 말하고 있었다. 코트를 입은 사무국장이 이야기를 들으러 옆으로 가더니 곤란한 얼굴로 돌아왔다.

"뭐라고 일본어로 말하면 좋을지…. 2명의 의견이 대립하고 있습니다."

양계장 사람은 여기서부터 더 북쪽에서 호랑이가 총에 맞았다고 말하고, 안내를 해 준 아저씨는 여기서 총에 맞아서 호랑이를 짊어지고 온 사람들이 저기에 있는 습지에서 나타났다고 말하고 있었다. 60년도 더 전에 일어난 일이다. 2명 다 입에서 침을 튀겨 가며 이야기를 하고 있으나 모두들 마을 노인들에게 그 이야기를 들은 세대들이었다.

사무국장과 그들은 양계장 뒷산으로 들어갔다. 얼어붙은 작은 습지가 있었고 양쪽은 급한 경사면으로 되어 있었다. 갈색 소나무 잎으로 뒤덮인 샛길을 따라 안쪽으로 들어가자, 녹색을 띠고 있는 큰 돌이 굴러다니고 있었다. 전방에 높은 경사면이 나타나 그 경사면을 돌아가자, 매우 높은 봉우리가 보였다. 뾰족하지는 않지만 대덕산은 찐빵과 같은 형태의 산들이 겹친 깊은 산이었다. 이런 곳에 미야케라는 일본인 순사를 중심으로 한 사수단은 어떻게 숨어서 호랑이를 기다렸을까?

잎이 떨어진 밤나무, 상수리나무 같은 활엽수가 보였다. 적갈색으로 물든 잎을 잔뜩 달고 있는 떡갈나무도 있었다. 바람도 없는 숲의 어딘가에서 키익 하고 어치의 울음소리가 들렸다. 희미하게 소나무 향기가 퍼지고 있었다. 무언가, 나오지 않을까 하고 나는 어두운 숲의 저편으로 눈을 돌렸다. 이런 곳에서 호랑이에게 습격을 당하면, 어떤 생각이 들까?

"용케도 목숨을 잘 부지하셨네요. 김 할아버지…."

"정말입니다. 호랑이에게 잡아먹히지 않고."

사무국장은 목을 움츠리며 말했다. 그런 큰 호랑이 앞에서 맨손의 인간은 하찮은 벌레와도 같은 것이었다.

쳇! 쳇! 하는 날카로운 울음소리로 굴뚝새가 덤불 속을 빠져나가고 있었다. 소나무 숲 안에서는 상모솔새의 작은 무리가 지저귀고 있었다. 조선적송의 잎은 일본적송의 그것보다도 훨씬 굵으나 줄기의 붉은 빛은 생기를 잃고 있었다. 떨어진 솔방울은 다람쥐가 그랬는지 안까지 파 먹혔다.

어쨌든 이런 소나무산에서 김유근 할아버지는 호랑이에게 당했고 그렇게 해서 호랑이 사냥이 있었던 것이다. 대략적인 지형을 확인하고 나는 산을 내려가기로 했다. 양계장까지 오자, 2명의 남자들은 아무 일도 없었다는 듯 담배를 피웠다. 그들의 화제는 다른 것으로 바뀐 것 같았다. 쓸데없이 폐를 끼쳐서 죄송하다는 인사를 하고 나는 큰길로 나갔다.

"집으로 오시라고…, 협회장님이 말씀하셨습니다."

키가 큰 사무국장은 일본어를 회화교실에 다니면서 배우고 있다고 했다. 나라(奈良)와 교토를 방문하는 것이 꿈이라고 말했다. 둘이서 구정동 쪽으로 걸어가자, 동남쪽 방향으로 길이 조금씩 넓어졌다. 완만히 구불구불한 길의 전원풍경의 저편으로 떡하니 빌딩 하나가 보였다. 코오롱이라는 특A급 호텔이라고 한다. 그 위에 우뚝 솟아 있는 것이 토

함산으로 안개를 토하기 때문에 그렇게 이름이 붙었다고
한다. 여기에는 산 정상까지 나무가 심겨 있었다.

5분도 채 걷지 않았는데 이상걸 씨의 차가 마중을 나왔
다. 고속도로로 나와서 길의 반대편에 그의 집이 있었다. 그
주변은 모두 새로운, 광복 후 지은 농가로 둘러싸여 그의
집은 눈에 띄게 오래되어 보였다. 신라의 귀족과 같은 품격
이 큰 지붕과 저택을 둘러싼 토담이 나타났다. 정원에 접한
문으로 들어가자, 이상걸 씨는 복도에서 기다리고 있었다.

"오래된 집도 보고 가세요. 호랑이 할아버지만 말고요.
제 집은 200년 전의 것입니다."

빨랫줄에 빨래가 걸려 있었으나 정원석이 있었고 노송나
무와 사철나무가 심어져 있었다. 목조로 된 안채는 기와지
붕으로, 마루가 깔린 복도가 방을 둘러쌌다. 정원 쪽으로
긴 차양이 있어 그 밑으로는 돌로 만든 테라스가 있었다.
이곳은 호랑이에게 물린 김 할아버지의 집과는 비교도 할
수 없을 정도로 훌륭한 집이었다.

복도 위에는 대나무 꼬치에 꿰인 감과 메주들이 매달려
있었다. 이 풍경은 일본의 옛날 집과 차이가 없었다. 다른
것이 있다면, 온돌이 있다는 것이었다. 마루 밑의 한쪽에
돌로 만든 아궁이가 있어, 불을 피운 흔적이 보였다.

아궁이 위가 거실이었다. 가는 목재의 격자문은 서재로 들
어가는 문이었다. 마루로 잘 만들어진 복도로 올라 격자문

으로 들어가자, 3평 정도 넓이의 거실에 한시가 쓰인 병풍, 족자가 걸려 있는 벽, 정면에는 방석과 팔걸이가 있었다. 검은색 바탕에 은실로 수를 놓은 것이 중후한 맛이 있는 방석이었다.

이윽고 40대 정도로 보이는 부인이 들어왔다. 긴 한복치마를 입고 한쪽 무릎을 세워서 바닥에 커피와 과일이 담긴 작은 접시를 놓았다. 한쪽 무릎을 세워 인사를 하는 것이 이 나라 여성들의 예의이다. 만면에 미소가 넘쳐흐르는 부인에게,

"부인도 같이 하시죠."

라고 말을 걸었으나, 아리따운 웃음을 지으며 일어서서 나가 버렸다. 첫 대면의 남자 손님과 동석하는 것은 조신한 여성이 할 일이 아니라고 한다.

초승달처럼 자른 과일은 수분이 많은 배였다. 사과처럼 늦게 수확하는 배가 있어서 겨울 동안에도 먹을 수 있다는 것이 놀라웠다. 그는 은색의 손잡이가 달린 작은 서랍장의 서랍을 열더니 『한국일보』의 호랑이 사진을 꺼냈다. 신문기자가 추가로 더 인화해 주었다고 한다. 고맙게도 한 장을 나에게 주었다. 오리지널 사진은 다이쇼 10년 10월 포호(捕虎) 기념이라고 뒷면에 쓰여 있었다. 다이쇼 10년은 1921년에 해당한다. 쿠로다 박사의 『원색일본포유류도설』에는 1922년이라고 나와 있다. 목포의 유달초등학교의 호랑이처럼,

도설에는 대덕산의 호랑이에 관해서도 오류가 있었다.

호랑이와 기념사진을 찍은 사람은 고인이 되신 이상걸 씨의 부친, 이복우 씨였다. 넥타이에 중절모를 쓴 멋쟁이였다. 지주(地主)로, 구정동에서는 유력자였다. 경찰에게도, 협력자로서 인정받았을 것이었다. 당시, 엽총이 수정(丁)이나 있어서 꿩 사냥을 즐기면서 여유로운 생활을 했다.

경주 시내로 돌아가자, 시계바늘은 3시를 넘어가고 있었다. 이상걸 씨와는 식사를 같이하고 헤어지기로 했다. 가까운 요정에 들어가자, 온돌방의 둥근 테이블 위에는 언제 미리 말을 해 놓았는지, 진수성찬이 차려져 있었다.

"자, 아무것도 없지만, 이것은 한정식입니다. 진로 한 병할까요? 이것은 소주이지만, 일본 소주보다 품질이 좋습니다."

나는 차가운 소주잔을 건네고 머리를 숙였다.

"행운입니다. 갑자기 찾아가서 이상걸 씨를 찾고, 게다가 통역까지 해 주시다니."

"아니요, 아니요, 이것도 무언가의 인연이죠. 저도 호랑이에 관해 알게 되어 기쁩니다. 이런 일이 없었다면 김 할아버지를 만나지도 못했을 겁니다…. 아니, 저도 운이 좋았습니다."

그는 호쾌하게 잔을 비우고 나에게 내밀었다. 일본과 똑같이, 헌배(獻盃)의 풍습이 있다. 중국에는 이런 풍습이 없었고, 이것은 일본에서 건너온 것일까? 아니면, 그 옛날에,

한국에서 일본으로…라고 생각하면서 잔을 돌렸다.

늘어선 요리 접시 옆에는 은색의 가는 금속의 젓가락과 숟가락이 있었다. 항상 숟가락이 붙는 것이 일본 요리와 다른 점이었다.

쇠고기와 표고버섯 조림부터 손을 대었다. 삶은 돼지고기와 김치 볶음이 맛있었다. 머리와 꼬리가 붙은 큰 청어는 숯불로 구운 맛이었고, 굴젓, 이것은 마늘과 파의 향기가 잘 배어 있었다. 미역국, 도라지장아찌도 맛보았다. 도라지는 아삭아삭 씹히는 맛이 최고였다. 고추장은 단순한 장이 아니었다. 이 나라 특유의 발효 조미료라고 한다. 깊은 감칠맛이 났다.

접시가 많아서 사진을 찍고 싶은 마음을 겨우 참았다. 배추김치, 깍두기, 물김치, 이렇게 3종류나 나왔고 어느 것이나 다 맛있었다.

그는 먹으면서,

"경주와 나라(奈良)는 자매도시입니다. 나라(奈良)의 라이온스클럽이 작년 가을에 방문했고, 다음에는 저희 쪽이 방문할 차례입니다. 네, 겨우 자유롭게 일본으로 갈 수 있게 되어서 기쁩니다."

한국 정부는 동경 올림픽 때, 처음으로 일본으로의 관광여행을 허가했으나 엄격한 심사가 있어서, 여권을 받을 수 있는 사람이 극히 소수였다. 그것이 겨우 완화되었다고 한다.

게살무침에 입맛을 다시고 있자,

"엔도 씨, 나라(奈良)라는 것이 어떤 의미인지 아십니까?"

그는 파이프 담배에 불을 붙였다.

"음, 글쎄요. 어떤 의미가 있습니까?"

남의 일같이 대답을 하자, 그는 파이프를 입에 문 채로,

"일본의 나라(奈良)시대라는 것은, 엔도 씨, 신라가 강한 영향을 끼쳤습니다. 아스카(飛鳥)의 후지와라쿄(藤原京)에서 나라(奈良)의 헤이죠쿄(平城京)로 수도를 옮긴 것은 710 년이죠? 많은 신라 사람들이 일본으로 건너갔습니다."

그는 고도 경주의 관광협회 회장답게 일본의 고대사도 자세히 알고 있었다. 생각해 보니, 수도 이름을 나라(奈良)라고 하는 것은 이상한 이야기였다. 입을 우물우물하면서 고개를 갸우뚱하자, 갑자기 그가 노래를 부르기 시작했다.

"우리, 나라…, 우리, 나라…."

방언이 섞인 소리를 내면서 몸을 좌우로 흔들었다.

"이 노래는 우리나라여 영원하라는 노래입니다만, 우리라고 하는 것은 우리 모두(我我)를 의미합니다. 나라(奈良)라는 말은 일본으로 건너간 백제인, 신라인들이 나라(國)를 그리워한 마음에서 우리나라의 나라(國)라는 말에 일본식 한자를 붙여 일본의 지명으로 한 것입니다. 즉, 일본의 나라(奈良)는 한국어로 나라(國)를 의미합니다."

'아름다운 나라(奈良)의 수도는 꽃향기처럼 번성하네'라는

시(詩)가 머릿속을 꽉 채웠다. 나라(奈良)라는 말을 나라(國)로 바꾸어 생각하니 이해가 갔다. 나라(奈良)는 바다를 건너서 한반도에서 온 사람들이 붙인 이름이었던 것이다….

경주에 와서 불국사, 석굴암을 안 보면 경주에 온 의미가 없다고 한다. 그래서 불국사 앞에 있는 전통여관에서 묵기로 했다. 식사가 끝나자 이상걸 씨는 차를 불러 협회의 사무국장에게 배웅을 부탁했다고 한다. 이상걸 씨에게 수많은 호의를 받았지만 단지 뜨거운 악수만 하고 헤어졌다. 여기에서도 잊을 수 없는 호랑이 나라의 사람이 있었다.

키가 큰 사무국장과 차를 타고 고속도로를 통과해 여관으로 향했다. 길 왼쪽으로, 조금 전의 대덕산에서 바라본 코오롱 호텔이 보였다. 전원의 일각에 우뚝 솟은 8층 정도 되는 건물이다. 문득 생각이 나서,

"호텔에 들어갈 수 없을까요? 높은 층의 창문에서 대덕산 사진을 찍고 싶은데…."

라고 부탁하자, 사무국장은 흔쾌히 응해 주었다. 호텔 정면 현관에 차를 세웠다. 제복을 입은 호텔 직원이 얼른 달려와 문을 열어 주었다. 긴장하면서 사무국장의 뒤를 따라갔다. 저녁 무렵이어서 로비는 사람들로 가득 찼다. 프런트에 짐을 맡기고 카메라만 들었다. 샹들리에 아래에 옷차림이 좋은 외국인 손님들이 모여 있었다. 사무국장은 자기 호텔인 것처럼 거리낌 없이 척척 걸어 들어갔다. 엘리베이터

로 위층으로 올라가서 복도에 있는 창문에서 밖을 바라보니, 남쪽방향만 볼 수 있었다. 대덕산은 서쪽 방향의 방에서만 바라볼 수 있었던 것이었다. 방으로 들어가려면 열쇠가 필요하고, 무료로 들어가는 것도 좀 뭣했다.

"발코니에서 보는 것이 제일 좋겠네요. 관리실장에게 부탁해 봅시다. 네, 제 친구입니다."

엘리베이터를 여기저기 갈아타고 작업실을 찾아 헤매, 관리실장을 겨우 발견했다. 일본어는 할 수 없었지만, 이 사람도 서글서글한 사람인 듯, 이유를 듣자 미소를 지으며 안쪽에서 열쇠뭉치를 들고 왔다. 사무국장이 설명을 해 주었다.

"발코니가 있는 방은 귀빈실입니다. 박정희 대통령이 암살당하기 직전에 묵었던 방이죠. 거기서라면 잘 찍힐 겁니다. 네, 특별히입니다. 뭘요, 괜찮습니다."

2명은 장난꾸러기처럼 웃는 얼굴로 두꺼운 융단이 깔린 복도를 척척 걸었다. 엘리베이터로 8층까지 올라가자, 정면에 임페리어 Ⅰ라는 표시가 있었다. 귀빈실이었다. 관리실장은 양쪽으로 여닫는 문에 열쇠를 넣었다. 진로의 취기는 완전히 없어져 버렸다.

"사무국장, 그…, 휴식료라던지 견학료 같은 것은….."

"네, 괜찮습니다. 비어 있는걸요. 여기는 외국의 임금님이나 VIP들이 묵는 방이기 때문에…, 좀처럼 아무나 들어갈 수 없지만요."

사무국장은 말의 이상한 부분에 '좀처럼'이란 말을 사용하며 웃더니 갑자기 소리를 낮추었다.

"하룻밤에 일본 엔으로 15만 엔이나 하는 방이에요."

우와! 놀라서 뒷걸음을 치자, 관리실장이 공손하게 머리를 숙였다. 어쩔 수가 없이 떠밀리듯 들어가자 크림색으로 통일된 대기실의 정면에 신라의 군세를 그린 유화가 걸려 있었다. 왼쪽 방으로 들어가자 넓은 집무실로 난로가 있었다. 연한 보라색에 흰 테두리가 있는 융단 위에 테이블을 둘러싸고 10명분의 의자, 안쪽에는 바(bar)가 있었다. 벽에는 족자와 모란을 그린 그림, 책꽂이에는 천마총의 금관을 복제한 것이 장식되어 있었고 아래에는 바둑판이 놓여 있었다. 옆방에는 안락의자가 하나 있었고, 유리문을 열자, 넓은 발코니가 나왔다.

"여기는 헬기 이착륙장도 겸하고 있습니다. 긴급 시, VIP들은 여기에서 탈출이 가능합니다."

사무국장과 발코니 벽에 붙어서 서 있자, 눈 아래에 보이는 것은 겨울 초목이 마른 쓸쓸한 들판이었다. 구불구불한 작은 소나무 언덕, 마른 풀의 제방도 있다. 구획정리가 잘된 것도 보이나 옛날 그대로의 구불구불한 논이 많다. 어느샌가 날씨가 맑아져서 구름 한 점 없다. 저녁 해는 떨어진 지 얼마 되지 않아 분지를 감싼 서쪽의 산들은 윤곽만 보였다. 사무국장이 대덕산은 저 근처라고 가르쳐 주었다.

대덕산 풍경(경주 코오롱 호텔에서)

사진을 찍고 방으로 돌아와 다시 방을 들여다보니, 그
방은 트윈 베드가 있는 방이었다. 그 옆에는 식당이 있었
다. 한국식과 서양식이 합쳐진 중후한 양식의 방이었다.

"감사합니다, 대단히."

사례로 줄 팁을 짐작하지 못해서 그대로 복도로 나가려
고 하자, 관리실장이 소매를 잡았다. 깜짝 놀라서 뒤를 돌
아보자, 웃음을 참는 얼굴로 뭐라고 한다. 사무국장이 말해
주었다.

"다음에는 여기에 꼭 묵어 주세요."

"오! 예스, 예스!"

자신만만하게 가슴을 쫙 펴서 말하자, 2명 모두 훗 하고 웃음을 터뜨렸다. 이럴 때 웃음이 통한다는 것이 정말 기쁜 일이었다. 관리실장에게 최대로 예를 갖춰 인사를 하고 프런트까지 내려가자, 사무국장이 로비 한쪽으로 데리고 갔다. 벽에 3마리의 호랑이를 그린 큰 그림이 있었다. 얼어붙은 듯한 차가운 달밤에 포효를 하고 있는 호랑이였다. 현대 한국을 대표하는 화가의 그림이라고 한다. 눈빛이 요염한 호랑이로, 일본의 전통적인 호랑이 그림과는 호소하는 것이 달랐다. 과연 진짜 호랑이라고 잠시 동안 넋을 잃고 쳐다봤다.

코오롱 호텔에서 불국사까지는 걸어서 10분 정도였다. 불국사 앞에는 전통여관이 많이 있었다. 그중의 하나를 소개받았다. 여기도 고도(古都) 구역으로 건물은 회랑을 돌려서 중후한 한식으로 통일되어 있었다. 신라의 용마루를 생각하게 하는 지붕이 이어져 있었다.

"방을 찾아와서 밭에서 발굴된 단지라고 팔려고 하는 나쁜 사람들이 있으니까 조심하세요. 다 가짜입니다….."

사무국장은 주의까지 해 주었다.

안내받은 방은 2층으로 5평 정도 되는 넓이였다. 식당에서 가볍게 식사를 하고 돌아오자, 직원이 이불을 깔고 있었다. 베개는 선명한 녹색이었다. 선반 안에는 하나 더 연지색의 베개가 있었다. 여성용이었다. 녹색과 연지색이 남녀 쌍을 이루고 있었다. 목욕탕에서 목욕을 하고 방 불을 끄자, 화장대 위에 진홍색 램프가 있었다. 경주는 제주도와 함께 신혼여행의 메카였다. 이것은 신혼부부용으로 만든 방이었다.

어서 빨리 바닥에 누워 눈을 붙였으나 이런 요염한 방에 있으려니 잠이 오지 않는다. 진홍색 램프 탓이라 생각해 일어나서 더듬거리며 스위치를 찾아 껐다. 호랑이에게 물린 할아버지를 찾아내 귀중한 이야기를 테이프로 녹음했고, 대덕산 사진도 찍었다. 대성공인데, 머릿속 깊은 곳에 진통 같은 것이 있었다. 그 진통은 바로 통역을 중간에 두고 한 취재의 어려움이었다.

호랑이는 갑자기 사람과 만나면 일순간 뒷걸음질을 한다고 아무르호랑이를 연구한 소련의 연구자들은 그렇게 썼었다. 시호테알린의 호랑이가 많은 보호구에서는 가끔 호랑이가 사람과 만나지만 대부분 사람을 습격하지 않고 호랑이 쪽에서 진로를 바꾼다고 한다. 어째서 대덕산의 호랑이는 김 할아버지를 습격했던 것일까? 원래 사람을 잡아먹는 호랑이였을까?

그 호랑이는 앞발로 할아버지를 쓰러뜨리고 그러고 나서 물었다. 귀를 숙이고 송곳니를 내밀어 그릉그릉 소리를 내며 할아버지에게 다가갔을까? 어떤 느낌이었을까? 조금 더 할아버지의 생각을 들었어야 했다고 생각했다.

통역을 둔 취재로 내용은 대략적이었을 뿐, 좀 더 자세히 물어봤어야 했다. 눈 위로 멍하니 앉아 있는 김유근 할아버지가 떠올랐다. 한 번 더 방문하고 싶다는 생각이 들었다. 호랑이의 턱에서 기적적으로 살아난 사람과 만났는데도 뭐라고 말할 수 없는 엉성함. 잠에 들 수가 없어서 뒤척이고 있자, 프런트에서 전화가 왔다. 아침 일찍, 석굴암까지 차가 나간다는 것이었다.

여덟.

카토 키요마사(加藤清正)의 호랑이 사냥

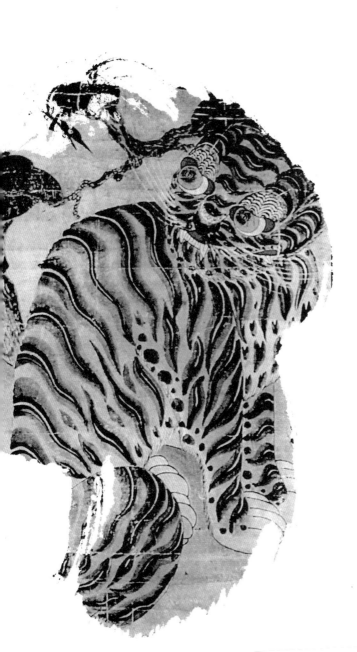

새벽에 택시를 타고 토함산의 산 중턱에 있는 석굴암의 석불에 절을 하고 왔다. 석굴암의 입구 수m는 정동 쪽을 향하고 있어서 동해에서 솟아오른 아침해가 석굴암의 안쪽까지 비추도록 되어 있다. 봄, 가을의 피안(彼岸)에는 안쪽에 단좌하고 있는 석불의 얼굴을 아침해가 비춘다고 한다. 지금은 보존을 위해서, 전면이 유리로 차단되어 있고 조명이 아침해를 대신하고 있었다.

8세기 무렵에 만들어졌다고 하나, 이것만큼 아름답고 기품이 넘치는 석가여래를 나는 지금까지 본 적이 없다. 유백색의 화강암에서 나온 좌선상(座禪像)으로 높이 3.5m, 얼굴은 자애로 넘치고 잔잔한 미소가 흘렀다. 확실히 불교미술의 세계적인 걸작의 하나로, 이 나라의 높은 문화를 생각하며 합장을 했다.

새벽의 봄을 찌르는 듯한 추위 속에서, 석굴암 앞에는 백 명 정도의 선남선녀가 잠시 멈춰 서 있었다. 여기서 동해의 일출에 소원을 빌면, 소원이 이루어진다고 한다. 절반

이싱이 신혼여행 중의 커플들이었다. 남성들은 양복에 넥타이, 여성들은 여러 가지 색의 한복을 입은 사람들이 많았다. 한복 치마는 얇고 날개옷처럼 하늘하늘한 느낌이 났다. 추워 보였으나, 추운 얼굴을 한 여성들은 그 누구도 없었다. 어느 여성들에게서도 외유내강의 인상을 받았다.

동해는 구름이 길게 드리워 있어, 유감스럽게도 일출에 소원을 빌 수가 없었다. 암홍색으로 소용돌이치듯 말린 구름을 바라보며 합장을 하는 중년의 여성도 있었다.

"아저씨, 셔터를…."

카메라를 내미는 커플들의 사진을 몇장 찍어 줬다. 어젯밤이 첫날밤이라고 생각하지 않으나 여성들이 조금 거리를 두는 듯했다. 일본이라면, 이런 경우, 사람들 눈을 의식하지 않고 착 달라붙는 여성들이 많은데 그런 사람은 여기에는 없었다.

아침식사를 끝내고, 불국사로 향했다. 불국사의 가람(伽藍, 절 안의 큰 건물, 역자 주)은 울창한 소나무 숲으로 둘러싸여 있었다. 신라의 불교문화가 쌓아 올린 장대한 사원은 완만한 산허리에 펼쳐져 있었다. 입구의 해설판을 바라보자, 임진왜란 때, 일본에 의해 불에 타서 재건을 했으나, 규모가 원래의 10분의 1 정도라고 한다. 임진왜란은 일본에서 말하는 분로쿠(文祿)의 역(役)이다.

토요토미 히데요시는 그해 봄, 15만 8천 대군을 보내 조선을 공격했다. 불국사를 덮친 것은 카토 키요마사의 군대였다. 토요토미의 대의명분도 없는 침략전쟁으로 여기서 죽임을 당한 사람은 1,552명, 3만여 채의 집들과 함께 수많은 사람들이 불에 탔다고 들었다. 카토 키요마사는 무서운 도깨비 상관으로 불려, 공포의 대상이 되었다. 도망가는 사람의 귀를 자르고 코를 잘라, 통나무 통에 넣으면서 전쟁을 했다고 한다. 토요토미의 군대는 결국, 이 나라의 3분의 2를 점령해, 도공과 농민 등 5, 6만 명을 일본으로 강제로 끌고 가 노예로 삼았으며, 대량의 문화재, 서적 등을 파괴, 약탈했다. 그렇게 해서 그때부터 이 나라에서는, 우는 아이에게 "무서운 도깨비 상관이 온다"라고 놀래는 말이 남아 있다고 한다.

아, 아라고 중얼거리며 경내를 돌아보고, 복원된 가람을 둘러보았다. 여기저기 관광객이 있다. 대웅전의 석가삼존불에 공손히 절을 하고, 평신저두(平身低頭)의 예를 갖추어 절을 하고 있는 초로의 신사, 이름 높은 석탑을 바라보면서 무엇인가 서로 말하고 있는 노인들도 있다. 뒤에 있는 가람에서 독경을 외는 소리가 들렸다. 소나무로 둘러싸인 경내는 나라(奈良)의 절과 똑같았으나 어딘가 다르지 않을까 하고 주위를 둘러보았다.

극락전에는 아미타불이 단좌를 하고 계셨다. 천개(天蓋) 아래에 있는 아미타불의 얼굴은 금색으로 되어 있어 풍만

해 보였다. 양손을 모으고 문득 쳐다보자, 부처님의 왼손 뒤의 어둠 속에, 한 장의 그림이 있었다. 빨간 옷을 두른, 수염을 기른 도사가 정면을 향하고 있었다. 그 도사 뒤에, 한 마리의 동물이 그려져 있었다. 송곳니를 드러내고, 강한 눈빛을 한 얼굴은 표범과 비슷했다. 아, 그러나 이것이 바로 산신과 그 사자(使者)인 호랑이라는 것을 알아챘다. 절에 산신각이 있어, 마을을 지키는 산신과 호랑이를 모신다는 것은 이것이었다.

　단청이 칠해진 회랑을 돌았다. 이 나라에서 아름다운 불상을 비롯해, 수많은 문화가 전해져 왔다는 것을 알면서, 토요토미는 왜 악귀와 같은 군대를 보낸 것일까? 흰옷 위에 회색의 승복을 겹쳐 입은 스님을 만나서 목례를 했다.

　경주에는 발 닿는 곳에 유적이 있어, 지정 문화재는 대충 보는 것만으로도 1주일 걸린다고 가이드북에 쓰여 있었다. 국립경주박물관, 천마총 고분 등을 보고 싶었으나, 양쪽을 다 보면 오늘 중에 서울로 돌아갈 수 없게 된다. 오늘밤은 원병오 교수의 집을 방문하기로 되어 있었다.

　"천마총만 보는 것으로 하고, 박물관은 다음에 올 때를 위해서 남겨 둘까?" 자기변명 같은 말을 하고 경주역으로 가는 버스를 탔다. 코오롱 호텔을 지나, 구정동 마을에 가까워지자 고속도로의 양측에 보도가 있어 녹색의 나무로 이루어진 담이 밭과의 사이에 이어져 있었다. 두리번두리번

하고 있는 사이에, 버스는 이상걸 씨의 집을 지나쳤다. 끈질긴 것 같지만, 호랑이에게 물린 할아버지가 신경이 쓰여서, 가만히 있을 수 없었다. 불국사역 앞에서 내려 버렸다.

신라의 고분을 보는 것보다 김유근 할아버지의 집을 한 번 더 방문하고 싶었다. 이상걸 씨의 통역으로는 아웃라인밖에 들을 수 없었기 때문이었다. 할아버지로부터는 아직, 여러 가지를 취재할 수 있을 것이 틀림없을 것이었다. 그러나 방문하려면 통역이 필요했다. 이상걸 씨의 얼굴이 떠올랐다. 그런데 어떻게 하면 좋을까? 어제, 그렇게 신세를 지고, 오늘 또 얼굴을 내미는 것은…, 과연 망설여졌다. 어슬렁어슬렁 걸으면서 할아버지의 집에서 가까운, 도로 곁에 있는 상점 앞까지 왔다. 시골에나 있을 법한 작은 잡화점으로 유리문 너머로 안쪽의 방이 보였다. 그 방에서는 예순을 넘긴 할아버지가 돋보기를 쓰고 무언가 읽고 있었다. 나랑 눈이 마주치자, 돋보기를 벗고 살짝 웃었다. 어쩌면 이야기를 할 수 있을지도 모르겠다. 삐걱거리는 문을 열자, "또 왔어? 호랑이에게 물린 할아버지에게 특종이 있었지?"

훌륭한 일본어였다. 은회색의 머리칼로 웃는 얼굴을 한 할아버지의 틀니 양쪽의 은니가 반짝였다.

"작은 마을이어서 당신이 일본에서 왔다는 소문이 어젯밤에 마을 전체에 쫙 퍼졌지."

매우 기뻐하며 나를 상대해 줬다. 어제 취재한 내용의 줄

거리를 들려주자,

"그 할아버지, 호랑이에게 물리고 나서 병원에 갔었던가? 집에서 치료를 한 것이 아니었나? 이 나라에서는 호랑이에게 물린 상처에는 닭의 날고기를 붙여서 고친다고 해. 할아버지도 그렇게 하지 않았을까? 뭐라고? 백 일 동안 입원했다고? 그것 참. 음, 병원비용은 토지를 팔아 지불했다고? 흠…."

잡화점 할아버지는 고개를 갸우뚱했다.

"이 근처 전부는, 경주의 유명한 지주인 백수봉(白秀峯) 선생의 토지로 김유근 할아버지도 소작인이었지. 자신의 토지는 없지. 병원에 350원 지불했다? 다이쇼시대에 300원 가지고 있었다면, 이 근처에서 엄청난 큰 부자지."

잡화점 할아버지가 어깨를 움츠리고 웃는 것을 들으면서 사리에 맞다고 생각했다. 곤란하게 되었다. 잡화점 할아버지에게 잠깐 김 할아버지 댁에서 통역을 해 줄 수 없냐고 부탁했다.

"가게를 닫고 나갈 수 없지. 뭐라고?… 아무도 사러 안 와도, 누군가 사러 오면 곤란하지. 게다가 아내가 부재중이거든."

잡화점 할아버지는 60대 중반으로 성함이 김영권(金永權), 가게 이름은 태화상점이라고 한다. 그는 조금도 움직이려고 하지 않았다.

"이렇게 추운 날에 돌아다니면 감기 걸려."

턱을 만지면서 말했다. 어쩔 수 없이, 함께 웃어 버렸다.

"조금 잘못된 취재를 하는 것도 공부지. 특종은 그렇게 해서 나오는 것이야."

"제법 잘 알고 계시네요. 옛날부터 이 가게를 하고 계셨나요?"

"아니야, 광복 후에 경주 시의원을 했었지. 2기로. 이건 사실이야."

또 함께 웃었다.

"대덕산 호랑이 이야기를 알고 있는 사람? 이젠 김유근 할아버지 정도지. 그 사람이 여기서는 제일 최고연장자이지. 이젠 있지 않지…. 아마도."

어떻게 해도 방법이 없었다. 1시간 정도 태화상점에서 쉬면서 세상 돌아가는 이야기를 했다. 의원을 한 것은 사실로, 그는 박학다식했다. 경기가 안 좋아서, 가게 상품들의 회전이 안 좋아서 곤란하다고 했다. 5, 6개의 박스에 넣으면 없어져 버릴 것 같은 개수의 상품들이었다.

"천천히 쉬다 가…. 좀처럼 올 수 없으니까."

라고 말하는 것을 뒤로하고, 밖으로 나갔다. 좀 더 이야기를 나누고 싶었으나, 시간이 없었다. 한 번 더 호랑이에게 물린 할아버지의 얼굴만이라도 보고 싶어서 망설이고 있을 때, 택시가 오더니 멈추었다.

포기하고 차에 탔다. 적어도 대덕산을 조금 더 관찰하려고 구정동에서 T자로를 왼쪽으로 돌아서 대덕산의 북쪽이 보이는 곳으로 가자고 했다. 그곳으로 가도 경주역에 갈 수 있다고 한다. 길은 고속도로처럼 산간에 뻗어 있었다. 2km 정도 되는 곳에 저수지가 있었다. 대덕산은 수원(水源)지였던 것이다. 김유근 할아버지가 호랑이에게 습격당한 곳은 조금 더 안쪽이었을까, 기복이 있는 경사면 위쪽은 약간 굵은 나무들로 덮여 있었다.

호랑이가 옹두리가 있는 나무나 덤불 속의 전나무 기둥을 발톱으로 긁는다는 것은 알려져 있다. 영역의 표시인지, 다른 호랑이에 대한 메시지인지, 큰 발톱자국이기 때문에 호랑이 사냥꾼들은 한눈에 안다고 한다. 대덕산의 어딘가의 나무에도 호랑이는 발톱자국을 남기지 않았을까? 호랑이는 바위와 나무에 배설물을 뿌리면서, 지면에 발톱자국을 남긴다고 한다.

V자형의 계곡도 있었다. 생각한 것보다 큰 산이었다. 이 정도 큰 산이라면, 가짜 호랑이 사건으로 산림청 직원도 속았을지도 모른다. 길이 고개를 넘어갈 때, 멈춰 달라고 했다. 대덕산은 산정에서 북쪽으로 지면이 노출되어 있었고 아득히 높은 곳까지 목초지였다. 여름에는 젖소의 방목지로 사용하고 있으나, 처음에는 조선총독부가 양 목장으로 개발했다고 한다.

넓은 목초지를 따라서 아래로 내려가자, 산기슭에 큰 호수가 나타났고 호반의 일각은 활기찬 관광지로 되어 있었다. 밝은 색으로 외벽을 칠한 호텔들이 수채, 골프장과 스케이트장도 보였다. 보문호 리조트 지역으로, 일본 자본이 들어가 있는 호텔도 있다고 한다. U턴을 해서, 이번에는 대덕산 뒤편으로 돌아갔다. 산 뒤편도 잡목이 섞인 소나무 숲이었다. 길을 사이에 두고 반대편에는 형제봉이라고 불리는 산이 있다. 높이는 대덕산과 비슷했고, 역시 소나무 숲이 있는 산이었다. 그 너머에는 중앙선이 달리고, 고속도로가 지나고 있을 것이었다. 차들의 왕래가 적은 산간의 길을 5, 6㎞ 정도 달려 나타난 마을을 바라보자, 역시나 구정동 부근인 처음의 불국사역 앞이었다. 대덕산 기슭을 총 길이 16~7㎞, 도로를 한 바퀴 돈 것이 된다.

"이런 상태로는 호랑이가 나오고 싶어도 무리군."

투덜거리면서 버스를 탔다.

직통버스로 4시간 15분, 저녁 무렵, 서울 고속버스 터미널에 도착했다. 서울역과 비교할 수 없을 정도로 거대한 터미널로, 전국각지로 버스가 발착한다. 지하철과도 통해 있고 모두들 자가용을 가지고 있지만, 버스는 역시 시민의 주요한 발이다. 버스들은 경적을 쉴 새 없이 울리며 매우 빠르게 달리는 경우가 많았다. 차체에 쓰인 큰 번호를 좇아, 시내버스 정류장으로 가자, 그곳은 엄청난 사람들의 물결로 휩싸였다. 택시 승차장도 긴 줄이었다. 겨우 마장동 터미널로 가는 버스로 갈아타고 마장동에서 택시를 잡아서 원 교수의 집에 가까스로 도착했다.

원 교수의 집은 3층 석조 건물의 튼튼한 집으로, 1층은 반지하로 되어 있다. 2층부터가 주거로, 돌계단을 올라가자, 원병오 교수가 현관에서 뛰쳐나왔다. 그의 뒤를 따라 부인도 나와 있었다.

"이런, 잘 왔습니다. 잘 왔어요. 경주의 호랑이와 싸운 할아버지는 만났나요? 수확은 있었나요? 자, 얼굴과 손을 씻고…, 오늘은, 아침부터 대단했어요. 일본에서 귀한 손님이 오신다고 대접할 맛있는 것을 만드느라 이리저리 다니면서…, 아니, 오랜만에 일본어로 말하니까 입이 근질거리네요."

원 교수는 아시아 유수의 조류학자로서, 매사 정력적이고 농담을 좋아하는 천성이 밝은 사람이다. 그가 와이셔츠의 소매를 걷어 올리고, 굵은 팔을 내밀고 있었다. 부인이 요리하는 것을 도와주려고 하는 것이었다. 긴 치마를 입은 부인은 정숙하게 목례를 했다. 일본어는 귀로는 이해를 하고 있으나, 회화는 잘할 수 없다고 한다. 키가 크고, 학식이 있는 착실한 부인이다.

현관에서 바로 근처인 방이 10평 정도 되는 응접실로, 여기서부터 교수의 서재, 부부 침실, 욕실, 작은 방, 식당, 3층으로 가는 계단으로 나누어져 있다. 좁고 긴 5평 정도

되는 객실에 짐을 내려놓고, 욕실에서 얼굴을 씻은 뒤, 식당으로 안내를 받았다. 식탁 위에는 맛있는 음식들로 채워져 있다. 한가운데의 큰 접시에는 잘린 굵은 순대가 김을 모락모락 내면서 담겨 있었다.

"집에서 순대를 만들었어요. 북한의 소시지예요. 자, 드셔 보세요."

"이것은 부인이 직접 만든 겁니까?"

"아내만으로는 부족해서, 매형의 도움까지 받아서 3명이서 만들었지요. 아침부터 도축장에 가서, 돼지의 장을 좋은 곳만 받아서 안에 채울 속을 잘게 썰어서 열심히 반죽해서 만들었지요. 자, 어서⋯."

검게 반들반들 빛나는 얇은 껍질에 싸인, 안은 다진 고기와 김치를 잘게 썬 속이, 먹음직한 색으로 잘 쪄져 있었다.

"원, 이건 좀 질척하네요. 김치 썬 것을 너무 많이 넣었나? 하하하, 그래도 손으로 직접 만든 맛은 좋지 않나요? 이런 세심한 맛은 가게에서는 낼 수 없어요. 북쪽의 고향 맛입니다. 아, 건배하는 걸 잊어버렸네. 자, 다시 한 번 더 합시다. 와하하하⋯."

새삼스럽게 다시 한 번 더 건배를 했다.

"덕분에 경주에서 김유근 할아버지를 만나, 사진도 찍었습니다."

"우와, 대덕산의⋯, 한국의 마지막 호랑이. 네? 호랑이

사진도 받았다고요? 그것 참 잘됐네요…. 할아버지와 인터
뷰도 하고 왔다고요? 대성공이네요. 한국의 동물학자가 아
무도 안 하는 것을 엔도 씨가 일본에서 와서 했네요. 이것
참, 엔도 씨에게 당했네요."

원 교수는 큰 소리로 웃었다.

"좋습니다…. 계속해서 자주 조사해 주세요. 훌륭한 보고
서, 아니, 아시아 호랑이의 동물기를 써 주세요."

부인은 스프를 권하면서 살짝 웃었다.

"맛있게 드세요."

남편과 나 사이에 서 있거나 앉아 있거나 하며 김치 등
을 권했다.

"부인께서도 같이 드시죠."

라고 권했지만, 미소만 보일 뿐, 젓가락에도 술잔에도 손
을 대지 않았다.

원 교수는 근육이 붙은 우람한 몸으로 85 kg이라고 한다.
식욕은 대단히 왕성해, 평균 일본인의 3배 정도 먹는다. 일
본을 방문했을 때, 호텔의 식사가 부족해서 곤란했다고 들
은 적이 있다.

"우리 집 요리는, 이젠 여러 가지가 섞여 있지만, 기본은
북한 요리입니다. 저와 아내 둘 다 북한이 고향이기 때문이
죠. 이 빈대떡도 북한에서는 자주 먹는 것이죠. 자, 한 잔
더 받으세요."

빈대떡이라고 하는 것은 얇고 둥글게 부친 팬케이크와 비슷한 것으로 북한에서 많이 수확하는 녹두가루로 만든다고 한다. 배가 부르도록 진귀한 순대와 빈대떡을 많이 먹고 마실 것도 충분히 마시고, 온돌방으로 돌아왔다. 검게 칠한 양복 옷장과 비슷한 것이 3개 나란히 서 있었고, 끝에는 의자식의 경대가 있었다. 벽에는 새 그림, 수묵화, 이순신 장군의 글씨가 들어 있는 액자가 있었다. 창문은 길고 좁은 방의 한쪽 벽에만 있고, 3면은 벽이었다. 바닥은 매끈매끈한 모노륨이 깔려 있었다.

3명의 자녀들이 있는데 집 안이 조용하다. 장녀는 미국의 대학교로 유학 간 지 얼마 되지 않았고, 차녀는 중학생으로, 학교 서클의 합숙으로, 대학생인 장남은 아직 돌아오지 않았다고 한다.

"자, 자리에 누우면서 이야기할까요?"

양복 옷장의 문을 열고, 원 교수가 이불을 깔고 베개를 놓았다. 아직 8시인데 일찍 자리에 누웠다. 속옷 한 장으로 모포도 없이 이불 사이로 들어갔는데, 바닥이 온돌이어서 따뜻했다. 1층이 반지하로, 기름 보일러가 있어 온수가 바닥 밑에 있는 파이프를 돌아 바닥 전체를 따뜻하게 하고 있다.

원 교수는 1929년생으로, 고향은 평양에서 북쪽으로 70km 떨어진 평안남도 안주(安州)이다. 부친은 원홍구(元洪九)씨로, 안주공립농업학교의 자연과학 교사이나, 조류학자로서 유명했다. 집은 성벽으로 둘러싸인 오래된 성터에 있었고, 뒷마당에는 커다란 밤나무가 가지를 펼치고 있었다.

"북한에는 새도 동물도 많아요. 삼림이 깊으니까요."

이야기는 언제부터인가 북한의 자연으로 옮겨졌다. 이른 봄의 밤에는 늑대가 우는 것처럼 우는 수수께끼의 새가 뒷마당의 밤나무에 있었다고 한다. 부친이 고심해서 총으로 채집을 하자, 직박구리 정도 되는 작은 부엉이로, 이름은 모른다고 했다. 일본의 쿠로다 박사에게 보내서 감정을 받아서 그 새가 조선 신(新)기록종인 금눈쇠올빼미라는 것을 알았다.

이런 환경과 경험으로 자란 원 교수는 부친의 뒤를 이어 조류학자가 될 생각이었으나, 21세 때에 한국전쟁이 발발했다. 그렇게 해서 평양에서 서울로 피란을 와서 그대로 평양으로 돌아갈 수 없게 되었다. 38선을 끼우고 군사 휴전선이 생겼기 때문이었다.

이름 있는 조류학자로 원홍구 씨처럼 비극적인 반생을 보낸 사람은 없다. 4남 1녀를 슬하에 두고, 모두들 고등교육까지 시켰는데, 차남은 만주의 혼란 시에 일본인으로 착각한 중국인 병사에게 사살되어 사망, 장남과 원 교수와 다른 한 명의 아들은 남쪽으로 피란한 뒤 북으로 돌아오지 않았다. 장남은 바로 동국대학교의 원병휘 박사이다. 그 당시, 딸은 서울로 시집을 가 있어서, 원홍구 씨는 5명의 자녀들 모두를 잃어버린 셈이 되었다.

원병오 교수는 살기 위해서 군대에도 들어가며 고학을 한 끝에 학위를 따, 서울의 경희대학교에서 동물학을 가르치게 되었다. 그는 철새의 이동을 조사하기 위해서 학생들과 북방쇠찌르레기의 다리에 표지를 달았는데, 그중의 한 마리가 다음 해에 평양으로 날아가 부친의 손에 들어갔다. 남북으로 생이별을 한 아버지와 자식이 철새의 다리에 달린 표지로 40년 만에 서로의 안부를 확인했던 것이다. 이 극적인 이야기는 세계적인 뉴스가 되어서 일본 도쿄신문에도 실렸다.

불을 끈 온돌방에서 밤이 깊어지는 것도 잊은 채, 원 교수의 반생을 들었다. 그것은 새 이야기에 섞어서 써 보고 싶은 이야기였다.

"원 교수 일가의 이야기는 전 세계 사람들의 가슴을 울리는데, 논픽션으로 어떻습니까?"

몸을 일으켜서 부탁하자,

"그런 정치적인 것을 써서, 뭐가 됩니까…?"

호쾌한 남자지만, 이 부분에 대해서는 원 교수는 아무 말도 안 했다. 한국 정부는 첨예하게 북한과 대립하고 있어, 북한의 언론을 차단하고 있다. 이런 작품이 만일이라도 나라의 방침을 건드릴 수 있는 것에 대해서 걱정을 하고 있는 것이 아닐까?

다음 날 아침, 교수의 서재에서 호랑이의 기록을 찾았다. 『선만동물통감(鮮滿動物通鑑)』이라는 책으로 쇼와 11년판 (1936년), 무라오카(村岡) 편(編)으로 된 일본어이지만 중국어와 한국어로도 동물들의 이름이 쓰여 있는 두꺼운 도감이었다. 다음으로 찾은 것은 논문으로「조선산 육서(陸棲)포유동물의 분포에 대해서」를 쇼와 6년(1931년), 키시다 히사요시(岸田久吉), 모리 타메조(森爲三) 씨의 공저였다. 키시다 히사요시는 일본 농림성 조수(鳥獸) 조사실의 기술관리직이었다. 모리 타메조는 경성제국대학교 예(豫)과 동물학교실의 교수로, 당시의 조선, 만주의 동물의 권위자였다. 그러나 이 논문에는 동물 이름만 실려 있을 뿐, 정작 봐야 할 것은 실려 있지 않았다.

"이것밖에 없습니까?"

"나머지는 쿠로다의 도감하고…. 전후, 한국의 동물원 사람이 쓴 동물기 등이 있어요.『자연보호』라는 월간지에 조금 실려 있네요. 저도 짧은 글을 써서 실었지요. 그러나 엔도 씨가 기대하는 것은 없을 거예요. 대덕산의 호랑이와 같은 구체적인 예군요. 한국에는, 호랑이를 연구하는 동물학자는 없습니다. 호랑이가 나왔다는 뉴스가 나오면 형님과 제가 코멘트를 하는 상황인걸요."

"어째서 호랑이를 연구하는 학자가 없습니까?"

"어째서라고 물어도…, 자료는 남아 있지 않고, 제일 큰 원인은 호랑이는 이제 한국 어디를 가도 없다는 겁니다. 어떻게 연구를 합니까! 변명 같지만."

원 교수는 양손을 펼쳐서 익살스런 제스처를 보였다.

조선총독부는 패전 당시, 방대한 양의 중요 서류를 태웠다고 한다. 그 안에는 호랑이에 관한 자료도 있었던 것은 아닐까?

"한국전쟁도 있었죠, 서울의 관공서는 대부분 전화로 불타 버렸고…, 수렵통계도 낡은 것은 전혀 남아 있지 않아요. 그래서 호랑이와 표범이 어느 정도 포획되었는지 모릅니다. 제 경우만 말해도, 새에 관한 것만으로도 24시간이 모자라는데 호랑이까지 손이 갈 수가 없어요. 자료로 할 만한 것이…."

서재를 둘러싼 책장으로 눈을 돌렸다. 책장에는 전 세계의 조류에 관한 책이 빼곡히 들어차 있었다. 이름 있는 일본의 새에 관한 책은 거의 다 구비하고 있었다.

"이 정도의 책을 모으는 데도 고생했어요. 특히, 식민지 시대의 일본의 오래된 책이 더했죠. 한국에서는 구할 수 없으니까…. 일본의 학자에게 부탁해서 도쿄의 헌책방을 찾아서 구했죠. 한 권, 한 권, 땀과 눈물로 손에 넣은 책들입니다. 자, 이 정도로 봐 주세요."

선택의 여지가 없었다. 고색창연한 『선만동물통감』의 호랑이 페이지를 펼쳤다. 그 이름은 알고 있었으나, 별 도움이 되지 않을 거라고 생각하여 손에 넣으려고 꿈도 꾸지 않았던 책이었다.

호랑이

북지나(北支那)에서 만주, 몽골 및 시베리아에 걸쳐 조선에 분포하는 호랑이는 인도의 벵갈호랑이, 페르시아호랑이, 수마트라호랑이 등의 남방산 호랑이와 비교하면 대형으로 털이 길고 촘촘하며, 게다가 부드럽기까지 하다. 시베리아호랑이, 또는 털이 긴 호랑이, 우수리호랑이로서 특히 구별된다.

겨울 털의 색채는 남방산보다 일반적으로 옅다. 황적색의 바탕색이 옅을 뿐만 아니고, 검은 줄무늬도 옅어서 앞이마, 양볼, 목 아래, 양 겨드랑이, 사지, 가슴, 복부 등의 백색의 범위가 꽤 넓다. 눈썹이 눈처럼 하얀 나이 든 호랑이를 가리켜 흰눈썹호랑이라고 이름 붙여 가장 고귀하게 여긴다고 한다.

호랑이는 아시아에서 예부터 백수의 왕이라고 하여, 그 맹위를 외경시하여 산령, 산중호걸 등으로 불리며, 깊고 큰 산의 정상에 사당을 지어 제사를 지내 그곳을 지나가는 사람은 반드시 새전(賽錢, 절을 하고 올리는 돈, 역자 주)을 하고, 말 꼬리의 털을 한 가닥 뽑아 사당에 올리는 관습이 남아 있다. 선만(鮮滿)의 국경지방에는 호랑이신을 모시는 사당이 대단히 많다. 호랑이는 일종의 신으로 대단히 신기한 괴력을 가진 신으로 받들어지고 있다.

조선으로 말하면, 호랑이를 연상하게 할 정도이지만, 지금은 강원도, 평안북도, 함경남도의 벽지가 아니면 쉽게 잡을 수 없다. 중국 동북부에서는 대, 소흥안령(大, 小興安嶺)에서 서쪽은 내, 외몽고, 동쪽은 지린(吉林), 헤이룽장성(黑龍江省)의 커다란 삼림 중에 지금도 상당한 수의 호랑이가 있는 것 같다.

조선에는 옛날, 중북부 지방에 엽호수(獵虎手)라고 칭하는 호랑이 수렵의 전문 사냥꾼이 있었다. 그들은 소총, 작약(炸藥, 화약의 일종, 역자 주), 호랑이 올가미, 몰아넣기, 함정, 구덩이 등으로 잡는다. 『조선기문(朝鮮紀聞)』에는 다음과 같이 쓰여 있다.

호랑이를 사냥할 때는 포수 2, 3명, 몰이꾼 2, 3명씩 한 조가 되어,

팽과리를 치면서 쫓는다. 큰 사냥은 1년 내내 몇 번이나 실시한다. 사람에게 피해가 있을 때는 대규모의 사냥을 하지만, 평상시에는 사냥꾼 혼자서도 사냥을 한다. 그리고 구덩이를 파서 그 안에 개나 돼지를 넣어 호랑이가 구덩이 안으로 들어가면 죽인다. 큰 호랑이 한 마리를 잡은 사람에게 상으로 40냥(兩), 중간 크기의 호랑이는 20냥, 새끼 호랑이는 10냥이 주어진다. 상은 관리가 주최하는 사냥에서도 개인이 하는 사냥에서도 똑같이 주어진다. 호랑이 고기도 잡은 사람에게 주어진다. 사람을 해치고, 게다가 그 정도가 심한 호랑이를 잡은 사람에게는 특별한 상이 있다.

호랑이가 사람을 해치는 경우는 가끔 있으나, 바로 잡아먹지 않고, 완전히 죽은 것을 확인한 후에 먹는다고 한다. 호랑이는 깊은 산에 살며, 먹이가 귀해지면 마을로 내려와 개를 잡아먹는다. 굶주려 있을 때는 사람도 잡아먹는다.

호랑이가 무서워하는 것은 불이다. 그래서 밤길은 반드시 횃불을 태우면서 걷는다. 또 술에 취한 사람을 싫어한다고 한다. 그해의 기후에 따라서 호랑이가 많이 나타나는 경우가 있다. 그런 해는 역병이 유행한다든가 또는 흉년이라고 노인들은 말한다.

호랑이는 한 마리가 하나의 계곡을 점령하고 있으나, 번식기에는 서로 상대를 찾아 암수가 같이 살며, 한 번의 출산에 2, 3마리를 낳는다. 생후 6개월 동안은 모자가 같이 생활한다. 교미기는 동지(冬至)쯤으로 고양이같이 계속해서 사납게 울부짖는다. 맹호가 겨울 달에 큰 소리로 으르렁대는 것은 이 시기에 해당하기 때문이다. 호랑이는 사람을 피하며 함부로 덮치지 않는 것이 보통이지만, 갑자기 마주친 호랑이와 새끼를 데리고 있는 호랑이와 한 번 인육을 맛보아서 그 맛을 못 잊은 굶주린 호랑이는 예외이다. 호랑이는 야행성으로 일몰 후 먹이를 찾으러 돌아다니므로 저녁 무렵과 새벽 무렵은 산야를 걸어 다니는 사람에게 있어 더욱더 경계를 해야 할 시간이다. 벽지를 다니는 그 지역 사람들은 동행자를 가능하면 다수로, 조를 만들어 소리를 높여 이야기를 하고, 말에는 방울을 많이 달아 방울소리를 내면서 다니며 일몰 전에 숙소를 잡아야 한다.

호랑이 가죽은 청나라 시대에는 극상품으로 통하여 왕후장상들이 앉을 때의 융단으로 사용했다. 매우 고가로, 뼈, 피, 담, 고기도 정력강장제로서 귀하게 쳤다. 이른바 호정(虎精)이라는 것은 대부분 뼛가루 또는 골즙으로 이것을 섞어서 만든 독한 술에 호정주(虎精酒)라고 이름을 붙여 중국 동북 지방(만주)의 각지에서 팔고 있다. 이곳 사람들은 호골고(虎骨膏)와 함께 일종의 자양강장제로 믿고 있다. 호골고는 호골교(膠)라고도 하며, 호골을 바짝 조린 고약으로 호랑이의 기력은 전부 앞다리의 경골에서 나온다고 해, 그 경골을 조려 고교(膏膠)로 만든 것으로, 그 효력이 신기와 같다고 여겨져 귀하게 다루어지고 있다.

"후"하고 뜨거운 한숨을 쉬었다. 오래된 것이지만, 이 책은 꽤 흥미 있었다. 대학교에서 복사를 하기로 했다. 이런 자료가 더 발견되지 않을까라고 생각했다.

출근하는 원 교수에게 도중까지 차로 태워 달라고 해서 국립중앙도서관으로 갔다. 눈이 내릴 듯한 추운 날씨로, 공기는 찌를 듯하게 얼어 있었다. 경주와 목포의 따뜻함이 그리웠다. 남산의 전망대에서 바라보자, 서울 중심가 저편의 북한산 근처로, 북쪽의 산은 하얀 레이스가 걸린 것처럼 자욱했다.

이상걸 씨의 증언대로 '대덕산의 호랑이'가 교과서에 실려 있었던 것은 틀림없는 일이었다. 수신 교과서 중에서 유달리 눈에 띄는 교과서를 한 번 더 빌려 보기로 했다. 도서 목록이 불완전해서 찾기가 어려웠다.

기다리고 있는 동안,『조선출병과 카토 키요마사(加藤淸正)』라는 것을 발견했다. 얇은 책으로 오다 쇼고(小田省吾)라는 사람이 쇼와 9년(1934년) 경성제국대학교 의학부 고고(考古)회에서 강연을 한 것이었다. 저자는 총독부의 교과서 편찬에 관여한 사람이라고 한다.

조선출병이라고 하는 것은 토요토미 히데요시가 조선을 침략한 것을 말하나 강연의 처음 부분은 그 변명 같은 것으로, 카토 키요마사는 정에 깊고 포로로 한 2명의 왕자를 우대했다든가 왕궁을 불태운 것은 카토의 군대가 아니라 조선에서 일어난 폭동으로 인한 것이라고 하고 있다. 황국사관의 학자에게 있어서, 토요토미의 조선침략과 카토의 난폭함은 식민주의 정책을 펼치기 위해서는 미화를 해야 할 부분이었다.

오다 쇼고 씨는 끝부분에 호랑이에 관해서 고문서를 인용해 말하고 있다. 이 부분은 흥미로웠다. 신빙성도 높아보였다.

"분로쿠(文祿) 원년(임진왜란 원년~1529년), 일본군의 무장인 카메이 코래노리(龜井玆矩)는 부산에 가까이 있는 기장성(機張城)을 점령해, 토요토미에게 한 마리의 호랑이를 보냈다. 드물게 보는 거대한 호랑이였기 때문에 토요토미는 교토로 호랑이를 보내서 고요제이(後陽成) 천황에게 보였다. 그리고 호랑이를 수레에 실어서 장안을 돌아다녔다."

호랑이는 둥글게 만 상태의 사체가 아니었을까, 역사책에서 나도 읽은 적이 있다. 토요토미가 그때, 미친 듯이 기뻐서 춤을 추자 그 이후, 무장들은 경쟁하듯 토요토미에게 호랑이를 보냈다고 한다.

"분로쿠 3년(1595년) 12월, 키츠카와 히로이에(吉川廣家)는 부산에 가까운 동래에서 호랑이를 한 마리 보냈다. 분로쿠 4년(1596년) 3월, 시마즈 요시히로(島津義弘)는 경상남도 창원에서 사냥을 해서 2마리의 호랑이를 소금에 절여 토요토미에게 보냈다." 이 3개의 예에서 당시는 한반도 동남부에도 호랑이가 있었다는 것을 알게 되었다.

"카토 키요마사의 호랑이 퇴치는 유명하지만, 카토 키요마사의 호랑이에 관한 문서는 빈약해 토요토미에게 보냈다고 하는 증거는 하나뿐으로 포획 장소도 포획 연월도 불명하다. 이 외에도 나베시마가(鍋島家) 문서(文書)에 토요토미가 호랑이를 받았다는 실인이 찍힌 공문서가 3통 있다."

카메이 코래노리는 가끔 호랑이를 보내서 토요토미의 환심을 샀지만, 대부분은 토요토미의 명령을 받들어서 호랑이 사냥을 한 것을 공문서를 통해서 알았다. 무장들은 어쩌면 조선인 사냥꾼에게 안내를 받아 병사들을 시켜 호랑이 사냥을 했을 것이라고 오다 씨는 추측했다. 나베시마 문서에 다음과 같이 쓰여 있었다.

"방금 전 호랑이를 보내라는 명령을 받았기 때문에 빨리 호랑이를 사냥해 보내겠습니다."

토요토미가 호랑이를 보내라고 명령을 한 목적에 대해서 장병의 사기를 높이려는 데 있다고 하는 사람도 있지만, 오다 씨는 찬성할 수 없다고 했다. 토요토미는 항상 조선에 있는 장병들에게 한 치의 방심도 없이 점령지를 수비하라고 엄명하고 있는데다가 한 번 호랑이를 헌상한 사람에게는 "더 이상의 호랑이는 필요 없으며, 호랑이 사냥은 아마 소용이 없다(나베시마 문서)."라고 말한 것이 쓰여 있고, 시마츠 요시히로의 경우도 똑같이 거절했다고 한다.

과연 토요토미의 의향은 예상 외였다. 토요토미의 성격으로 보면, 호랑이 사냥을 장려할 만하나 그렇지 않았다. 무장들이 경쟁하듯 토요토미에게 호랑이를 보냈다는 것은 사실이 아닐지도 모른다. 이러하여 고문서는 수수께끼 풀기와 같은 흥미로움을 가지고 있다.

오다 씨는 토요토미는 어느 목적으로 특정 무장에게만 호랑이 사냥을 명령했다고 추측했다. 그럼 어느 목적이라는 것은 무엇일까? 오다 씨는 다음의 문서를 가리켰다. 분로쿠 3년(1595년) 12월 토요토미의 부하가 키츠카와 히로이에에게 보낸 문서였다.

"토요토미 히데요시 님의 요양을 위해서, 원래는 그쪽으로 갔어야 했으나 가능하지 못하게 되었으니, 머리고기, 장 등을 하나도 남김없이 소금에 절여 보내 주시오."

이것은 '토요토미의 요양을 위해서'가 목적이었음을 나타내고 있다. 토요토미는 호랑이를 약용으로 했던 것이었다. 나베시마 나오시게(鍋島直茂)에게 보낸 공문서에도,

"호랑이를 보내라는 명령에 하루라도 빨리 사냥을 해 주어서 가죽, 머리, 뼈와 고기, 간과 담을 목록 그대로 받았습니다. 토요토미 님은 기뻐하며 드셨습니다."라고 쓰여 있다.

호랑이 가죽뿐만이 아니고, 뼈와 고기까지 보내라고 했었다. 중국과 조선, 동남아시아에서는 호랑이를 약으로서 귀하게 여겼으며, 토요토미도 그 사실을 충분히 알고 있어서 몰래 소수의 무장들에게 명령을 했던 것이다. 그렇게 해서, 토요토미는 그다지 많지는 않지만 충분한 수의 호랑이를 손에 넣었다고 오다 씨는 추측했다.

엄동설한의 겨울이라면 몰라도, 가죽을 벗겨, 소금에 절이지 않으면 호랑이를 일본으로 보낼 수 없다. 머리부터 전신을 크게 잘라서 뼈가 붙은 고깃덩이를 그대로, 그리고 내장도 나무통에 채워서 목록을 덧붙여 보냈던 것이다. 작은 몸집에 원숭이 얼굴을 한 사람이라고 불린 토요토미의 풍모를 떠올렸다. 무언가에 홀린 듯한 눈을 하고 호랑이의 간과 장까지 탐을 내며 먹었던 것이 아닐까? 자기 자신만의 목숨을 유지하려고 어쩌면 누구에게도 주지 않았던 것은 아닐까? 그렇게까지 해서 오래 살려고 했는데, 토요토미는 62세에 죽어, 임진왜란은 끝났다.

마지막으로 오다 쇼고 씨는 카토 키요마사의 호랑이 퇴치에 관해서도 말했는데, 그것은 만들어 낸 이야기일 것이라고 부정했다.

카토 키요마사가 시동인 고우즈키 사젠(上月左膳)이 호랑이에게 죽임을 당한 것에 화가 나서 삼지창으로 호랑이를 찔러 죽였다는 유명한 이야기는 사실(史實)과는 멀다고 한다. 이것은 『죠우잔기담(常山紀談)』이라고 하는 분로쿠에서 140년 이상이나 지난 후세에, 오카야마(岡山)의 번사(藩士)인 유아사 모토사다(湯淺元禎)가 쓴 영웅호걸담을 바탕으로 하고 있지만 호랑이를 잡은 장소도 날짜도 나오지 않는다. 시동의 이름을 넣어서 사실 비슷하게 보여주고 있으나, 이른바 잡담에 지나지 않는다고 단정하고 있다.

그러나 카토 키요마사가 조선에서 돌아와, 케이쵸(慶長) 원년(1597년), 토요토미 앞에 나타났을 때, 선물로서 호랑이 가죽 5장을 지참했다고 (『청정기淸正記』) 오다 씨는 썼다. 카토 키요마사가 어떻게 해서 손에 넣었는지는 불명하지만, 꽤 많은 수의 호랑이 가죽을 일본으로 가지고 간 것은 사실이다.

수신 교과서의 '대덕산의 호랑이'는 이번에도 찾지 못했지만, '조선출병과 카토 키요마사'를 발견해서 나는 기뻤다. 역시 도서관을 방문한 것은 쓸데없는 일이 아니었다. '언젠가 또 방문하자'라고 생각하며 도서관을 나왔다. 거리에는 하얀 것이 흩날리고 있었다. 남산 기슭의 길가에서 작은 리어카에 화로를 놓고, 큰 밤을 구워서 파는 사람이 있다. 땅콩을 파는 사람, 오징어를 파는 사람도 있었다. 으슬으슬 추운 경치 안에서 멈추는 사람은 한 명도 없었다.

하룻밤 더, 원 교수의 집에서 묵고 다음 날, 일본으로 가는 비행기를 탔다.

아홉。

호랑이를 기증한 일본인

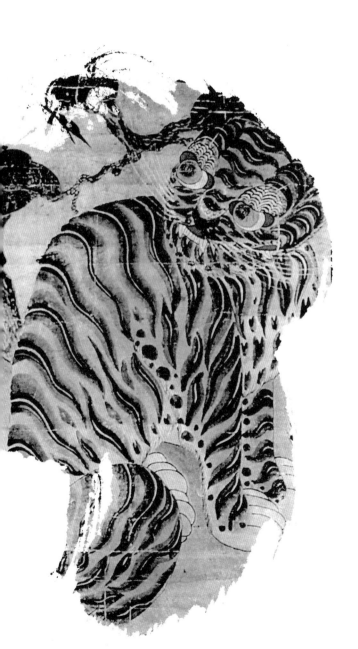

한국에 호랑이 출현!

극적인 타이틀의 르포를 쓸 수 있다고 생각했는데, 허무한 꿈이었다. 한국의 자연은 아주 먼 옛날부터 인간과의 공존을 허락할 수 없을 정도로 변해 있었다. 인간의 압력이 하나, 또 하나, 이렇게 호랑이를 멸종시켜 버렸던 것이었다.

귀국해서 얼마 지나지 않아 지인의 결혼 피로연이 있었다. 결혼식이 열리는 호텔 로비에서 쉬고 있자, 가짜 호랑이 정보를 알려준 S씨를 우연히 만났다. S씨도 다른 피로연을 끝내고 돌아가는 길로 커다란 꾸러미를 안고 있었다.

"어땠어? 한국의 호랑이는? 내가 준 정보 정말이었지?"

이 사람 때문에 한국에 갔다 온 것을 생각하자, 쓴웃음이 나왔다.

"언제쯤 완성할 것 같은데? 벌써 호랑이 이야기 쓰고 있는 거지? 타이틀은 정했나? 어때? 내가 조언을 해 주지."

S씨는 술에 거하게 취해 있었다.

"위대한 왕의 후예라는 건 어떤가? 아니면, 기적의 호랑이…. 제목은 나에게 상담해, 어때? 모르는 것이 있으면 뭐든지 상담을 해 주지. 돈과 여자만 아니라면…. 어이? 이봐, 어디 가는 거야?"

네, 네 하며 고개를 끄덕이며 헤어졌다.

S씨에게 놀림을 당하며, 재차 한국에서 있었던 일을 되돌아보았다.

"이대로는 안 돼…. 이대로 포기하면 안 돼…."

한국의 멸종한 호랑이 – 지금은 이런 타이틀로 리포트를 해야 할 것일지도 모른다. 한국에 남아 있는 유일한 호랑이 박제를 밝혀냈었고, 호랑이에게 물려 살아남은 증인도 만날 수 있었다. 가짜 호랑이 뉴스에 속아 넘어서 한국에 간 것 치고는 의외로 큰 수확이지 않았는가?

그러나 쓰려고 하자, 재료가 너무 부족했다. 대부분을 상상으로 보충하지 않으면 안 되었다.

경주의 호랑이를 생각하자, 호랑이 사냥에 박력이 없었다. 그것은 김유근 할아버지도 잘 모를 것이었다. 중상을 입고 병원으로 옮겨졌으니까. 나중에 누군가에게 그 당시 상황의 이야기를 들었던 것이다. 그래서 할아버지가 말한 것에 비해서 이상걸 씨의 통역이 많았던 것이라고 생각이 든다. 혹시 이상걸 씨는 자신이 설득고 마음대로 말한 것이 아닐까?

취재가 서툴렀다고 생각한다. 대덕산 기슭에 그 당시 호랑이 사냥에 참가한 사람이 있지는 않았을까? 당시 20세

전후로, 지금은 80세 정도의 노인이 마을에 있을 법도 했다. 어째서 찾아보려고 하지 않았을까? 후회되었다. 한 번 더 구정동을 방문해, 취재를 재시도할 수 있었으면 좋겠다고 생각했다. 그러나 하루 벌어 먹고사는 작가생활로는 쉽게 날아갈 수도 없었다. 허나 미야케 순사만이라도 알고 싶은 마음은 깊어져 갔다. 그 일에 관해서는 교과서의 '대덕산의 호랑이'를 찾아내면 되었다.

그래서 도쿄로 간 어느 날, 국립국회도서관에 가 보았다. 이것 또한 거대한 도서관이었다. 엄청난 인파를 뚫고 안내원에게 조선총독부 발행의 교과서가 있는지 물어보았다. '있습니다, 헌정(憲政) 자료실로 가 보세요'라고 안내원이 왼쪽 끝을 가리켰다. '이런 기쁜 일이!'라고 생각하며 들어가자, 그 교과서는 메구로(目黑)에 있는 국립교육연구소로 옮겨져 버렸다고 한다.

도서관에서 국립교육연구소로 전화를 해 보자, 대부분 갖추고 있다고 한다. 과연 일본이었다. 지금부터 가겠다고 하자, 오늘은 공교롭게도 도서실 정리가 있어서 오후부터 도서실을 닫는다고 한다. 실망이었다. 오늘밤은 야행버스로 이와테로 돌아가지 않으면 안 되었다. 여유롭게 동경에서 묵을 수 있는 처지가 아니었다.

도서관 직원이 필요한 부분을 복사해서 보내 준다고 한다. 리포트 용지에 다이쇼 연간, 조선총독부 발행의 수신 교과서 '대덕산의 호랑이'라고 써서 반신용 우표를 넣어서 접수했다. 손꼽아 기다리고 있자, 드디어 국립교육연구소에서 답장이 왔고, 나는 실망했다.

"접수하신 '대덕산의 호랑이'를 조선총독부 발행의 수신 교과서에 대해서 조사를 했으나, 실려 있지 않았습니다."

나는 호랑이에 관해 쓰는 것을 포기하고, 수년간의 시간을 투자한 꿩의 생태 사진집과 그물을 이용한 조류 밀렵을 고발하는 작품을 끝내고, 드디어 원병오 교수와 그의 부친 일가의 이야기를 쓰는 것에 몰두했다. 한국 정부는 그동안 금지해 왔던 공산권과의 교류를 인정했고, 원 교수 자신도 겨우 일가의 이야기를 쓰는 것을 허락해 주었기 때문이었다.

다이쇼에서 쇼와까지의 어두운 침략의 역사와 한국전쟁, 그 안에서 뿔뿔이 흩어진 일가의 이야기를 얽힌 실타래를 풀듯, 드디어 완성했다. 타이틀은 '아리랑의 파랑새'로 했다.

아리랑은 한국의 대표적인 민요이다. 일본에서는 사랑 노래라고 알려져 있으나, 원래 노래는 일가가 뿔뿔이 흩어지는 비운을 한탄한 것이라고 한다. 북쪽과 남쪽으로 헤어져서도 새 연구에 전념한 아버지와 아들의 평화에 대한 염원을 담아서 썼다.

'아리랑의 파랑새'를 완성하자, 역시나 또 호랑이가 생각나서 견딜 수 없었다. 그래서 니시하라 에츠오(西原悅男) 씨를 방문하러 도쿄로 갔다. 니시하라 씨는 대륙의 동물에 조예가 깊고 동물문학회 잡지인 『동물문학』에 귀중한 글을 가끔씩 쓰고 있다. 니시하라 씨의 책장에서 『조선 수렵 해설』을 발견했다. 조선총독부의 수렵계, 요시다 유지로(吉田雄次郎)라는 기술직 공무원이 다이쇼 14년(1925년)에 출판한 작은 책이었다.

머리말에, "야생조수가 다년간 남획되어 그 번식률이 현저히 떨어져 앞길이 심히 걱정될 정도의 상태가 되었다."라고 쓰여 있었다. 조선총독부는 1911년(메이지 44년)에 방치해 두었던 수렵을 제한하는 수렵규칙을 공포했는데, 조수의 보호에는 별로 도움이 되지 않았던 것이었다. 수렵규칙에는, 야생의 조수는 본래 주인이 없는 것으로 누구의 소유가 아니므로 누구라도 포획할 수 있다는 원칙을 정했다. 그 뒤, 법정 사냥도구로 사냥을 하는 경우는 수렵기간에 한해서, 수렵 면허를 받을 것과 수렵 조수명을 정하고 있었다. 대부분의 종류를 잡을 수 있으나, 금지된 것은 독수리, 수염수리, 원앙새, 원앙사촌, 호랑지빠귀, 검은지빠귀, 검은담비(잘), 암사슴(대륙사슴), 거기에 학이 있다. 그러나 새끼의 포획은 자유로웠고, 수렵금지 구역과 일출 전, 일몰 후의 총기 사용금지, 폭발물, 독극물, 총, 함정의 금지도 있다.

수렵면장은 갑을(甲乙)이 있고, 갑종은 그물, 올가미, 매를 사용할 것. 을종은 총의 사용으로, 기간은 9월 15일부터 다음 해 4월 30일까지. 단 호랑이, 표범, 곰, 불곰, 삵, 늑대, 멧돼지, 노루 이외의 동물 및 꿩의 포획은 11월 1일부터 다음 해 2월 말까지로, 수사슴(대륙사슴)의 포획은 2월 1일부터 4월 말까지. 이상은 경찰의 허가로, 갑종의 면장 수수료는 7원, 을종은 20원이다.

메이지 43년말 (1910)	일본인	6,371	다이쇼 9년말 (1920)	일본인	20,025
	조선인	39		조선인	1,627
	외국인	117		외국인	305
	계	6,527		계	21,957
다이쇼 원년말 (1912)	일본인	9,431	다이쇼 11년말 (1922)	일본인	23,084
	조선인	24		조선인	2,327
	외국인	194		외국인	246
	계	9,649		계	25,657
다이쇼 3년말 (1914)	일본인	14,264	다이쇼 12년말 (1923)	일본인	25,569
	조선인	415		조선인	3,074
	외국인	229		외국인	269
	계	14,908		계	28,912
다이쇼 5년말 (1916)	일본인	15,970	다이쇼 14년말 (1925)	일본인	25,732
	조선인	805		조선인	4,097
	외국인	322		외국인	271
	계	17,097		계	30,100
다이쇼 7년말 (1918)	일본인	17,167	쇼와 원년말 (1926)	일본인	25,791
	조선인	1,734		조선인	4,547
	외국인	385		외국인	289
	계	19,286		계	30,627

민간 소유 총기수 (엽총)의 추이 (조선총독부 간행 [통계연보] 쇼와 원년 〈昭和元年(1926)〉에서 - 주요 연도의 수치를 적음)

　다음으로 도지사의 특별 수렵면장이라는 것이 있다. 총으로 약용 재료(녹용, 곰과 멧돼지의 담낭 등)를 채집하는 것으로 기간은 1년, 요금은 70원으로 이것은 사냥감도 많기 때문에 비싼 편에 속한다.

호랑이와 표범, 곰과 늑대가 군림하고, 꿩과 기러기, 오리가 풍부한 환경이었는데, 일본과 강제로 합병되어 약 15년 만에 그 수가 격감한 이유는 무엇일까?

총을 사용하는 을종을 주의해서 보면, 다이쇼 원년(1912년), 일본인이 7,397명인 것에 대해 조선인은 극단적으로 적은 59명이다. 고개를 갸우뚱했다. 그 뒤, 조금씩 증가하고 있으나, 대덕산의 호랑이가 총에 맞은 다이쇼 10년(1921년)에는 일본인 12,532명에 비해 조선인은 1,203명이었다. 딱 10분의 1 수준이다. 호랑이가 멸종할 무렵, 엽총을 휘두른 것은 일본인이 아니었던가!

엽총이 야생동물에게 미치는 영향은 덫과는 비교가 안 되기 때문에 한반도의 조수를 걱정할 만한 상태로 만든 장본인은 바로 일본인이라고 할 수 있었다⋯. 이런 생각을 하며 표를 보고 있자, 한국에서의 일들이 생각나서 견딜 수가 없었다. 대덕산의 호랑이는 제쳐 두고라도, 목포의 호랑이를 조금 더 알았으면 하고 한숨이 나왔다.

학교에 호랑이를 기증한 사람의 자손은 어쩌면, 일본으로 돌아와서 일본의 어딘가에 있을 것인데, 그들을 찾아내는 것은 뜬구름을 잡는 듯한 이야기였다. 도저히 할 수 있는 일이 아니었다. 그렇게 생각하다가 지칠 때쯤, 문득 생각이 났다. 그 초등학교를 졸업한 일본인에게 물어보면 어떨까? 무언가 단서가 될 만한 것이 나오지 않을까? 그래서 유달초등학교에 편지를 보내서 최근 학교를 방문한 일본인 졸업생의 주소와 이름을 10명 정도 받았다.

나는 이들에게 호랑이를 기증한 하라구치 쇼○로(原口庄○朗) 씨를 물어보았다. 박제의 경로를 알고 계신다면 가르쳐 달라고 편지도 썼다. 그러나 이제 누구도 하라구치 씨를 기억하고 있지 않았다. 메이지 40년의 일이다. 그 당시의 유력자로 호랑이를 학교에 기부했다고 해도, 당시의 소학생의 기억에는 남아 있지 않았던 것이었다.

그러나 모교를 방문한 한 사람, 오사카의 이시이 미츠오(石井三男) 친절하게도 목상회(木商會)의 회원 명부를 보내줬다. 목포에 있었던 공립 상업학교 졸업생의 주소록이었다. 많은 졸업생들이 목포 야마테(山手) 소학교를 졸업했기 때문에 연차가 오래된 분들에게 물어보면, 누군가 호랑이의 일화를 알고 있을지도 모른다고 했다. 야마테 소학교는 유달초등학교의 전신(前身)이다.

이때 나는 처음으로 호랑이 박제가 있었던 학교가 일본인 전용 학교였다는 것을 알았다. 이 둔감함을 뭐라고 해야 할까? 유달로 이름이 바뀌고 한국인 학교가 된 것은 광복 후 일본인이 일본으로 돌아가고 나서 부터였다. 일본인과 섞여서 공부를 했을 것이라고 생각했는데, 그 당시 물정을 너무 몰랐다.

목포공립상업학교의 설립은 1920년이었다. 조선과 합병한 지 9년째 되는 해에 벌써 중등학교를 세웠던 것이다. 빠른 진출에 놀랄 수밖에 없었지만, 그렇게 되면 졸업 연차가 오래된 분들은 상당히 연세가 드신 분들이 되었다. 고령인 분들에게 문의를 해 본다는 것은 곤란한 일이었다. 곤란하다는 생각을 하며 명부를 봤다. 교가와 목포의 사진이 3장 들어 있었다. 활발한 활동을 하는 동창회인 듯, 후쿠오카(福岡), 오이타(大分) 등 칸사이(關西), 큐슈(九州) 등지에 많은 지부가 있었다.

페이지를 넘기면서, 명부 안에 혹시 하라구치 쇼○로 씨의 자손이 있진 않을까라는 생각을 했다. 하라구치 씨는 자녀들의 학교에 호랑이를 기증한 것이 아닐까? 그 자녀들이 상업학교에 들어갔을 가능성이 있다.

이런 생각이 머리를 스치자, 무아지경이 되어서 색인을 찾았다. 하라구치 하루오(原口晴雄): 제1회 졸업, 오이타. 고(故) 하라구치 요시노부(原口善信): 제19회 졸업. 2명이 나왔다. 1,313명 졸업생 중, 하라구치라는 성(姓)으로 생존해 있는 사람을 단 한 명뿐이었다. 이분이 하라구치가(家)의 한 명이 아닐까? 고동치는 가슴을 누르고, 오이타 현(大分縣) 나카즈 시(中津市)에 있는 집으로 전화를 해 봤다.

전화를 받은 사람은 상냥한 아주머니였다.

"네, 저희들은 조선의 목포에서 타타미 가게를 하고 있

었습니다. 소학교에 호랑이를 기증한 하라구치 쇼지로(原口
庄次郞)는 저의 시아버지입니다…."

단 한 번에 하라구치 씨와 연락이 닿았다! 목소리가 흥
분되어 좀처럼 가라앉지 않았다. 역시 쇼로(庄郞)가 아니고
이름 중간에 한 문자 더 들어간 쇼지로(庄次郞)였다.

"네, 네, 하라구치 하루오는 쇼지로의 장남입니다. 벌써
여든이 됩니다. 건강 상태가 조금 안 좋아서 자리에 누워
있습니다만…, 네, 네, 자전거를 타고 넘어져서, 발을 다쳤
어요. 발을 조금 다친 것일 뿐 대단한 병은 아닙니다. 저는
하루오의 아내입니다. 네, 저라도 괜찮으시다면, 제가 알고
있는 한도 내에서 대답해 드리겠습니다."

목소리는 대단히 젊었으나 연배가 있는 분인 것 같았다.

"하라구치 쇼지로는 메이지 11년생(1878년)입니다. 일본
이 패전한 뒤, 일본으로 돌아와서 쇼와 30년(1955년) 여든
세에 돌아가셨습니다. 저는 17살 때 큐슈에서 시집왔고 시
아버지께서는 저를 귀여워해 주셨습니다. 시어머니께서 돌
아가시고 나서부턴 제가 자주 저녁 반주의 상대가 되었습
니다. 그 때 젊었을 적 고생하신 이야기를 들었습니다. 그
야 물론 알몸 하나로 시작해서 재산을 모은 입지전적인 인
물이셨습니다. 조선으로 건너간 경위 말입니까? 확실히 메
이지 34년(1901년)인가? 23, 4세 무렵에 인천 개항장에서
일을 하기 위해 배에 탔다고 합니다. 그때 품 안에는 16전

밖에 없었다고 합니다. 네."

나도 모르게 몸이 떨렸다. 하라구치 씨는 역시 성공한 벼락부자였던 것이었다! 그것도 터무니없이 젊었을 때!

당시의 돈으로 우동 3그릇을 먹으면 없어질 돈만 들고 목포에 건너간 가난한 타타미 직공이 도대체 어떻게 해서 - 단지 6, 7년 사이에 엄청난 부를 잡은 것일까? - 조선 사람들을 괴롭히는 타타미 이외의 검은 뒷거래로 엄청나게 이득을 본 게 아닐까? 가슴이 답답해지는 것을 참고 귀를 기울였다. 호랑이를 기증한 인물의 윤곽은 다음과 같았다.

하라구치 쇼지로 씨는 오이타 현 나카즈시에 3형제의 장남으로 태어났으나 부친이 빨리 돌아가셔서 시모노세키(下關)에 있는 타타미 상인에게 심부름하는 아이로 들어가 직공이 되었다. 당시 경기가 안 좋아서 일본에서는 일이 없어, 연고는 없었지만 조선으로 돈을 벌러 갔다. '대륙으로 용감하게 날아오르자.'라든가 '조선에 왕도락토(王道樂土)를 구축하자, 유능한 청년들이여, 조선으로 오너라!'라는 광고지 같은 것을 보고 결심한 것 같다고 했다. 아마가사키(尼崎)의 기선인 대양호를 타고 현해탄을 건너 목포에 도착해 보니, 목포항은 개항한 바로 직후의 항구로 확장 공사가 한창이었다.

항구의 배후지에 유달산이라는 험한 바위산이 있었는데 그 산기슭이 일본인 거주지라고 했다. 새로운 거리들이 생기는 중이어서 어디를 가도 건축붐으로 주위는 시끄러웠다.

여기서 쇼지로 씨는 시모노세키에 있었을 때의 지인을 운송점에서 일하고 있을 때 우연히 만났다. 지인은 쇼지로 씨에게 인천에 가는 것보다 목포에 정착하라고 했다. 인천은 서해안의 조차지(租借地)로 여기에서 배로 열 몇 시간 걸린다고 했다. 어떻게 할까 망설이며, 문득 주위를 둘러보자, 항구 창고에 타타미 재료가 싸여 있는 것이 보였다. 물어보자, 목포에 타타미 가게가 없다고 했다.

쇼지로 씨는 그 재료를 가지고 있는 사람과 교섭을 해, 창고 옆에서 타타미를 만들었다. 그러자 인산인해로 주문이 쇄도했다. 지금까지 사람들은 뱃삯을 부담해 타타미를 부산에서 운반한다든가 아니면 멍석으로 견디고 있었던 것이었다. 16전이 전 재산이었던 쇼지로 씨는 지인의 도움으로 집도 빌리고, 목포에 타타미 가게를 열면서 정착하게 되었다.

"금세 사람을 고용하지 않으면 밀려드는 주문을 감당하지 못할 정도로 번성했다고 합니다."

도대체 하라구치 쇼지로 씨가 사람을 고용할 정도로 타타미의 수요가 있었다는 것은 무슨 일일까? 합병 전의 조선에 그렇게 많은 일본인들이 건너간 것일까? 당시에 얼마나 많은 일본인들이 조선으로 건너갔는지 알고 싶었으나, 소지하고 있는 자료로는 조사할 수가 없었다. 갑자기 머리가 혼란스러워졌다.

목포사(史) ─ 유달산의 사진사 아저씨가 말한 향토사라면 실려 있지 않을까? 전화로 쇼지로 씨의 이야기를 들으면서 견딜 수 없을 정도로 목포의 향토사가 신경 쓰였다. 목포 유달초등학교의 호랑이를 쓸 거라면 일본인의 조선 진출상황을 빼놓고는 쓸 수가 없는 것이었다.

궁지에 몰린 쇼지로 씨는 육체노동이든 뭐든 하려고 조선으로 건너갔다. 그러나 타타미로 생각지 못한 성공을 보았다. 몇 년 뒤, 결혼을 권하는 사람이 있어서 쇼지로 씨는 가정을 가지게 되었다. 부인 되는 사람은 목포에 가정부로 일하러 온 여성으로 역시 오이타 현 출신, 이름이 스가(スガ)라고 했다. 메이지 38년에 장남이 태어나, 하루오(晴雄)라고 이름을 지었다.

"28세부터 직공을 고용해 일을 시켜, 자신은 바늘을 들고 타타미를 만들지 않았다고 합니다. 주문을 받아온다든가 완성된 타타미를 납입한다든가 했답니다. 네, 처음의 일은 잘 모르겠습니다만, 제가 시집온 쇼와 2년에는 일본인을 10명, 조선인을 6명 고용하고 있었습니다. 집안에서 하루에 먹는 쌀이 한 말이나 되었다고 합니다."

일단 마음이 놓였다. 하라구치 쇼지로 씨는 합병 전의 조선에서 일본인을 상대로 타타미 장사로 정정당당하게 재산을 쌓았던 것이다.

"호랑이 말입니까? 잠깐만 기다리세요. 남편에게 물어볼 테니까요."

부인이 하루오 씨에게 묻는 소리가 들렸다. 드디어 유달 초등학교의 호랑이 입수경로를 들을 수 있게 되었다. 숨을 죽이고 있자,

"정말 죄송합니다. 학교의 호랑이는 잘 듣지 못했다고 하네요…. 남편이 아직 2, 3세 무렵의 일이어서, 자세히 보지 않았다고 합니다. 제가 들은 것은…, 조선인이 호랑이를 짊어지고 와서 어시장에 늘어놓았다고 합니다. 그런데 아무도 사는 사람이 없었고 게다가 멍석에 말려 있어서…, 어쩔 수 없이 아버님이 샀다고 합니다…. 호랑이를 잡은 장소 말입니까? 네, 기다려 주세요…. 그것은 듣지 않았다고 합니다…."

유감이었다. 중요한 호랑이 이야기는 요점이 없었다.

호랑이를 짊어지고 온 조선인 농민과 일본인과의 사이에, 무언가 문제가 있었던 것 같지만 하루오 씨는 잘 모른다고 한다. 조사가 늦어지고 있다는 것을 이제 와서 새삼스럽게 느꼈다.

쇼지로 씨는 5남 3녀를 두었지만, 지금은 장남인 하루오 씨와 2명의 여동생들이 카나가와 현(神奈川縣) 야마토 시(大和市)에 남아 있을 뿐이라고 한다. 부인께서 여동생들의 주소를 알려주었다. 무언가 단서가 있을지도 모를 일이었다. 그렇다 치더라도 쇼지로 씨는 30세도 안 된 그 젊은 나이에 호랑이를 샀다. 당시의 돈으로 집을 세울 정도의 큰돈이었다.

"그 호랑이는 오사카인가 코베(神戸)인가로 보내서 박제를 했습니다···. 유리 케이스에 넣어서 네, 학교에 기부한 것입니다. 네, 아버님은 집에서는 검약해라, 절약해라라고 까다로운 사람이었지만 공공을 위해서는 떡하니 거금을 내놓는···, 그런 사람이었습니다."

하라구치 쇼지로 씨는 명예욕이 강한 콧대 높은 벼락부자라고 생각했는데, 아무래도 틀린 것 같았다. 어시장으로 옮겨진, 누구도 사지 않은 호랑이를 단번에 학교에 기증해 버렸다. 올바르고 기풍 좋은 장인의 풍모가 떠올랐다.

카나가와로 시집간 쇼지로 씨의 따님인 두 분에게, 번갈아 가면서 전화를 해 보았다. 두 분 다 70대이나, 건강하게 게이트볼을 즐긴다고 한다. 몇 년 전에는 목포로 추억 여행을 가, 아버지가 기증한 호랑이를 보고 왔다고 한다. 그러나 역시 호랑이의 경로는 몰랐다.

아버지가 젊었을 때, 호랑이와 조선인, 일본인의 사이에 어떤 드라마가 있었는지 물어보지 않았다.

"어머니가 쇼와 9년에 돌아가셔서, 어린 여동생과 함께 잠들어 계시기 때문에 성묘를 가고 싶었지만···, 묘는 벌써 어디였는지 흔적도 없어져 버렸어요. 집이 세워지고, 도로가 새로 생기고 해서···. 일본인의 묘석 같은 건, 길가의 돌담이나 도랑의 뚜껑이 되어 있지 않겠습니까?··· 멀리서 절을 하고 왔지만···. 아버지는 일본이 패전할 때, 일본으로 돌아가지 않겠다…, 나는 목포의 흙이 되겠다고 말하며 누구의 말도 듣지 않았어요. 조선인도 일본인도 똑같이 보살펴 주어 왔기 때문에 아무것도 무서울 것이 없다고…, 가슴을 펴고 있었지만 모두가 일본으로 돌아가게 되자, 결국은…. 네, 마음 한구석에 남아 있었겠죠. 절 말입니까? 네, 목포에 7군데나 있었어요…."

일본인 묘지와 패전 당시의 비화를 들었다.

한국인들이 광복이라고 부르는 1945년의 8월 15일, 목포에 있었던 일본인은 7천 명이 넘었다.

'독립 만세!' '일본인은 돌아가라!'라고 외치는 사람들 속에서, 목포는 폭동과 같은 혼란이 일어났지만, 일본인은 단 한 명의 사망자도 나오지 않았고, 약탈, 폭행도 없었다고 한다. 그것만이 아니었다. 배에 실을 수 있을 만큼의 물건을 싣고 일본인이 돌아갈 때까지 목포의 사람들은 일본인들을 보살폈다고 한다. 그것은 3·1 독립운동 탄압을 비롯해, 수많은 탄압을 가해 온 일본인의 행적과 비교해 보면 세계사에 남을 만한 훌륭한 일이라고 한다.

한 번 더 목포까지 취재를 하러 가고 싶다는 마음이 끓어 올라왔다. 한반도의 서남단까지 가는 것은 대단히 힘이 들 것이다. 그러나 김치가 생각났으며, 그야말로 동양인다운 따뜻한 사람들의 얼굴이 떠올랐다. 한국의 얼굴도 모르는 사람들을 방문하며, 불쾌한 경험을 한 적은 거의 없다고 말해도 좋을 정도였다. 지금 나는 호랑이 나라에 완전히 빠져 버리고 말았다.

며칠 뒤, 다시 하라구치 씨 댁에 전화를 했다.

"네, 네,…, 저번에는 별로 도움이 못 되어서…, 그 뒤로 남편과 다시 이야기를 했습니다. 학교에 기증한 호랑이는…, 이런 일이었다고 합니다. 이걸로 괜찮습니까?…"

깜짝 놀라서 수화기를 돌려 잡았다. 노부부는 어떻게든 해서 호랑이의 이야기를 생각해 냈던 것이었다.

"목포의 북쪽엔 영광이라는 곳이 있고, 영산강(榮山江)이란 강이 흐르고 있습니다. 큰 강입니다만, 그 강 하구의 나루터에서 조선인 어부가 볏짚 뭉치가 강에서 올라오는 것을 봤다고 합니다. 간조(干潮)인데 이상하다…라고 생각해 근처로 가 보니, 호랑이가 볏짚을 뒤집어쓰고…, 네, 네, 볏짚에 몸을 숨겨서 강을 헤엄치고 있었다고 합니다. 그래서 그 어부가 노로 호랑이를 때려잡아서, 어시장으로 들고 왔다고 합니다. 당시의 돈으로 150원이었다고 들었습니다. 네, 저번에는 순간적으로 생각이 안 나서…, 실례했습니다."

예의 있는 부인이었다. 그러나 이것은 학교에서 전해져 온 이야기와 달랐다. 다른 호랑이의 이야기가 아닐까?

하라구치 쇼지로(原口庄次郎) 씨가 애용한 호랑이 송곳니로 만든 파이프

"불갑산 말입니까…? 잠깐만 기다려 주세요. 남편은 벌써 귀가 어두워져서…, 그것은 말입니다, 마지막 호랑이라고 합니다. 집에 사진이 있어요. 호랑이와 직공들과 집에 있는 사람들과 함께 찍은 사진입니다…. 그리고 호랑이 송곳니로 만든 파이프가 있습니다. 18K 금으로 만든 금장식이 붙어 있는 것이어서…, 일본으로 돌아와서 그 금장식을 빼서 반지로 만들어서, 제가 가지고 있습니다. 네."

이야기가 옆길로 새고 있었다. 호랑이의 입수 부분에 대해서는 아무래도 이해하기 어려웠다. 장남인 하루오 씨는 고령으로 약간 정신이 흐릿하시지 않은가 싶었다. 몇 번이나 부인에게 다시 물어봤다.

"호랑이는 말입니다…, 목포에 있는 동안, 아버님께서 3마리를 샀다고 합니다. 처음 산 호랑이는 영산강을 헤엄치고 있었다고 합니다. 그것은 학교로 보내졌습니다만, 그리 큰 호랑이가 아니었지요. 오히려 작은 호랑이었죠. 다른 2마리는 불갑산에서 잡았는데 이 호랑이들은 매우 큰 호랑이었다고 합니다. 여보세요?"

하루오 씨 부인은 생생하게 이야기를 시작했다. 옛날 목포 이야기를 하는 것이 너무 기뻐서 견딜 수 없는 것 같았다.

"2마리 중 하나를, 작은 것을 마츠시마 신사(松島神社)의 신관(神官)에게 팔았다고…, 네, 타카하시 타네오미(高橋タネオミ)라고 했습니다. 자손들은 일본으로 돌아가서 큐슈의 어딘가에 있다고…. 네, 자세한 것은 잘 모르겠네요. 나머지 한 마리는 송곳니로 파이프를 만든 호랑이입니다. 이것은 커서 사진이 앨범에 있습니다. 이것은 말입니다…, 목포 전기의 아오키(靑木) 사장에게 부탁을 받아서 그래서 어쩔 수 없이 팔았다고 합니다. 언제 일이냐고요? 잠깐만 기다려 주세요…. 남편이 12, 3세 무렵의 일이라고 하네요. 그래서 저는 그 당시 일은 보지 못했지요. 전부 제가 시집오기 전의 일이어서."

생각지도 않게 새로운 2마리의 호랑이가 나타났다. 무심코 이마에 손을 대었다. 경주와 유달초등학교의 호랑이만으로도 벅찬데, 이런 상태에 새로운 2마리를 조사하는 것이 가능할까? 하라구치 하루오 씨에 의하면, 3마리 중 2마리의 호랑이는 불갑산(516m)에서 잡았다고 한다. 지도를 펼쳐 보자, 목포에서 50㎞밖에 떨어져 있지 않았다. 그곳은 곡창 지대로 유명한 호남평야로 바다와도 가깝다. 노령산맥(蘆嶺 山脈)의 일각이지만, 이 산맥도 드문드문 이어지는 산맥으로 길이는 겨우 250㎞, 폭은 100㎞에 미치지 않는 작은 산맥이었다. 최고봉은 무등산(無等山, 1,187m)이지만, 내장산(內藏山, 763m), 모악산(母岳山, 794m) 등의 낮은 산이 대부분이다. 이런 곳이 호랑이의 산지라는 것이 놀라울 뿐이었다. 그만큼 호랑이가 많았다는 것일까?

하라구치 쇼지로(原口庄次郎, 중앙) 씨가 3마리 구입한 것 중 제일 큰 호랑이 가죽
[다이쇼(大正, 1914) 3년 무렵-하라구치 하루오(原口晴雄) 씨 제공]

여기서 약간 혼돈되는 3마리의 호랑이를 정리해 보았다.

학교의 호랑이 – 1908년, 불갑산에서 포획. 박제로 해서 야마테 소학교(유달초등학교)에 기증.

신관의 호랑이 – 1910년 무렵, 영산강에서 헤엄치던 것을 포획. 어시장으로 옮겨져 왔던 것. 마츠시마 신사의 신관인 타카하시 모(某) 씨에게 매각.

아오키 사장의 호랑이 – 1917, 18년 무렵, 불갑산에서 포획. 목포 전등(電燈) 주식회사 사장 아오키 모(某) 씨에게 매각. 큰 호랑이로, 송곳니로 파이프를 만듦.

이렇게 해서 보니, 학교의 호랑이와 신관의 호랑이의 산지에 대해서 유달초등학교와 하루오 씨와의 사이에 상이한 곳이 있었다. 여기에서는 일단, 하루오 씨가 잘못 기억하고 있는 것으로 처리했다.

신관의 호랑이와 아오키 사장의 호랑이도 조사해 보고 싶어졌다. 하라구치 하루오 씨를 찾아낸 것처럼 목상회 명부를 펼쳐 보았다. 타카하시, 아오키가 한 명씩 나왔으나, 양쪽 모두 고(故)라고 적혀 있었다.

명부의 마지막 페이지에 목포공립고등여학교 동창회의 주소를 발견해 전화를 해 보았다. 신관과 아오키 사장에게 딸이 있어서 그 학교로 통학을 시켰을지도 모를 일이었다. 회장인 마루오카 타카코(丸岡孝子) 씨는 패전 때, 목포고등여학교의 선생님이었다. 동창생은 1,500명이라고 한다. 수소문 끝에, 아오키 사장에 대한 몇 안 되는 적은 수의 정보를 모을 수 있었다.

목포에 전기가 들어온 것이 1911년으로, 아오키 사장은 목포 전등 주식회사의 창립자라고 한다. 쇼와 초창기에 동경으로 돌아와 후처의 집에서 살았다고 한다. 그의 아들은 아오키 시게루(靑木シゲル)라고 하며, 영화감독으로 치바현(千葉縣)에 살고 있다고 한다. 주소도 전화번호도 불명이었다. 신관에 대해서는 단서가 없었다.

이리저리 찾는 중에, 큐슈에 계시는 하루오 씨에게서 사진이 도착했다. 다이쇼 3년(1914년) 무렵에 찍은 것으로, 아직 청년의 얼굴이 남아 있는 쇼지로 씨와 아이들, 11명의 직공들이 호랑이 가죽을 한가운데에 놓고 찍은 사진이었다.

이것은 불갑산의 마지막 호랑이로, 전체 길이 12척(3.6m)의 큰 호랑이었다고 한다. 쇼지로 씨가 사서 옆집인 미요시노(三吉野) 여관의 안뜰에서 가죽을 벗겼을 때, 9세였던 하루오 씨는 호랑이의 위장 속에서 여자 머리털 2명분과, 은반지와 소의 코뚜레가 하나씩 나온 것을 봤다. 사람과 소를 먹은 지 얼마 지나지 않아 잡혔던 것 같았다. 불갑산의 마을사람들이 호랑이를 잡았을 때, 부상당한 사람들이 나왔다고 하루오 씨가 말했다.

사진 오른쪽 끝에 아기를 안고 있는 사람은 쇼지로 씨의 장인으로 호랑이의 혀를 삶아서 먹자, 전신에 두드러기가 나서 몸져누웠다고 한다. 신음소리를 내며 누워 있는 것을 하루오 씨는 기억하고 있었다.

이 호랑이 가죽으로 만든 깔개는 목포전등주식회사 사장인 아오키 씨의 간절한 부탁이 있어서, 몇 년 뒤에 쇼지로 씨는 아오키 씨에게 넘겨주었다고 한다. 그 가격이 3,000원이나 했다고 한다. 다이쇼 말년의 일이라고 하나, 호랑이가 희귀해져서 한층 고가가 된 것을 잘 알 수가 있다. 이 호랑이의 송곳니(상악의 송곳니)로 만든 파이프를 쇼지로 씨는 애용했지만, 지금은 할아버지의 유품이라고 해서 하루오 씨의 장녀가 소중히 가지고 있다고 한다.

호랑이의 위장에서 나온 은반지는 남자용처럼 큰 것이었으며, 패전으로 일본으로 돌아갈 때, 그때까지 일해 준 권수남(權洙南) 씨에게 하루오 씨가 선물했다고 한다. 오랫동안 일가를 위해서 열심히 일해 줬기 때문이었다.

하루오 씨의 여동생분들이 10년 정도 전에 목포를 방문했을 때, 권수남 씨는 벌써 돌아가셨으며, 그 자녀들은 일본어를 몰랐다고 한다.

나는 견딜 수가 없어서, 한 번 더 비자를 신청했다. 한국에 있는 2마리의 호랑이를 좀 더 뒤쫓아 보고 싶었던 것이다.

열.

호랑이를 올림픽으로

1985년 6월의 한낮을 넘긴 어느 날, 한 번 더 목포의 유
달초등학교를 방문했다. 5년 만에 정면에 있는 현관으로
들어가자, 박제의 유리 케이스가 순백의 커튼으로 둘러싸여
있었다. 마중을 나온 장세창 교감선생님에게,

　　"호랑이를 안 보이게 했네요."

　　라고 하자, 장 선생님은 이번에도 수줍은 웃음을 띠었다.

　　"88올림픽의 메인 회장에…, 이 호랑이를 장식하자는 이
야기가 부상해서…, 갑자기 이렇게 커튼을 치게 되었습니다."

　　"그리고 보니, 서울 올림픽 마스코트가 호돌이로 정해졌
군요. 호돌이라고 하는 것은…?"

　　"호랑이의 애칭입니다. 일본으로 말하면 토라 짱(호랑이
를 친근하게 표현한 호칭, 역자 주)이지요."

　　동물표본에 태양 광선은 큰 적이다. 그런 의미로 볼 때,
커튼을 달았다는 것은 매우 다행스런 일이었다. 장 선생님
은 목소리를 낮추었다.

　　"이 호랑이가, 이렇게 귀중하다는 것을 몰라서…, 서울에

서 이름 높은 학자가 방문을 하고, 근처 학교에서는 선생님들이 학생들을 인솔해서 견학까지 오고 있습니다."

처음 방문했을 때, '이것이 한국의 유일한 호랑이예요.' 라고 이야기했지만, 장 선생님은 반신반의했었다. 이제 겨우 학교 측에서 호랑이의 가치를 알아보게 된 것이었다.

서울올림픽의 마스코트를 자문하는 회의에서, 원병오 교수도 참석해, 호랑이로 정하기까지 열렬한 토론을 했다고 들었다. 호랑이는 이제 북한에서만 서식하고 호랑이를 심벌로 하면, 북한을 자랑하는 것밖에 되지 않느냐라는 발언을 한 위원도 있었다. 회의석상에서, 원병오 교수는 순수한 한국산 호랑이 표본은 목포의 유달초등학교밖에 없다고 발언했다는 것, 그것이 뉴스가 되어서 갑자기 각광을 받게 되었다는 것이다.

그러나 화제의 동물이 되었는데, 유감스럽게도 잡은 사람이나 그 당시의 일은 아직 아무것도 나타나지 않고 있다. 키가 큰 장 선생님은 등을 굽히며 미안한 표정을 지었다.

"호랑이 조사는…, 유감이라고 생각합니다. 일부러 일본에서 조사하러 오셨는데, 단서가 아무것도 없네요."

교장실에는 먼저 오신 손님들께서 계셔서, 안내받은 곳은 직원실의 한쪽 구석이었다. 나는 편지로 호랑이의 입수경로 이외에, 목포의 역사책과 향토사 연구자를 소개시켜 주었으면 하고 썼다. 그러자 장 선생님은 책장에서 케이스에 들어 있던 책을 꺼내 들고 왔다.

서울 올림픽 마스코트, 호돌이(한국 정부 제공)

"이것이 찾으시는 역사책입니다. 이 책에…, 목포의 역사
가 대부분 들어 있을 겁니다."

초콜릿색의 표지에 송조체(宋朝体)로,

목포사 제1집 박노찬 저(朴魯贊 著)

금색 문자가 들어 있었다. 유달산의 사진사 아저씨가 말
한 것이 이 책 같았다. 책을 펼쳐 보았다. 1974년 출판으
로, 저자는 전남일보의 신문기자, 목포가 고향인 사람이었

다. 목차는 한자였으나, 본문의 글은 한글. 역사적인 유적, 성의 유래에서 개항, 일본영사관, 한일합병, 일본 거류민단, 학교, 경찰 등 142페이지에 걸쳐 있었다. 일본인의 진출상황은 상술되어 있는 듯했다.

학교의 창립 부분을 읽어 달라고 부탁하자, 장 선생님은 등사판 인쇄의 프린트를 꺼냈다. 일본인 학교 방문자에게 배포하는 학교를 소개하는 프린트였다. 타이틀에 '모교의 졸업생을 진심으로 환영합니다.'라고 있었다.

1. 설 립
개교는 1898년 1월 6일. 학교부지는 히가시 혼간지(東本願寺, 교토에 있는 유서 깊은 절, 역자 주)의 별원. 설립 공로자는 니시야마 사토루(西山覚流). 학교명은 목포 심상소학교로 생도 수는 67명.

2. 학교명의 변천
1906년 목포 거류민단 목포공립소학교
1912년 목포 야마테(山手)심상소학교
1941년 목포 야마테국민학교
1945년 12월 1일 목포유달국민학교(현 초등학교, 역자 주)

3. 학교의 특색
자연과(이과) 연구학교
강당(체육관) 1928년 건축
호랑이 표본 1908년 나이시 쇼로(柰石庄朗) 기증
ㅇ 한국호랑이. 한국 2개소. 전라남도 영광군산. 경비는 당시 550원
  (지금의 520만 원)

"광복까지는 일본인 전용 학교였습니까?"

살짝 확인해 보았다.

"그렇습니다. 조선인의 학교는 보통학교라고 불러 구별했었습니다. 목포에서는 조선인 학교가 유달산의 북쪽에 그것도 나중에 생겼습니다."

목포 거류민단은 이 나라에 아직 서당 정도밖에 없었던 메이지 31년(1898년)에, 포교 활동을 하러 온 승려들을 교사로 해서 학교를 만들었다. 메이지 5년(1872년) 이래, 일본에서는 소학교에 들어가는 것이 당연한 일이었지만, 해외로 진출한 거점지에서까지 똑같은 것을 하려고 했다. 가족을 데리고 온 이민자들의 교육에 대한 뜨거운 열정과 함께, 강한 집념과 같은 것을 느껴서 나는 뒷걸음질 쳤다. 이 나라를 한일합병이 있기 13년전부터 가족을 데리고 온 일본인 거류민단이 바다를 건너고 있었다. 그렇게 해서 타타미 장인인 하라구치 쇼지로 씨가 목포에 도착했을 때, 벌써 일천 명 전후의 일본인 마을이 있어서, 훌륭한 학교건물이 세워졌던 것이다.

호랑이의 기증자는 '나이시(奈石)'라고 되어 있었다. 장 선생님이 손가락으로 가리키면서 무언가 말하고 있었다. 오래된 프린트여서 잘못 기재된 것 같다고 하는 듯했다. 나는 하라구치 쇼지로라고 '지(次)'라는 문자가 하나 더 들어가는 것과 그의 아들이 큐슈에 살고 있는 것을 전했다. 그리고 한국호랑이가 2개소라고 하는 것은 현재의 표본수를 적은 것 같았다. 서울에 북한산의 박제표본이 하나 더 있다고 한다.

쉬는 시간에 전교 집회가 있는 듯, 직원실의 창문 밖을 아이들이 우르르 지나갔다. 3,500명의 아동들이 있는 꽤 큰 학교여서, 전교 집회는 교정에서 할 수밖에 없었다. 고학년의 아이들은 피리를 물고, 제각기 불면서 모이는 중이었다. 형형색색의 말쑥한 복장으로 살이 찐 아이들이 없었다. 일본이라면 어느 학교에도 많이 있는 비만 아동이 한 명도 없다. 선두에 반장이 서서, "앞으로 나란히!"라고 시키는 것은 일본의 초등학교와 똑같았다.

나는 창문에서 눈을 떼고, 다시 장 선생님을 향했다.

"목포에 일본인이 들어온 당시의 일을 구체적으로 알고 싶습니다만…, 어떻습니까?"

그러자 선생님은

"향토사에 자세한 사람은 전(前) 교육장님으로…, 벌써 퇴직하신 선생님이 계십니다. 그 선생님에게 부탁을 드렸습니다. 지금부터 함께 방문해 봅시다."

미소를 짓고 있었다.

"목포사에 쓰여 있지만, 직접 물어보는 것이…, 좋겠지요. 일본어를 매우 잘하시는 선생님입니다. 네, 이 『목포사』는 일본으로 들고 가세요…. 다 사용한 뒤에 저희 쪽으로 다시 보내 주시면 됩니다. 네, 학교의 책입니다."

나는 책을 받았다. 표제는 한자이지만, 본문은 한자가 섞인 한글이었다. 내가 있는 마을의 재일 한국인, K 씨의 얼굴이 떠올랐다. K 씨에게 요점을 읽어 달라고 부탁을 해야겠다. 빌린 책을 품에 안고, 교감선생님과 함께 교문을 나섰다. 아치 위의 한글로 쓰인 슬로건을 읽어 달라고 하자, '근면, 자조, 협동'이라고 했다. 일본 학교의 교육 목표와 똑같다고 말해도 과언이 아니었다.

교문 앞의 오래된 건물은 예전의 일본인 경영의 양조장이었다고 한다. 듣고 보니, 술창고 비슷한 것이 나란히 있어, 벽돌로 만든 굴뚝에 '아사킨(朝錦)'이라는 술이름이 남아 있었다. 여기가 사무소로, 저것은 경영자가 살던 집이라고 교감선생님이 설명을 해 주었다. 지금은 누가 살고 있을까, 아담한 뜰도 일본풍 그대로였다.

"유달산의 동쪽 일대는 일본인 마을이었습니다. 거리 이름도 사카에(榮) 마을이라든가 쿄(京) 마을이라든가 이름을 붙였습니다. 집들은 그 당시의 것이 많습니다."

선생님의 설명을 듣고 보자, 지붕의 만듦새, 창문의 형태 등 일본을 생각나게 하는 것이 여기저기 남아 있었다.

100m 정도 가자, 반대편에 돌로 만든 튼튼한 건물이 나타났다. 입구에는 총을 거머쥔 병사가 서 있었다. 장 선생님에게 묻자, 해군 헌병대 본부라고 했다. 일찍이 동양척식

주식회사의 목포지점이었다고 한다. '헉!', 무심코 소리를 지르며,

"동양척식주식회사라고 하면…, 심한 곳이었죠?"

물어보자, 장 선생님은 말을 머뭇거렸다.

동양척식주식회사는 줄여서 동탁이라고도 하며, 조선 침략의 첨병이었다고 들은 적이 있다.

"네…, 조선인에게 돈을 빌려 주고…, 갚는 것이 조금이라도 늦으면…, 가차 없이 토지를 빼앗았습니다. 네, 담보는 토지밖에 없었기 때문에…. 동탁은 지주 같은 은행이었습니다. 조선인은 모두 동탁을 원망했습니다…. 목포 근교에는 일본인 이민자들이 들어와서, 농장을 경영했습니다만…, 그것은 동탁이 조선인들에게서 빼앗은 토지를…, 일본인들에게 싸게 불하했던 것입니다."

일본인 이민자들은 당연한 것처럼, 그 땅에서 생활하던 사람들을 머슴으로 하거나 소작인으로 하거나 아니면 쫓아 버렸다.

수백만 명의 사람들이 유랑민이 되어서 고향을 버린 것이 한국의 역사 교과서에 실려 있다. 여기가 그 말단기관이었는가라고 생각하며 2층으로 된 엄중한 건물을 쳐다보았다.

사진을 찍고 싶었으나, 헌병대 본부에서는 하지 않는 것이 현명했다. 이 나라에서는 여기저기 촬영금지 장소가 있어서 일본인의 상식이 통용되지 않는다. 예를 들면 큰 강에 놓인

다리 등 그림이 될 만한 곳에 카메라를 향하면 경찰에게 끌려간다고 한다. 다리는 전쟁의 전략상 거점이라고 한다.

택시를 타고 향토 연구가인 조찬대(趙燦大) 씨를 방문했다. 그의 집은 역에서 차로 15분 정도로 질서 정연한 신흥 주택가에 있었다. 해안을 매립한, 한국 전쟁 후에 생긴 주택지로 배수로 공사는 아직 계속되고 있었다. 대부분의 집이 석조 건물로 기왓장 지붕이 많았으나, 함석지붕도 섞여 있었다. 중류계층의 샐러리맨들의 단지라는 느낌을 받았다.

향토 연구가답게, 달필인 문패가 걸려 있는 문으로 들어가자, 그의 집은, 노지의 양쪽 가득히 분재가 나란히 들어서 있었다. 물을 뿌린 바로 직후인지 소나무와 단풍나무 등의 녹색이 선명했다. 부인에게 인사를 하고, 정원에 별도로 세워진 건물로 안내를 받자, 그곳이 응접실 겸 서재로 5평 정도 되는 방에 조찬대 씨가 기다리고 있었다.

한 발짝 방으로 들어가자, 나는 무심코 탄성을 질렀다. 소파를 둘러싸고 방 안은 크기가 제각각인 돌들이 바닥이 보이지 않을 정도로 빼곡히 있었다. 빨강과 파랑, 검정과 하얀, 형태가 다양한 자연석이었다.

조찬대 씨는 목포 태생으로 69세, 작년, 목포시의 교육장을 퇴임한 뒤로 목석을 찾으러 매일 산야를 걸어 다닌다고 한다. 그것 때문인지 피부는 건강하게 햇볕에 그을렸고 아름다운 은발을 하고 있었다.

"저는 평범한 시민으로 돌아왔지만, 역사가 좋아서, 가까운 시일에 향토사를 쓸까라고…, 생각하던 중이었지요."

조찬대 씨는 평범하다는 말을 반복했지만, 교육장을 한 만큼, 눈빛은 어딘가 날카로웠다. 단순히 취미로 하는 사람들과 달리, 어딘가 사람을 위압하는 느낌이 그 풍모에서 나타나고 있었다. 책상에 일본의 『문예춘추』가 몇 권 쌓여 있었다. 매월 항공편으로 도착하는데 한국을 비평하는 기사가 실리면, 가위로 그 부분이 잘려서 온다고 한다.

"세계정세를 알기 위해서, 이 책을 읽고 있는 문화인이 적지 않아요. 형님이 변호사를 하고 있지만, 역시 읽고 있지요."

일본 식민지 시대에 교사였기 때문에 조찬대 씨의 일본어는 장세창 교감선생님보다 훨씬 좋았다. 암살당한 박정희 대통령과는 사범학교의 동급생이었다고 한다. 그가 육군사관학교를 졸업했다고 들은 적이 있으나 사범학교로부터 진학했다는 것은 금시초문이었다. 얼마 동안 박정희 대통령이 성적이 우수한 학생이었다는 것을 들었다.

호리호리한 부인이 커피를 들고 왔다. 작년에 은퇴기념으로 부인과 함께 일본으로 여행을 가, 우에노공원에서 우연히 왕인(王仁) 박사의 기념비를 발견해 그 앞에서 기념사진을 찍었다고 한다. 그런 기념비가 있다는 것을 들어 본 적이 없는 나는 당황했다. 왕인 박사는 백제 사람으로 지금의 광주 부근에서 태어나 일본의 오진(應神, 4세기 말~5세기 초, 역자 주)시대에 일본으로 건너와 한자를 전한 인물이다. 한국의 학교에서는 위인으로서 가르치고 있다고 장 선생님이 말해 주었다.

호랑이로 화제를 옮겨서, 유달초등학교의 박제이야기를 하자, 역시 자세한 것은 조찬대 선생님도 몰랐다. 선배에게, 불갑산에서 조선인 사냥꾼이 쏘아서 잡았다는 것을 들었을 뿐이라고 한다.

"누군가, 그 호랑이에 대해서 알 만한 사람이 없을까요?"

"음, 어려운 질문이네요…. 그것은 벌써 향토사에서 빠져나와서…, 긴 세월 동안 아무도 화제로 삼지 않았으니…, 풍문도 사라져 버렸지. 이젠 어쩔 수 없어."

한숨을 쉬자, 장 선생님이 일어섰다. 바쁘기 때문에 학교로 돌아가지 않으면 안 된다고 한다. 장 선생님은 무심한 웃음을 띠더니,

"좋은 자료가…, 발견될 수 있기를 빌겠습니다."

라고 말하며 나갔다.

자, 이제 조 선생님께 목포 개항 이야기를 들어야겠다. 먼저 5년 전에 유달산의 사진사 아저씨에게 들은 개항의 경위를 간단히 이야기하자, 조 선생님은 큰 귀를 기울이더니, 음, 음 하며 고개를 끄덕였다.

"대체로 그런 것이지…. 일본인이 오기 전까지 여기는 40

가구 정도 되는 작고 추운 마을이었지. 그러나 후방으로는 호남이라는 비옥한 토지가 있고, 전방에는 팔백팔도(島)라고 하는 다해도가 있고, 해산물도 풍부했기 때문에 결코 초라한 마을은 아니었지. 백제에 속해 있어 마을 사람들의 생활은 한가로웠지. 여기는 시골이라도 백제는 문화 수준이 높았지. 그것은 잘 알고 있겠지? 백제는 일본과의 연고가 깊어서…, 여러 문물이 이쪽에서 건너갔지. 그래서 모두들 말하고 있지, '일본은 지금, 경제대국이라고 잘난 척하고 있지만, 좋은 것은 전부 한국이 가르친 게 아닌가?'라고."

나는 머리를 숙였다.

4, 5세 정도의 손자 같은 남자아이가 들어와서 선생님에게 엉겨 붙었다.

조 선생님은 노안경을 쓰고 10㎝ 정도 되는 두께의 복사물을 곁에서 끌어당겼다. 이것은 깨끗하게 제본되어 있었다.

"다이쇼 3년 발행의『목포지(誌)』라고 하지. 목포상공회의소가 편찬한 것으로 물론 일본어로 쓰여 있지. 이것을 광주에서 발견해 복사를 한 것이지. 목포에는 어디에도 없지. 귀중한 역사 자료니까 소중히 하게나."

들여다보고 놀랐다. 사진이 들어 있어, 목포에 진출한 일본인의 활동이 각 분야에 걸쳐서 상세히 기록되어 있었다. 유달초등학교에서 빌린『목포사』는 이 책을 기본으로 해서 정리한 것이라고 한다. 이런 자료가 남아 있다는 사실에 가슴이 고동을 쳤다. 혹시 호랑이에 관한 것이 있지는 않을까? 그러나 유감스럽게도 풍물과 자연에 관한 것은 극히 대략적으로밖에 쓰여 있지 않았다.

조 선생님은 말씀을 하시기 시작했다.

"개항의 경위에 대해 말하기 전에, 이 나라의 당시 상황을 조금 말해 주지. 그것을 모르면, 나중 일을 이해하기 힘들지. 어때? 준비되었나? 18세기가 되자, 주위의 외국들이 조선을 노려 밀려 들어오기 시작했지. 조선은 청나라만을 종주국…, 즉 본가처럼 생각해서…, 쇄국 중이었지. 일본도 쇄국을 한 것은 똑같았지…. 미국의 쿠로부네(黑舟, 일본의 쇄국정책을 타파하기 위해 페리 제독이 이끈 미국의 함선, 당시 일본인의 눈에 함선이 검게 보여서 쿠로부네黑舟라고 함, 역자 주)에 당해서 개국을 했지 않았던가? 불평등조약을 맺게 해서…, 굴욕을 맛보았음이 틀림없었지. 그러나 식민지만은 되지 않았다…. 그런 일본이 개국한 지 얼마 되지 않아, 미국에 당한 것을 전부 한국에 그대로 했지. 강화도 사건을 일으키고, 유명한 불평등조약을 맺게 했지…. 수호조규(修好條規)이지만 일반인들에게는 강화도조약으로 불리고 있지."

일본의 군함 운양호가 1875년 9월, 서울로 가는 현관이라고도 불리는 강화해협으로 무단 침입을 해, 강화도의 포대가 포격을 하자 ― 탄환은 운양호에 미치지 않았지만 ―

운양호는 이에 응전해 포대를 파괴하고 대포 38문을 빼앗고, 가까운 섬에 상륙해 민가를 불태워 버렸다. 이것이 강화도 사건이다.

"강화도조약에 의해서, 조선의 쇄국정책은 타파되었지만…, 구체적인 개항, 시장의 개방에 대한 사실(史實)을 하나 읽어 볼까?"

선생님은 손이 노안경으로 향했다. 커피 스푼을 남자아이가 가지고 놀고 있었다. 커피를 스푼으로 휘젓더니 살짝 핥았다.

"부산을 개항시켜 거류지를 만든 해가 1876년. 이것은 강화도 사건을 일으킨 다음 해이지. 조금 지나서, 원산, 경성, 인천, 회녕(回寧)을 열게 하고, 목포는 6번째, 1897년 10월 1일 개항. 메이지로는…, 30년이었던가?"

선생님은 눈을 굴리면서 책을 보았다.

"목포가 좋은 항구가 되겠다고 주목한 것은 서울 주재 공사인 이노우에 카오루(井上馨)였지. 전라남도, 곡창지대의 쌀을 노린 것이었지…. 목포가 쌀을 옮겨 나르는 데 제일 편리하다고…. 목포에, 일본 전관 거류지 설정의 강경 의견을 낸 것은, 청일전쟁 당시의 외무대신 무츠 무네미츠(陸奧宗光)였지…. 일본 측에서 말하면, 이런 인물은 메이지의 공로자이겠지만, 한국 측에서 말하면, 악질 침략자라고 말하지."

과연 전 교육장인 만큼 생각한 것을 그대로 말씀하셨다.

"이 외에도 진남포, 평양, 마산, 성진, 군산, 용암포, 대구, 청진, 신의주, 웅기 등 계속해서, 오픈한 연월일이 나오고 있네. 일본인 거류지가 계속해서 생겨났지. 또 중국 국경 주변에는 59군데의 세관지서, 출장소, 감시소가 생겼으며, 교역의 지정항은 그 외에도 20군데나 생겼지."

그랬던가. 수도 서울에 일본은 군대를 파견해, 왕궁과 큰 도로를 무력으로 진압해, 반대하는 사람들을 제거하고 합병을 강행했다고 책에서 읽었지만, 합병은 어느 날 갑자기 일어난 것이 아니었다. 그 아득한 전부터, 일본인 거류지를 만들고, 거기에 많은 일본인을 보냈던 것이었다.

"1894년(메이지 27년)의 청일전쟁에서 일본이 이기자, 일본은 청나라에 대해서 무서울 것이 없어진 것 같아. 러시아가 아직 눈에 거슬렸지만…, 조선에의 침략을 진행시켜…, 목포에 들어와 일본영사관을 설치했지. 처음에는 명석을 매단 굴을 파서 만든 오두막이라고 했지. 개항 당시의 일본인은 7명밖에 없었지. 그것이 한 달도 채 지나지 않아 127명으로 늘어났다고 쓰여 있어. 조선인은 일본인의 몇 배가 살고 있었고, 관세도 지불하지 않는 무역이어서 꽤 매력 있는 장사였지. 유달산의 동남쪽에 일본인 마을이 생기고, 북쪽과 서쪽에 조선인 마을이 생기고, 점점 인구가 늘어나고 있었지."

"…."

"일본인 거류지라고 하는 것은, 이 나라에 기생한 치외법권구역이지. 일본영사관 소속 경찰과 만일의 경우에는, 군대가 지켜 주었지. 일본인 상인들은 조선인 인부들을 항구에서 사용하기 시작했지. 처음에는, 200명. 그러나 곧 개항의 다음해부터 임금 지불 문제로 문제가 일어났지. 풍속, 관습, 언어가 달라서 트러블이 일어나는 것은 당연한 일이지만, 메이지 36년(1903년)까지 전후 8회, 거의 매년 인부들은 파업을 했지. 짧을 때는 7일, 길 때는 35일이나 싸웠지. 임금이 싸든가, 속았다든가 해서 파업을 일으켰다고 봐, 불쌍하게도…. 인부들은 이윽고, 500명으로 늘어나서 금방 폭동처럼 되어 버리지. 그러면 일본의 군함이 위압하든가 해서 무시무시한 상황이 되었다고 해."

그 당시, 혼란했던 목포에 하라구치 쇼지로 씨는 정착하기 시작했다. 그리고 보니, "처음에는 위험한 일도 있어서 단도를 품에서 떼어 놓지 않았다고 합니다."라고 하루오 씨의 부인이 말했었다. 조선으로 한몫 잡으러 온 난폭한 일본인과 인부들은 어떤 교섭을 했을까? 인부들은 어두워지면 불을 피워서 기세를 북돋아 도로를 봉쇄하기도 했다고 한다.

"그렇게 해서 교역이 시작되어, 농어촌의 가난한 농어민들이 큰 타격을 입었지…, 어째서라고?, 일본인 상인들이 쌀을 대량으로 사서 일본으로 보내 버리면, 나중에는 식량이 부족해지게 되지. 그래서 식량 가격이 상승해 농촌 경제는 마비되고 농민들은 이제 빚투성이가 되어 버리게 된 거지."

조 선생님은 식은 커피를 마시며

"당연한 일이면서, 조선의 상황은 불안하게 되어, 전라도에서는 동학농민운동이 일어났지. 이것은 대규모 운동이었어. 조선정부의 힘만으로는 막기 힘들다고 보아서, 청나라 군대의 출병을 요청했지. 청나라 군대가 조선에 도착한 것과 동시에, 일본은 청나라 군대를 훨씬 웃도는 수의 군대를 조선에 상륙시켜 버렸어. 이것이 청일전쟁이 되어 버리고 이윽고 러일전쟁이 일어나지. 일본인이라는 것은…, 생각해 보면, 정말로 호전적이고 전쟁에 능숙한 일면을 가지고 있어…."

조 선생님은 나에게 당신 개인을 공격하는 것이 아니라고 단언하셨다. 나는 고개를 숙이며, 끄덕일 수밖에 없었다.

"작은 섬나라인데 일본은 청나라, 러시아라는 대국에 전쟁을 일으켜 승리를 했지. 방해되는 것을 쫓아 버리고 드디어 조선에 손을 뻗은 것이지. 일본은 조선과의 합병을 앞에 두고, 조선인에게 일진회(一進會)라는 어용단체를 만들게 했지. 친일의 허수아비 단체였지…. 이들에게 일본과의 합병이 합당하다고 해 합병을 원하게 만들었지. 아…, 일본의 농간을 역사상에서 조사를 해 보면, 분노보다 감탄을 하게 되지. 그 교묘함에."

선생님은 소리를 내며 커피를 마시고 눈을 부릅떴다.

"음, 한일 간은 지금도 좋지 않아. 관계를 수복한 지 벌써 20년이지. 무역은 한국이 불리해 계속 적자이고…, 합작회사는 공해기업이든 뭐든 다 진출시켜 버리고…."

점점 작아졌다. 현재의 한일관계의 이야기는 하루 이틀 정도 듣는다고 끝나는 이야기가 아니다.

"그렇군…. 이것은 단시간에는 무리군. 내가 잘못했네."

선생님은 웃으며 손자의 머리를 쓰다듬었다.

"고맙습니다. 일본인이, 합병 전에 목포에 들어온 당시의 상황을 잘 알았습니다. 정부와 군대만이 아니고, 민간인들이 밀려 들어온 것이었네요. 이것은 조 선생님에게 여쭈어서 이제야 잘 이해가 되었습니다."

나는 깊게 머리를 숙였다.

"그런가? 그것 참 잘되었네…. 일본에서 여기까지 조사하러 잘 찾아왔어."

조 선생님은 마지막에 부드러운 얼굴이 되었다. 그의 무릎에 작은 손자가 들어가고 싶어 했다.

"바쁘신데…, 정말로. 고맙습니다. 언제까지나 건강히…."

인사를 드리자, 조 선생님은 어느새 두꺼운 책 한 권을 손에 들고 계셨다. 이것도 보고 가라고 하셨다.

전(前) 동아일보 편집장인 송건호(宋建鎬) 씨의 『한국 현대사론』이었다(저자 주, 일본에서도 풍도사(風濤社)에서 번역서가 나와 있음. 이하 그 책에서의 인용임).

"여기에 호랑이와 관계가 있는 것이 조금 나오고 있지. '이렇게 약탈, 수탈을 반복한 일제는 조선인의 저항능력을 없애기 위해 민간소유인 무기를 전부 몰수해, 사냥꾼의 엽총에 이르기까지 빼앗았다. 많은 사냥꾼들이 생계의 길을 잃어버렸고 그러자, 호랑이, 표범, 늑대가 늘어나서 사람과 가축에 적지 않은 피해를 주었다. 일제의 철저한 무기 단속은 조선인의 손에서 모든 총검을 빼앗아 갔다. 3·1운동 때, 평화적인 시위운동에 일본 헌병이 야만스런 학살을 가해도, 조선인은 맨손으로 싸울 수밖에 없었다.'…라고 있군."

"1910년의 합병 전입니까? 무기를 몰수한 것이?"

"물론이지."

"어떤 식으로 몰수했습니까?"

"음, 어떤 시골이라도 들어가서 몰수했던 것이야, 일본인 순사가. 그래서 쉽게 합병이 결정되었지. 싸우고 싶어도 무기가 없으니!"

"…."

조 선생님은 강한 어조로 말씀했다. 머리를 숙이고, 양손을 정강이에 대고 주먹을 꾹 쥐었다. 더 이상은 이제, 상상하는 것 외에는 없었다. 인사를 하고 정원으로 나와, 많은 돌과 나무를 쳐다보면서 기분을 가라앉혔다. 과거의 일이라

도 일본이 도리에 어긋나게 저지른 일에 대해 듣는 것은
매우 괴로운 일이다.

열하나。

호랑이가 울부짖은 산

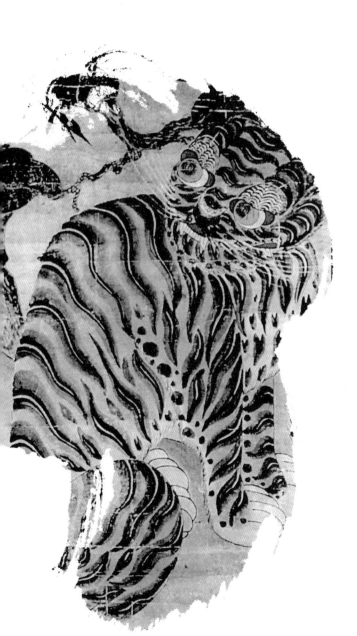

조 선생님 댁에서 나와 택시를 타고 유달산으로 향했다. 유달산으로 가는 길은 일방통행으로 되어 있어, 북쪽으로 돌아가게 바뀌었다. 다이쇼 연간(1925년 이전)까지 호랑이 소리가 들렸다고 하는 유달산은 가드레일이 설치되었고, 화단과 벤치, 표지도 새롭게 바뀌어서 완전히 관광지답게 정비되어 있었다. 고개에 있는 휴게소에서 내려, 돌계단을 뛰어올라 이순신 장군 동상까지 올라갔다.

유달산의 사진사 아저씨를 만나고 싶었다. 관광객은 여기저기 한두 명 정도 있었으나, 본 적이 있는 사람은 없었다. 위에 있는 정자, 그 너머까지 올라가 보았다. 눈 아래에 다도해가 보이는 곳까지 갔으나, 사진사 아저씨는 보이지 않았다. 고개에 있는 매점까지 내려가서 한 아주머니에게 물었다. 손짓으로 동상을 가리키며, 5년 전에 여기에 있었던 사진사 아저씨를 모르냐고 물어봤다. 아주머니는 흥~ 하고 콧소리를 내더니 옆에 있는 아주머니에게 물었다. 4, 5채 있는 매점에 있던 사람들이 모두들 나를 쳐다보았다.

"누가 사진사 아저씨 알고 있으면 이 양반에게 가르쳐
줘요…. 일본어 아는 사람!"

목걸이를 한 아주머니가 큰 소리로 주위 사람들에게 물
어보자, 건너편 끝에 있던 연배 있는 사람이 담배를 입에서
빼며 일본어로 말했다.

"벌써 2, 3년 안 와…. 지병이 아닌가 몰라…. 나이가 있
으니."

"지병?"

"그 양반…, 왼손이 조금 불편했지. 그것 때문인지 또 쓰
러졌다고 들었어. 음…, 성이 김씨라고 했던가? 박씨? 아무
도 몰라…. 아는 건 사진사라는 것만 알지."

"…."

빵과 우유를 사고 정상의 전망대로 가자, 이순신 장군이
보이는 벤치 주위는 중년 여성들로 붐볐다. 정장을 입은 사
람과 한복을 입은 사람들이 섞여 있었다. 서쪽으로 올라가
서, 그늘진 돌담의 한쪽에 걸터앉았다.

"참 멋진 아저씨였지…."

나도 모르게 중얼거렸다.

한마디라도 감사의 말을 하고 싶었고, 내가 조사한 목포
의 역사를 들려주고 싶었다. 되돌아보면, 그 아저씨 덕분에
목포사(史)의 존재를 알게 되었으며, 그것이 이번 여행의
계기가 되기도 했다.

"학교에 호랑이를 기증한 사람을 알아냈어요. 그 자손들이 큐슈에 살고 있어요."

이렇게 말하며 아저씨를 깜짝 놀라게 해 주고 싶었다.

빵과 우유로 늦은 점심을 끝내고, 돌담 위로 올라섰다. 돌담의 뒤쪽으로는 빨간 철쭉이 피어 있었다. 사진사 아저씨…, 5년 전에는 60세 정도로 보였으나 혹은 더 위였는지도 모른다. "매년 매년 꽃은 변함없이 피는데 인간 세상은 쉽게 변하는구나."라는 말이 생각났다. 그때 아저씨는 일본영사관을 보러 가라고, 지금은 시립도서관이 되어 있지만, 잘 보존되어 있다고 말했었다. 기념으로 보러 갈까하고 생각했다.

이윽고 도착한 버스를 타고 산을 내려가, 유원지 앞에서 내리자, 산 중턱에 벽돌로 만든 사각형 건물이 눈에 확 들어왔다. 나무로 인해 반 정도 가려 있으나, 구(舊) 일본영사관인 듯했다.

완만한 언덕길을 올라가자, 경사가 급한 돌계단이 나왔다. 돌계단을 올라가자 45,000평방미터 정도 되는 부지가 나왔다. 눈앞의 복권 매장 같은 접수처에 청년이 한 명 있었다. 그 뒤로는 선명한 빨간 벽돌의 2층 건물이 있었고 ― 구(舊) 일본영사관 ― 지금의 시립도서관이었다.

청년에게 여권을 보여주고 건물을 관람하는 것을 허락받았다. 메이지 33년(1900년)의 건축이라고 한다. 세로로 슬라이딩하는 길고 폭이 좁은 창문, 그 창문 위에는 반원 형태의 장식 창문이, 빨간 벽돌에 하얀 벽돌로 옆선이 들어가 있는 건물이었다. 러시아풍의 서양관 – 그런 느낌의 건물이었다. 당시 중국의 아모이(Amoy, 푸젠성 남해안의 항구 도시, 역자 주/1905년 이곳에서 잡힌 호랑이가 또 다른 호랑이 아종인 남중국호랑이로 보고되었다.)에 세운 것과 쌍벽을 이루는 것으로, 일본의 재외영사관 중 가장 아름다운 건물이라고 목포지에 쓰여 있었다.

오른쪽과 안쪽의 옥외에 긴 벤치가 있고, 지붕은 천막으로 되어 있으며 형광등이 달려 있었다. 열람실에는 중고생들이 여기저기 앉아 있었다. 독서가 아니고, 교과서를 펼치고 있는 것이 일본과 같았다. 뒤로 돌아 왼쪽으로 가자, 식당이 있고, 뒷마당의 일각의 경사면에 굴이 있었다. 방공호일까? 경사면의 높은 곳에 봉안전 같은 건물이 있고, 좁은 계단에 철조망을 쳐 봉쇄하고 있었다. 일제시대에 천황과 황후의 진영(眞影)이라고 하는 사진을 둔 장소인 것 같았다.

침략의 흔적을 두 눈으로 똑똑히 보는 것은 괴로운 일이다. 건물 안으로 들어가지 않고 돌아갈까라고 생각했으나, 이왕 온 것이어서 접수처의 청년에게 물어보았다. 장서 수는 만 7천 권. 일본어로 된 책이 조금 있다고 한다. 문득 시험해 보고 싶은 생각이 들어서, 메모 용지에 '목포지(木浦誌)'라고 써서 건넸다. 청년은 안경을 고쳐 쓰면서 뭐라고 말했다. "웨이트 미니츠, 서."

청년은 영어로 경어를 사용하며 도서관 안으로 들어갔다.

현관 포치까지 다가가자, 현관 바로 왼쪽에 큰 유리가 있고 신간 서적이 장식되어 있었다. 그 건너편은 도서실로, 길고 폭이 좁은 창문에서 빛이 흘러 들어오고 있었다. 흰 벽에는 한국어로 쓰인 책들이 정리되어 있었다. 이 건물은 일본 영사관에서 이사청(理事廳)으로, 그 뒤 합병부터 패전까지 부청(府廳)으로 사용되었다. 부청이라고 하는 것은 지금의 시청에 해당한다. 시립도서관으로 다시 태어난 것은 1974년부터였다. 의자에 앉아서 유유하게 신문을 읽고 있는 할아버지, 책장에서 책을 찾고 있는 중년의 부인. 관내는 조용했다.

어디선가 탁탁 하고 먼지를 터는 소리가 나더니, 접수처의 청년이 나타났다. 두꺼운 책의 표제와 내가 쓴 메모를 비교해 가며 고개를 갸우뚱했다. 회색의 포제(布製)로 된 그 책은 닳고 낡은 오래된 책이었다. 조심스레 살펴보니, 『목포부사(木浦府史)』 쇼와 5년(1930년)판이었다.

"이런, 이런…책이 있었단 말인가?"

조찬대 선생님이 비장하고 계셨던 『목포지』의 개정판이었다. 매우 기뻐서 얼른 책을 펼쳤다. 검은 뿔테안경을 쓴 중년의 직원이 나와서 '안에서 보세요'라고 몸짓으로 말했다. 정중히 거절하고 옥외 천막 안에 있는 의자에 앉았다. 소나무와 측백나무, 아카시아 나무에 둘러싸여서 밖이 오히려 기분이 좋았다. 접수처의 청년이 조용히 머리 위의 형광등을 켜 주었다.

『목포부사』 쇼와 5년(1930년)판은 다이쇼 3년(1914년)판의 『목포지』와 크기가 똑같았고, 첫머리에는 메이지 개항 당시의 공로자의 사진이 들어 있었다. 외무대신인 무츠 무네미츠, 서울 주재공사인 오오시마 케이스케(大島圭介), 이노우에 카오루, 서울 주재영사인 우치다 사다즈치(內田定槌), 대영국부기지(大英國府基地)의 초대 목포해관장인 영국인 아머, 거기에 초대 목포주재 영사인 히사미즈 사부로(久水三郎). 히사미즈 영사는 50대, 둥근 얼굴의 대머리로 콧수염을 기르고 있었다.

메이지시대에는, 일본영사관이 있어서 서기사 1명, 외무성 경(警)부 1명, 순사 2명, 통역사 1명이 직원의 전부였다. 처음에는 가건물이었으나, 3년 뒤에 본관이 준공되었고, 그밖에 경찰서, 감옥, 영사관사, 서기, 통역, 경부 등의 관사, 순사 합숙소 2동도 생겼다.

개항의 전말, 한반도 정치의 혁신 등, 일본 거류민 진출의 경위가 있었고, 산간벽지를 여행하는 관헌, 인민, 집배원들에게는 헌병, 순사의 호위가 필요했다고 나와 있다.

"지방 도처에 폭도들이 들고 일어났으나, 조선의 관헌은 폭도들을 소탕하지 않아, 메이지 39년(1906년) 여름 이후부터 43년(1910년) 초까지 4년간은 그 영향으로 인해 인명과 재산에 막대한 손상이 있었다. 일본군은 군을 투입해 폭도들의 대토벌을 실시해 간신히 이를 소탕했다."라고 쓰여 있었다.

한국의 역사는 그때의 폭도들을 일본의 침략에 대항해 결사적으로 들고 일어난 농민들로, 이들을 의병으로 기리고 있다. 당시의 첨단 무기를 장비한 일본군에게 패했지만, 용감하게 저항했던 것이다.

일본인은 거류민단을 조직해, 간석지를 매립하고, 바위산을 깎아 마을을 확장하고, 상수도를 깔았다. 우편, 전신, 전화, 철도 개통 등으로 금세 발전을 시켜 나갔다. 눈부시게 성공을 거둔 것은 면화였다. 미국계의 한 품종이 수확이 잘된다는 것을 알게 되어, 그것은 곧 전남 지방의 중요한 산물이 되었다. 항구 도시에 한국면화주식회사가 생겨 큰 면화공장이 세워졌다.

목포는 다도해에 면해 있어 해산물이 풍부하다. 고등어, 도미, 오징어, 굴, 전복, 김 등의 보고였다. 일본은 이미 메이지 32년(1899년), 연해 어업권을 강점했고 다음 해에는 포경권도 빼앗았다. 신사신도(神社神道, 일본 토착교, 역자 주), 불교, 크리스트교의 포교 상황이 나왔다. 소학교, 여학교, 유치원, 목포도서관, 교육회, 체육협회, 청년훈련소, 청년단도 결성되었다. 『목포신보(木浦新報)』의 발행은 메이지 32년. 처음에는 월 6회였으나, 메이지 40년(1907년)에는 하루 걸러 발행되어, 42년에는 일간지가 되었다. 목포상공회의소는 월보를 발행했다. 메이지 44년(1911년)에는 전기가 들어왔다. 합병 시 일본인 3,494명, 조선인은 7,076명이었다.

금융기관의 진출도 눈부시다. 메이지 31년(1898년), 제일 은행 목포지점을 시작으로 조선은행, 광주농공은행, 식산은행, 십팔은행, 호남은행 등의 지점이 계속 이어졌다. 그 외에도 금융조합 등이 생겨, 각종 회사가 설립되었다. 그것들은 포목점, 제면(綿), 담배, 약국, 제과, 제면(麵), 해운, 운송, 창고, 전등, 제유, 인쇄, 소주, 간장, 정미, 어시장, 고무신, 조선, 주조 등으로 대부분은 일본인 경영이었다. 조선인이 설립한 회사는 극히 한정되어 있었다.

극장, 활동사진관(영화관)도 생겨, 유달산을 공원으로 만들었다. 야구장, 테니스장이 있는 상설운동장도 만들었다. 관리인을 두어, 사용료를 받았다. 여관, 요릿집, 음식점도 많았다. 메이지 38년(1905년)에는 유곽도 생겨, 이런 관습을 모르는 조선인들을 놀라게 했다. 쇼와 4년(1929년) 현재, 창기(기생)의 수는 74명.

눈부신 발전 모습이 1,048페이지에 걸쳐 쓰여 있었다.

끝 부분을 펼치자,『여담일속(餘談一束)』이라는 수필 페이지가 나왔다. 목포에 건너왔을 때의 추억 등을 자유롭게 쓴 것으로 실명도 나와 있으며 모 씨의 이야기 등, 무명인의 이야기도 섞여 있었다. 계속된 딱딱한 서술로 아프게 된 머리를 편안하게 쉬게 해 주는 페이지였다. '여담'이라고 하고 있으나, 역사의 뒷면이 생생하게 쓰여 있었다.

45일간의 여비 90전
－카네미츠 사다무(金光濟) 씨의 이야기

개항이라고 들어서 서울에서 목포로 서둘렀다고는 하지만 그래도 도보 여행이다. 3원의 엽전을 인부에게 관리하게 해 이렇게 2명이 낮에는 걷고, 밤에는 숙소에서 묵으며 45일째 되는 날에 목포에 도착했을 때. 수중에 남은 돈이 확실히 1원 15전이었다. 이것으로 2명분의 여비가 합계 1원 85전. 한 사람당 하루에 2전이라는 계산이 되있다. 어쨌든 격세시감을 느꼈다.

조선에 온 지 얼마 되지 않았을 때는 채소를 구할 수 없었고, 물건 구입은 근처 마을의 장날에 맞추어서 나가지 않으면 안 되었다. 우물이 없어서 음료수는 구하기 힘들어 인부에게 돈을 지불해 우물이 있는 곳에서 물을 나르게 했다. 목욕은 비가 어느 정도 오는지에 따라 정해지는 상태였다(집필자 주로서 일수, 금액 등 조금 과장이 있음).

도미 요리
－시모무라 쇼조(下村省三) 씨의 이야기

메이지 31년(1898년), 32년(1899년)의 무렵. 목포에 놀러 간 적이 있다. 잘 모르는 타국에서 동포의 극진한 대접을 받았으니. 그날 밤의 상자리에서, 일단 국그릇의 뚜껑을 열자, 그 안에서 몇 개나 되는 눈알들이 나를 노려보고 있었다. 죄다 도미의 눈알이었다. 도미의 살코기 등은 더 이상 배가 불러 못 먹겠다는 듯한 기세로 도미의 쓸개를 뒤집었으나, 주인은 얼마든지 더 드시라고 권유하고 있었다.

목포 명물
－이시모리 케이지(石森敬冶) 씨의 이야기

'목포 명물. 수레와 배에 쌓아서 귀성. 쌀과 면' 등으로 불리는 전남 삼백(명물)은 쌀. 면. 고치(옛날에는 소금)라고 누구라도 알고 있지만.

개항하고 10년도 지나지 않은 러일전쟁 전인 당시의 명물을 말하라고 하면, 쑥갓과 이실(그 외에 먹파리)을 떠올린다. 쑥갓은 목포의 기후가 온난하기 때문에 겨울에도 먹을 수 있으며, 이질은 조선인 마을에 만연해 있어, 그곳으로 출입을 하는 일본인이 가끔 걸려 와서 꽤 큰일을 치렀다.

당시 '메이지 35년(1902년) 무렵' 술 한 되 35전, 백미 한 섬 7원 50전.

먹파리 정벌
－타카네 노부아키(高根信礼) 씨의 이야기

오늘날의 목포는 훌륭한 마을이 되어서(쇼와 4년 - 1929년 - 무렵) 먹파리가 서식하는 장소가 없어져서 아무도 먹파리로 고생하는 사람이 없으나, 개항 당시에는 먹파리의 맹위에 모두가 꽤 고생했다. 발생은 여름과 가을 2차례로 한창 들끓을 때에는 이 작은 먹파리가 손과 발에 새카맣게 달라붙어 이것 때문에 죽는다고 말하는 사람도 있을 정도였다. 아침과 밤에 수많은 먹파리에게 물려 결국 병상에 누운 사람조차 있다. 조선인에게는 별로 피해가 없고, 일본인이 물리면 그 자리가 부어서 염증을 일으키는 것이다.

거류민단에서는 어떻게든 이것을 줄이려고 생각해, 밤이 되면 해변 등에 불을 피워, 유살(誘殺)을 시도했지만, 불 주위는 먹파리의 잔해로 가득해 도리어 귀찮은 일이 되어 버렸다.

여인 금제(女人禁制)
－이시모리 케이지(石森敬治) 씨의 이야기

조선의 부인들은 일본인 거류민단 안으로, 처음에는 절대로 발을 들여놓지 않았다. 그것을 깬 것은 면(綿) 공장에 근무하고 있던 조선인 통역인으로, 자신의 부인을 몰래 거류민단 안으로 데리고 온 것이 최초이다. 그로부터 조선인 부인들의 근면함이 알려져, 지금과 같이 면, 쌀, 해초에 많은 여성들이 진출하게 되었다.

일본에 귀화하는 조선 쌀
－모리타 야스요시(森田泰吉) 씨의 이야기

조선 쌀은 일본으로 옮기면, 작은 돌이 섞여 있다고 해. 심하게 값
이 깎이는 처지였다. 이런 상황에 모(某) 씨가 조선 쌀에 선전용 광
고지를 넣어서 봉지째로 일본으로 이출(移出)을 시키자, 일본 백미
업계의 사람들로부터 불만이 속출해. 광고지를 넣는 것을 중지했다.
일본 백미 업계의 사람들은 조선 쌀을 일본식 봉지에 새로 넣든가
일본 쌀과 혼합하든가 해서 배급하고 있었기 때문이었다. 우연히 손
님 중에 그 광고를 발견한 사람이 있어서, 조선 쌀이라는 것이 들켜
버렸다. 이렇게 조선 쌀의 품질은 우량한 것인데 자주 불리한 거래
를 당하는 경우가 있다.

고하도(高下島)
－타카네 노부아키(高根信礼) 씨의 이야기

청일전쟁 후, 일본이 모처럼 전승의 기세를 발휘하려고 하는데. 유
럽 대륙의 강대국들은 힘을 합쳐 일본을 방해하려고 했기 때문에.
일본은 극동에서 국제 세력의 조화를 얻을 수 없었다. 메이지 31년
(1898년), 갑자기 러시아가 고하도(高下島)를 조차지(租借地)로 하
고 싶다고 몰려 들어왔다. 고하도라고 하는 것은 유달산의 북쪽에
있는 섬이다.
그 무렵의 상투적인 수단으로. 러시아 해군은 중앙의 외교 교섭을
무시하며 당시의 한국인 책임자를 군함 내로 초치해 자신들의 섬으
로 하려고 했다. 그러나 책임자 진(秦) 씨는 용납하지 않았다. 함장
은 진 씨를 간단히 육지로 돌려보내지 않고 여러 방법으로 협박을
했다고 하나 끝내 목적을 달성하지 못했다.
이 일이 일본영사관에 알려져서 히사미즈(久水) 영사는 이 일이 중대
한 일이라고 판단. 고하섬을 러시아보다 빨리 일본 손으로 넣기 위한
방법을 강구, 고심 끝에 군의 기밀비 10만 원으로 고하도를 구입하게
되었다. 인천 등에서는 각국의 거류지가 넓어진 탓으로 일본인이 겪
은 고생이 심했기 때문에, 일본은 어떻게 해서라도 러시아의 진출을
막으려고 하다 이런 우스꽝스러운 일이 생길 만큼 당황했던 것이었다.

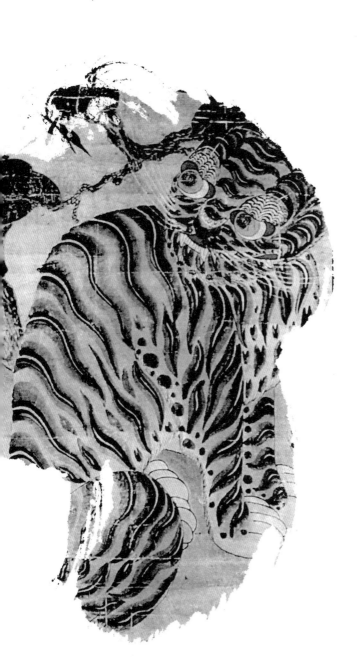

열둘.

경찰과 호랑이

머리 위의 아까시 덤불 속에서 박새 가족이 날아왔다. 둥지를 떠난 지 얼마 되지 않은 아기 새들이 부모 새에게 끊임없이 응석을 부리며 그 주위를 떠나지 않고 있다. 상공을 몇 마리의 비둘기들이 날고 있다. 이곳에는 새들이 적다고 생각한다. 번식기인데 눈에 보이는 새 종류도 그 수도 빈약했다. 옛날에도 이렇게 적었을까? 아니 호랑이가 있었던 시절에는 반드시 많았을 거라고 생각한다. 『여담일속(餘談一束)』에 사냥에 관한 이야기가 있었다.

옛날의 수렵
－무라카미 나오스케(村上直助) 씨의 이야기

목포에는 장사와 사냥을 즐기는 사람이 많았다. 메이지시대에는 조선인 인부를 데리고 사냥을 나갔다. 큰 사냥의 경우에는 학(두루미), 들칠면조(느시), 기러기, 오리 등이 6개의 지게로 나누어 질 만큼 많이 잡혔다. 다이쇼가 되고 나서도(1912년 이후) 노루 사냥, 멧돼지 사냥을 했다. 지도(智島) 앞에서 두루미 6, 7마리가 하늘에서 내려 앉은 것을 발견해 총 한 발로 2마리를 쏘았다.

유달산의 호랑이
ㅡ후시모리 토시베에(藤森利兵衛) 씨의 이야기

> 메이지 32년(1898년)의 봄, 부부 세 쌍으로 유달산을 일주하는 도
> 중, 바위 그늘에서 쉬려고 하자, 한 명의 조선인이 나타나 그 바위
> 부근에 호랑이가 있으니 위험하다고 가르쳐 주었다. 깜짝 놀라서 얼
> 른 그 자리를 벗어난 적이 있었다. 눈이 내린 어느 날 밤, 우리들
> 주거지 뒤쪽에 있는 언덕에서 호랑이가 포효하는 것을 듣고 전율을
> 느꼈다. 다음 날 일어나 보니, 눈 위에 호랑이 발자국이 유달산에서
> 부터 점점이 이어지고 있었다.

이것이 쿠로다 박사의 『원색일본포유류도설』에 실린 것
이 아닌가? 타고 카츠야(田子勝弥) 씨에 따르면 "다이쇼시
대 연간(年間)까지 호랑이는 목포의 뒷산에도 살고 있었
다."라고 한다.

4시 무렵, 방과 후의 중학생들이 들어와서 안쪽에 있는
의자에 앉았다. 흰색과 연한 청색의 셔츠를 입고 있었다.
공통 과제라도 있는 것일까, 필기구를 꺼내어 펼쳤다. 작은
소리로 말하면서 풋 하고 웃는 소리도 간간히 들렸다. 4명
의 목소리 중에 비브라토를 내는 듯한 높은 소리가 섞여
있었다. 이상하게 생각하고 쳐다보자, 단발머리를 한 여자
아이가 한 명 있었다.

몇 년 전부터 한국에서는 중고교생들의 복장을 자유화하
고 있다. 남녀의 셔츠 등이 비슷해져서 남학생과 여학생의
사이에 있던 울타리가 사라져 오히려 사이가 좋아졌다고

들은 적이 있다. 귀여운 아이들이라고 생각하며 웃음을 지었다.

다시 『여담일속』으로 돌아오자, '가죽', '호랑이'라는 글자가 눈에 들어왔다. 순간 주위가 사라지고 가만히 앉아 있을 수가 없었다. 일어나서 정원으로 나갔다. 양손을 올리고 야호를 외치며 춤을 추었다.

"드디어 발견했다! 발견했어!"

『목포부사(木浦府史)』의 수필에 소학교의 호랑이가 실려 있었다! 4명의 중학생들이 나를 쳐다보고 어안이 벙벙해지더니 이내 깔깔깔 하고 웃었다.

죽어서 가죽을 남기다
ㅡ 모(某) 씨의 이야기

메이지 40년(1907년) 1, 2월 무렵이었다. 한 마리의 호랑이를 짊어진 조선인들이 목포로 와서 살 사람을 찾고 있었다. 이리에(入江) 운송점 사장이 호랑이를 살 생각으로 교섭과 상담을 해, 드디어 구매를 결정했다. 그 기념으로 모두들 기념촬영을 하려고 하자, 경찰이 오더니 잠깐 기다리라고, 경찰서에서 전화가 왔다고 하며 기념촬영이 중단되었다. 전화상으로 무슨 일인가 이유를 물어보자.
"이 호랑이는 명찰(名刹) 불갑사로 이름 높은 영광군의 불갑산에서, 그곳에 살고 있는 농민들이 덫으로 잡은 것이나, 화약 사용의 혐의가 있다. 따라서 잡은 본인들의 자유처분에 맡길 수 없으니 아무쪼록 영광경찰서로 반송해 주길 바라는 바이다."
라는 경찰 전화였다. 그러던 중 영광 방면에서 사냥 중이었던 모 씨가, 그 호랑이는 자기가 쏘아서 잡은 것이 틀림없으니 조사해 달라고 신고를 함과 동시에, 영광경찰서의 호랑이 반송 전화에 대해서는 별도로 무슨 속셈이 있을지도 모른다고 소식을 전했다.

그로부터 무슨 경위가 있었는지 모르겠으나, 어쨌든 목포경찰서에서 해부를 한 결과, 총상은 없다고 판정해서, 문제는 해결되었다. 다음은 드디어 처분 문제이지만, 원하는 사람이 많아서 조금 귀찮은 일이 되어 버렸다.

마츠이(松井) 서장은 타카네(高根) 거류민단장에게 소학교에 보내면 어떨까라고 말했다. 민단장은 매우 기뻐하며, 즉시 기부의 조처를 해 주었으면 하는 취지를 서면을 빌려 신청했다. 당시의 요시무라(吉村) 교장도 물론 적당한 처분법이라고 매우 찬성했으나 마침 미요시노(三吉野) 여관이었든가 시바타(柴田) 여관이었든가 여관에 체재하고 있던 모 여행객까지 이 호랑이를 경매에 부쳐 손에 넣으려고 노리고 있어서 뜻대로 되지 않았다.

그래서 수차례 회의를 한 끝에, 드디어 경매의 수속을 마쳤다. 개표해 보니, 그 여행객은 백 원에 입찰을, 목포부(府)의 모 씨가 200원에 입찰하고 있어서 일단 목포에서 호랑이가 유출되는 것은 면했다. 그런데 이 제1회는 경매자가 기권을 했기 때문에 어쩔 수 없이 제2회 입찰을 실시하기에 이르렀다. 이번에는 350원으로 낙찰을 해, 예정대로 소학교에 기증이 가능하게 되었다.

거기서 즉시 교토의 시마츠 제작소와 전보 조회로 일을 진행시켜, 약 200원으로 박제를 의뢰해 지금의 소학교의 일실(一室)에 위풍당당하게 놓이게 되었다. 이 호랑이는 포획 이후, 여러 시간이 흘러 부패의 우려도 있고 영광으로 보내는 시간이 없어서 소학교 기증하자는 임기 조치로서 마츠이 서장이 목포에서 처분한 것이었다.

과연 맹호 한 마리이다. 쓰러져서도 좀처럼 극락왕생을 이루지 못한 것이다.

노트를 적는 손이 떨려서 힘들었다.

책을 접수처의 청년에게 반납하고 "감사합니다."를 반복하고 유달초등학교로 돌아왔다. 저녁 5시가 가까운 시간에 교장실로 들어가자, 김용호(金龍皓) 교장선생님만 계셨고,

장 교감선생님은 벌써 퇴근을 했다. 광주에 집이 있는데, 친척에게 무슨 일이 생겨서 내일 휴가를 냈다고 한다.

김 교장선생님은 몸집이 크고 황소와 같은 단단한 몸을 하고 있었다. 호랑이의 경로에 대해서 조사한 것을 알려주자, 훌륭한 일본어로 칭찬을 받았다. 일본으로 돌아가면, 조류 도감을 한 권 부탁한다고 했다. 한국에는 적당한 조류 가이드북이 없는 것이었다. 흔쾌히 받아들이고 마지막으로 한 번 더 유리 케이스의 커튼을 걷고 호랑이 박제를 보았다.

어디선가 피아노의 바이엘이 울려 퍼졌으나 저녁의 학교는 조용했다. 조용히 들여다보자, 암호랑이는 비스듬히 들어오는 빛 속에서 얌전히 서 있었다. 상투적이지만, 이때 나의 가슴에는 이 암호랑이에 대한 애석함이 파도처럼 밀려들었다. 유리가 없었다면, 뒤에 교장선생님이 안 계셨더라면, 나는 이 호랑이를 껴안았음이 틀림없다.

무언가 호랑이에게 말을 걸고 싶다고 생각하자, 복도에서 명랑한 소리가 들리더니, 체육복 차림의 소녀들이 멈추어 서 있었다. 배턴을 손에 들고 육상 경기 연습을 끝내고 온 듯 모든 학생들이 땀을 흘리고 있었다. 날씬하고 키가 크고 체력이 있는 듯한 아이들이었다. 커튼이 걷힌 호랑이와 나를 바라보더니, 무언가 속삭이고 있었다. 교장선생님이,

"일본에서 오신…, 손님이시란다. 호랑이를 보러 오셨단다."

이런 식으로 말하자,

"일본? 일본인? 저팬! 저팬!"

스스럼없이 웃으며,

"안녕히 가세요!"

다 같이 인사를 하고 돌아갔다.

김용호 교장선생님에게 작별 인사를 하고 흥분된 마음을 억누르며 그전에 묵었던 여관으로 가자, 5년 전의 아주머니는 젊은 남자로 바뀌어 있었다. 이것은 곧 일본어가 통하지 않는 것을 의미했다. 방에 들어가 짐을 내려놓자, 기쁨이 물밀듯 밀려와 가만히 있을 수 없었다. 작은 가방 하나만 들고 거리로 나갔다. 오늘 밤은 축하의 의미로 목포 명물인 낙지회를 먹으며 축배를 들고 싶었다.

택시를 타고 운전사에게 '낙지'라고 말하며 손목을 꺾는 흉내를 내어 보여주자, 바로 달리기 시작했다. 방향은 모르나 일단 맡겨 두기로 했다. 리어카에 채소와 생선을 가득 실은 노점상, 장을 보는 주부들로 북적이는 거리를 빠져나와 포장되지 않은 길을 달렸다. 노란 먼지를 내며 속도를 올리며 달렸다. 인가가 드문드문해져 조금 불안해졌을 때, 소나무 저편으로, 작은 깃발과 빨강, 파랑 전구로 장식이 되어 있는 수상 레스토랑이 보였다. 부두가 곧 나타났다.

바다는 만(灣)인지, 호수처럼 수면은 조용했고 아득한 저편은 산으로 둘러싸였다. 납색의 간석지가 200m 정도 펼쳐져 있었다. 갯벌의 느낌은 큐슈의 아리아케(有明) 해(海)와 똑같았다. 레스토랑은 노후한 배가 좌초한 듯한 모양으로 갯벌 위에까지 올라와 있었다. 4, 50m 간격으로 배가 십수 척 보였다. 바람을 타고 트로트가 흐르고 있었다.

해질녘의 바닷가를 하얀 쇠제비갈매기 무리가 날고 있었다. 반짝이는 바닷새가 이쪽으로 오지 않을까라고 생각하며 바라보고 있자, "이랏샤이마세(어서 오세요)."라고 일본어가 들렸다. 뒤를 돌아보자, 12, 3세 정도의 남자아이가 서 있었다. 말을 걸었으나, 일본어가 통하지 않았다. 어째서 내가 일본인이라는 것을 알았는지 참 신기했다.

남자아이에게 이끌려서 위태로워 보이는 외나무다리를 건너자, 안내받은 수상 레스토랑은 연락선의 객실 같은 레스토랑으로 테이블과 의자가 줄지어 있었다. 젊은 형제가 경영하는 곳인 듯했다. 낙지를 주문하고 안으로 들어가자, 앞서 들어온 손님들이 두 팀이 있었다. 제일 안쪽의 창가에 앉아 바다를 바라보면서 머릿속은 오늘 발견한 수필로 가득했다.

"참 잘됐어…. 이번 여행은 대성공이야."

꿈이 아닌가 하고 노트를 열어보았다. '죽어서 가죽을 남기다.' - 모 씨의 이야기이다. 모 씨가 이야기한 것을 기자가 쓴 것이었다. 기쁨에 겨워 있자, 아까 그 소년이 요리를 들고 왔다.

"이것이 낙지인가!"

새끼손가락보다 가는 투명한 낙지 다리가 접시에 담겨 꿈틀거리고 있었다. 먹기 쉬운 크기로 잘려져 있으나 살아 있다. 파란 고추를 썬 것과 흰 참깨가 뿌려져 있었다. 일단 소주를 잔에 따르고 호랑이 이야기를 해 준 모 씨에게 감사의 잔을 올렸다.

"고맙습니다…. 당신 덕분에 겨우 수수께끼가 풀렸습니다."

살짝 단맛을 품은 소주가 오장육부를 적셨다.

"행운이었어…, 기적이라고 말해도 될 정도로…."

한 번 더 건배를 했다.

은빛의 금속 젓가락으로 꿈틀거리는 낙지의 다리를 집어 작은 접시에 담겨 있는 고추냉이와 간장을 발라 입에 넣었다. 꾸물꾸물 꿈틀댄다. 낙지 다리가 입천장에 딱 달라붙었다. 혀를 위아래, 좌우로 움직이며 겨우 떼어내 꾹꾹 씹어서 소주와 함께 뱃속으로 흘려 보냈다. 과연 굉장한 회였다. 접시에 파란 고추 썬 것, 양파, 오이, 마늘 썬 것, 상추, 깻잎이 담겨 있다.

한가운데의 테이블에 회색의 승려복을 입은 소년을 둘러싸고 가족, 친척들이 회식을 하고 있었다. 큰 숭어회가 가운데에 놓여 있었다. 사찰에서는 날생선을 먹을 수 없는 것일까, 소년 스님은 눈높이까지 회를 집어 올려 입에 넣었다.

이런 대발견을 했을 때, 상대도 없이 혼자서 술을 마시는 것은 괴로운 일이다. 유달산의 사진사 아저씨를 떠올렸다. 5년 전, 건강했던 아저씨는 호랑이를 잡은 조선인과 일본인 사이에 소유권을 둘러싸고 트러블이 있었다고 들었다고 했다. 그것은 역시 사실이었다.

『목포부사』의 부록과 같은 『여담일속』은 전부 41편의 수필을 싣고 있었다. 이 안에서 모 씨라고 이름을 가린 수필이 8편이나 있었다. 지장이 있는 소문 이야기라든가, 욕을 쓸 때, 사람들은 자신의 이름을 숨기는 법이지만, 이 호랑이에 관해서는 모 씨라고 할 필요는 없는 듯했다. 왜, 이름을 숨겼을까?

낙지를 소주와 함께 먹으며 반복해서 노트를 읽어 보았다. 메이지 40년(1907년)의 1, 2월 무렵…, 이것은 정말일지도 모른다. 학교의 1908년이라는 것은 박제가 일본에서 도착한 해, 학교의 비품 대장에 실린 해라고 생각할 수도 있다. 큰 동물 박제가 완전히 건조 될 때까지 시간이 걸리기 때문이다.

소주가 어깨에서 옆구리 근처로 흘러내리고 있다. 소주의 도움을 빌려서 어렴풋이 당시의 일을 재구성해 보았다.

호남지방의 영산, 불갑사가 있는 불갑산의 어딘가에서, 마을 사람들이 판 굴에 젊은 암호랑이가 빠졌다. 그들은 형제와 친척 등, 일족을 데리고 호랑이가 빠진 굴로 달려가 예부터 전해오는 방법으로 창으로 호랑이를 찔러 죽였다.

"목포의 일본인 거류민지로 그대로 옮기자."

거기라면 비싸게 팔릴 것이다. 누군가가 이렇게 말을 하자, 모두들 사다리 같은 것을 만들어 호랑이의 사지를 묶어 옮길 수 있게 했다.

불갑산에서 목포까지 직선거리로 50km, 당시의 구불구불한 작은 길로는 7, 80km 정도였다. 젊은 호랑이였으나, 체중은 100kg이나 나가서 4명이서 들고 가는 것은 쉬운 일이 아니다. 아마도 8명이서 들었던 것이 아닐까? 불갑면에서 나와 처음으로 나타난 마을이 영광이었다. 완만한 기복이 있는 전원 마을이나, 번화한 거리를 빠져나가지 않으면 안 되었다. 경찰서가 새로 생기고, 성격 나쁜 일본인 경찰이 있는 것도 그들은 알고 있었다.

"우리들이 잡은 호랑인데, 뭐 불만 있나?"

라고 그들 중에 말하는 사람도 있었으나, 경찰은 호랑이를 잡은 그들에게 무슨 짓을 할지 아무도 모른다. 새벽에 몰래 마을을 빠져나왔으나, 개가 짖을까 마음을 졸였다.

어느 마을에서도 호랑이를 잡았다고 해서 낮에는 많은 사람들이 몰려왔다. 모든 사람들이 경탄과 선망의 눈길로 바라보았기 때문에, 그들은 우쭐해졌다. 아이들은 그들의 뒤를 졸졸 따라다녔다. 어딘가에서 말에 탄 경찰관에게 비난을 받았으나, 그들은 10명 이상의 건장한 청년들의 집단이었다. 조용히 무시하며 경찰관 앞을 지나갔다. 2월의 엄동설한이었지만, 호남지방에는 눈이 내리지 않았다. 고기가 썩으면 팔 수가 없다. 그들은 낮이고 밤이고 호랑이를 지고 날랐다.

이렇게 해서 4일째, 5일째 되는 저녁에 목포의 조선인 마을에 도착했다. 초가집 지붕이 유달산 북쪽에 모여 있었다. 가구 수는 천 가구, 인구는 5천 명이나 되었다.

여기서 맏형은 일본인 마을의 어디로 들고 가면 좋을지 물어봤다. 그들은 불갑산 기슭에 살고 있는 농민들이다. 일본인 마을은 처음으로, 물론 고가 물건의 매매는 익숙하지 않다. 일본어를 아는 남자를 발견했다. 조선인 마을에서 하룻밤을 보내고, 그들은 다음 날, 긴장하며 호랑이를 일본인 거류지로 옮겼다.

유달산 동쪽에 큰 항구가 생겨서 창고가 줄지어 세워져 있었다. 거기서부터 남쪽으로는 상점가였다. 그 당시, 일본인의 가구 수는 7백 가구를 넘어 인구는 3천 명에 가까웠다. 길 양쪽으로는 목조 건물의 활기찬 상점들이 늘어서 있다. 호랑이를 지고 온 그들은 눈을 크게 떴다. 상점들의 물건 수와 종류가 넘치듯 많았던 것이다.

호랑이를 길바닥에 내려놓자, 금세 사람들로 인해 인산인해를 이루었다. 일본인들은 모두가 "호랑이, 호랑이…, 호랑이다, 호랑이!"라고 말하며 흥분했다. 불갑산의 그들은 일본어가 이상해서 웃음이 멈추지 않았다.

한 조선인이 수레에 물건을 싣고 일본인 가게로 팔러 왔다. 지게를 지고 일본의 상품을 사가는 사람도 있다. 파란 눈의 서양인, 차이나 드레스의 중국인 여자도 있다. 여기는 국제도시인 것이다. 통역을 해 주는 남자가 금세 호랑이를 원하는 운송점 사장을 데리고 왔다. 가격도 적당했다. 가게 까지 옮기자, 은행에서 돈을 찾아올 테니 기다리라고 한다. 드디어 매매가 이루어져 마음을 놓으며 기다리자, 운송점 사장이 사진사를 불러서 기념사진을 찍게 되었다.

가게 현관에 정장을 차려입은 일본인 일가가 앉고 뒤에 는 호랑이를 지고 온 그들이 섰다. 불갑산의 그들은 이야기 로는 들었으나, 사진이 처음이어서 삼각대위의 상자와 검은 천을 뒤집어쓰고 이쪽을 노려보고 있는 사진사를 놀란 얼 굴로 쳐다보았다. 사진사가,

"자, 찍습니다!"

사진기에 달린 줄에 붙은 고무공을 누르자 찰칵 하며 소 리가 났다.

"1주일 정도 지나서 찾으러 오게. 그때 사진을 주지."

사장은 통역을 통하지 않고 더듬거리는 조선어로 이렇게 말하며 싱글벙글 웃었다. 일본인 중에도 좋은 사람이 있구 나라고 그들이 생각하자 서양칼을 찬 조선인 순사가 나타 났다. 모두를 둘러보더니,

"호랑이를 가지고 지금 당장 본서로 출두하시오."

"왜 그런가…?"

"왜라고?"

"뭐라고? 이놈이! 조선인 순사 주제에 건방지구나. 이 호랑이는 벌써, 이리에(入江) 운송점이 샀단 말이다!"

사장은 얼굴이 빨갛게 되어서 분노했다. 순사는 도망을 칠 기세였으나 지지 않았다. 조선어와 일본어의 짬뽕으로 위협하듯 반복했다.

"서장의 명령이야. 서장이 직접 내린"

어쩔 수 없다. 이리에 운송점 사장과 불갑산의 맏형과 동생이 목포경찰서로 출두했다.

서장은 아래턱이 발달된 몸집이 큰 남자로, 석탄 난로 옆에 거만하게 앉아 있었다. 운송점 사장이 사납게 대들었으나, 서장이 작은 소리로 설명을 하자, 조용해졌다. 혀를 차며 팔짱을 끼고 있을 수밖에 없었다. 일본어를 모르는 불갑산의 형제는 불안해졌다. 일본인은 늑대처럼 교활하니 조심하라고 불갑산을 떠날 때 배웅을 해 준 마을 노인들이 말해준 것이 생각났다. 곧 조선인 순사의 통역이 시작되었다.

"영광경찰서에서 전화가 왔었다. 그 호랑이를 조사할 필요가 있으니, 본인들이 호랑이를 메고 다시 영광으로 오라는 것이다."

"네? 도대체, 뭣 때문이요?"

영광은 불갑산 근처로 첫날밤에 몰래 빠져나온 마을이었다. 거기까지 다시 되돌아가게 된다면, 호랑이는 내장부터

다 썩어 버리고 말 것이었다.

목포경찰서장은 불갑산의 형제를 서장 책상 앞으로 앉히더니, 조서에 주소와 이름을 적었다. 그리고 나서 갑자기 무서운 얼굴이 되어서 취조를 했다. 조선인 순사가 큰 소리로 통역을 했다.

"너희들, 정직하게 말해야 한다. 저 호랑이를 총으로 쏘아 죽인 것이지? 총은 어디에서 빼냈나?"

"뭐라고? 총이라고? 그런 것 가지고 있지도 않아···. 저 호랑이는 창, 창으로 찔러 죽였다니까."

"뭐야? 창이라고? 거짓말하면 어떻게 되는지 알지? 조사하면 바로 나와!"

"이런, 우리들 불갑산 사람들은 거짓말 못 한다니까. 저 호랑이를 조사하면 되잖소?"

불갑산 형제는 마음이 놓였다. 이런 혐의라면 금방 풀릴 거라고 생각하며 일어서자 갑자기 인상이 나쁜 일본인 3, 4명이 우르르 들어왔다. 서장을 둘러싸고 큰 소리로 무언가 말하고 있었다. 형제에게 날카로운 시선을 돌리고 지금이라도 당장 덤벼들 것 같은 사람도 있었다. 어떻게 된 것이냐고 통역에게 물어보니,

"우리들은 서장님도 잘 아시다시피, 목포의 상인이지만, 월출산과 지리산에 들어가 호랑이와 표범, 곰을 몇 마리나 퇴치해 온 수렵가이기도 하오. 지난달 말, 불갑산에서 호랑

이 사냥을 하고 있었으나 오늘 조선인이 가지고 온 호랑이가 우리들 호랑이임에 틀림없소. 우리들이 탄환으로 상처를 입혔음이 틀림없으니, 엄중하게 조사해 주시오. 저 호랑이는 탄환에 맞아서 피를 대량으로 흘리며 도망가서 언젠가 어딘가에 쓰러진 것으로, 우리들은 그 행방을 찾고 있었지. 아마도, 이 조선인들이 죽어 있던 것을 발견했던 것이요. 권리의 반 이상은 우리들에게 있소."

불갑산의 형제는 깜짝 놀랐다. 입을 멍하니 벌린 채로 주위 상황을 살피자, 구레나룻털이 진한 광폭해 보이는 한 사람이 더듬거리는 조선어로,

"이놈들…, 주운 호랑이를 몰래 팔려고 하다니, 횡령죄가 아닌가? 너희들 고소당하면 그 자리에서 바로 형무소행이야!"

어깨를 으쓱거리며 이를 드러내고 있다. 형제는 경찰들에게 둘러싸여 방어 자세를 취했다. 지금이라도 당장 습격당할 분위기였다. 키가 큰 대머리 남자도 운송점 사장에게 낮게 깐 목소리로 협박하기 시작했다.

"이보소, 사장님. 도대체 얼마에 호랑이를 샀는지…, 불쌍하게도. 불갑산 근처에서 며칠이나 걸려서 나른 것을 이놈들한테서 얼마에 사셨소?"

그러자 구레나룻털 남자도

"이런 이런, 세상에. 이리에 운송점 사장님이 아니신가? 우리들의 호랑이를 사 주시지 않으셨나? 백이나 2백 원의

푼돈으론 어림도 없지….”

운송점 사장의 얼굴이 창백해졌다.

불갑산의 맏형은 일본인 중에는 등 전체에 문신을 새기고 옷 속에 단도를 넣고 다니며 사람을 위협하고 금품을 뺏으며 살아가는 건달들이 있다고 들었다. 이놈들이 그런 건달들인가라고 생각하며 계속 응시했다.

동생은 또 할아버지와 할머니에게서 들은 일본인 해적을 떠올렸다. 해적들은 돈이 되는 물건은 전부 쓸어갔다고 했다.

“운송점 사장님, 당신도 참 사람이 좋네. 이런 사정 있는 호랑이에 손을 다 대고, 도대체 어떤 체면치레를 하려고…, 뭐, 큰 거리에 있는 지나(支那) 요릿집에서 조용히 이야기나 할까?”

대머리 남자가 기분 나쁜 웃음을 띠우자, 운송점 사장은 “서장님!” 하고 경찰서장에게 바짝 붙었다. 경찰서장은 적당히 대머리 남자를 제지하며,

“이 일은 어찌되었든, 호랑이를 영광경찰서로 돌려보내는 것이 어렵게 되었군. 저쪽에서 문제가 생겨서 온 것이니…. 이리에 씨, 호랑이의 소유권은 당신에게 있습니까? 그렇다면 당신도 영광까지 가지 않으면 안 되겠네요.”

그러자 운송점 사장은 궁지에 몰린 쥐 눈을 하고,

“이, 이런 귀찮은 호랑이라면 나, 나는 필요 없소. 이봐, 너희들, 거래는 중지다. 중지! 아직 돈도 지불하지 않았으

니까 나는 이제 관계없어!"

혼내듯 일본어로 소리치고 경찰서를 나가 버렸다. 말은 못 알아들었지만, 호랑이 거래가 취소되었다는 것을 불갑산 형제는 느꼈다. 대단히 큰 일이 되었구나라고 생각하자, 수렵가라는 남자들은 히죽거리며,

"한 명 빠졌나요? 서장님, 어쨌든 호랑이를 조사해 주시죠. 탄상이 있으면 우리들 호랑이요."

거기서 순사의 선도로, 서장실에 모여든 사람들은 경찰서 뒷마당으로 갔다. 호랑이는 마을 남자들에게 억지로 짊어지게 해서 옮겼다. 구경꾼들을 비집고 한가운데에 판자를 깔아 호랑이를 눕히고 순사들이 조사를 했다. 함정에 빠진 것을 위에서부터 찔렀기 때문에 등에서 가슴에 걸쳐 창상만 있었다. 어디에도 탄환의 흔적은 없었다. 자기들 호랑이라고 우긴 남자들은,

"이상하다…. 이상하네…."

얼굴을 서로 마주보더니 어느새인가 조용히 사라졌다.

불갑산 형제는 안심했다. 그러나 어떻게 된 일인지 서로 얼굴을 쳐다만 보고 있자, 아침부터 통역을 맡은 남자가 걱정 없다고 한다.

"서장실을 보소. 마을 유력자로 가득하다니까. 모두들 호랑이가 탐이 나서 온 것이요. 경매에 부친다고 하니까 아까보다 더 높은 가격이 붙을 거요. 일본인들은 바로 경쟁을 하니까."

그 말 그대로였다. 경찰서장은 경매로 호랑이를 살 사람을 정할 생각이었다. 호랑이는 이 나라에서도 이젠 거의 잡히지 않고 있다. 따라서 탐을 내는 사람이 많다. 그중에서도 마을 유력자들은 학교에 기증하자는 작전을 세우고 있었다. 젊고 기풍이 좋은 타타미점 사장, 하라구치 쇼지로 씨가 낙찰하기로 했다.

"어떻게든 하나, 낙찰해 주게나."

기대에 부응해 하라구치 씨는 단연 톱으로 350원이라고 썼다.

"우리 아이가 다니고 있는 학교이고…, 나도 목포에 뼈를 묻을 거니까."

청년 실업가는 적은 말수로 이야기한 뒤, 쑥스러운 웃음을 띠었다. 불갑산 남자들은 일본인 중에도 좋은 사람이 있다는 것을 알았다. 큰돈을 받고 그들은 다시 불갑산의 고향으로, 더러워진 흰옷을 휘날리며 돌아갔다. 일본인 거류지의 발전한 상황을 보고, 경찰 전화가 영광에서 목포로 직통으로 걸린 것을 알고, 곧 기차가 개통될 선로 공사의 진척 상황을 보고, 불갑산의 남자들은 어떤 생각을 했을까? 불갑산의 깊은 산속 마을에 그 당시의 이야기가 남아 있지는 않을까?

여기까지 생각하자 앗! 하고 마음에 짚이는 것이 있었다. 이 수필은 하라구치 쇼지로(原口庄次郎) 씨가 쓴 것이 아닐까? 여기에는 등장하는 인물들의 이름이 제대로 나오고 있다. 이리에(入江) 운송점 사장, 마츠이(松井) 서장, 타카네(高根) 거류민단장, 요시무라(吉村) 교장. 이것에 반해서 트집을 잡은 남자, 제1회의 입찰에서 낙찰하면서도 떨어진 남자 등이 모(某) 씨라고 되어 있으며, 최종적으로 호랑이를 낙찰해 학교에 기증한 남자의 이름도 실려 있지 않다.

모 씨는 바로 하라구치 쇼지로인 것이다!

당시 50대 초반으로 타타미 영업 외에도 아사히(旭) 어시장의 사장도 겸하고 있었던 하라구치 쇼지로 씨는 목포에서는 명사, 입지적인 인물이었다. 이 수필 속에, 자신의 이름을 넣지 않아도, 호랑이를 기증한 사람은 타타미점 사장이라는 것을 목포의 일본인은 모두 알고 있었음이 틀림없다.

여기서 호랑이를 기증한 하라구치 쇼지로 씨에게 잔을 올렸다. 저녁 반주를 좋아하고 며느리를 상대로 옛날이야기를 했었다고 했다. 잔 가득히 넘치듯 술을 따르고 하라구치 쇼지로 씨 대신에 내가 마셨다. 갑자기 하라구치 쇼지로 씨가 가깝게 느껴졌다. 일본인이 거만하게 굴던 시대에, 이 나라의 직공들을 차별하지 않고 소중히 대했다고 한다.

이 나라에 들어와 나쁜 방법으로 큰 재산을 일군 사람을 이 나라 사람들은 결코 용서하지 않았을 것이었으나, 조금 다른 사람도 있었다. 하라구치 쇼지로는 일본에서 생계가 막혀 조선으로 건너왔으나, 정직한 일꾼으로 젊었을 때부터 회사를 위해 열심히 일했다. 이런 사람까지 부정하는 결백

함을 나는 가지고 있지 않다.

　목포유달초등학교의 아름다운 호랑이 박제에는 말하기 껄끄러운 일본인의 나쁜 행실이 숨겨져 있었다. 불갑산에 가까운 영광의 일본 경찰서는 마을 사람들이 함정을 파서 잡은 호랑이에 난색을 표하고, 짊어지고 4, 5일 걸리는 험한 길임을 알면서도 다시 짊어지고 돌아오라고 명령했다. 아마도 영광경찰서장은 호랑이를 몰수할 속셈이었던 것이다.

　또 자신이 쏘아서 상처를 입힌 호랑이임이 틀림없다고, 조사해 달라고 신고한 남자도 있었다. 이 남자의 행동은 어떤가? 역시 불갑산 남자들에게 돌아갈 몫을 뺏으려는 것이었다. 그 당시 불갑산과 같은 오지까지, 방약무인(傍若無人)하게 호랑이 사냥을 나간 일본인이 있었던 것이다. 조선으로 건너간 일본인에는 수렵을 취미로 하는 사람이 적지 않았다. 외제 엽총을 손에 들고, 그들은 보이는 대로 꿩과 노루, 사슴을 쏘았다. 사냥에 자신이 있는 사람, 수렵 마니아인 남자들은 점점 더 그 정도가 심해져 호랑이 사냥까지 하게 된 것이다.

　이런 일본인에 의해, 얼마나 많은 호랑이와 표범이 잡혔을까? 더 이상 아무도 모른다. 서울의 도서관을 생각했다. 총독부의 방대한 자료 속에서 수렵 조수의 포획 수 등이 없을까? 이것은 서울로 돌아갈 때, 찾아보기로 하자.

　그렇다 치더라도 전 교육장인 조찬대 선생님께서 말씀하

신 것은 사실이었다. 합병되기 3년 전에 영광과 같은 지방 마을까지, 일본경찰이 있어 경찰 전화가 있고, 이 나라 사람들에게 화약을 사용했다고 혐의를 걸고 있다. 엽총 사용을 금지시켰든가 아마도 엽총 사용금지라는 법이 채택되었을 것이었다. 1897년, 목포에 일본인 거류지를 만들 때, 영사관 경비를 위해서 경부(警部)와 순사가 붙었다. 그로부터 10년이 지나, 지방에까지 일본 경찰의 파출소와 주재소가 진출해 버렸다.

참을 수 없게 되어서, 테이블 위에 작은 역사 연표를 펼쳤다. 러일전쟁에 승리한 해가 1905년, 일본은 조선을 '보호국'이라고 하는 을사조약을 강제 체결, 반일의병항쟁, 전국적으로 확대…라고 쓰여 있다. 그렇구나, 이쯤이었구나. 가방에서 조용히 『일한병합소사(日韓倂合小史)』(야마나베 켄타로山辺健太郎 저)도 꺼냈다.

1906년, 일본은 조선 지배를 위해서, 통감부를 두었다. 통감부의 행정 활동 개시와 함께 일본 경찰에게 직접 치안 유지라는 임무도 붙었다. 13도의 도청 소재지에 경무 고문 지부를 두어, 전국에 26개소의 파출소, 122개소의 파출분소를 설치, 일본인 경찰관을 배치했다. 이렇게 설치한 장소에는 이미 조선 측의 경무소, 경무분소, 파출분소가 있었기 때문에 일본 측은 현지에 이에 대항하는 기관을 만들었던 것이다. 당시 일본 경찰의 경시(警視)가 21명, 경부가 52명,

순사가 605명.

1907년 10월, 통감부는 조선 측 경찰을 일본의 경찰로 강제 합병했다. 능률이 나쁘고 오히려 재난의 씨앗이라는 것이 그 이유였다. 일본인 순사를 1,250명으로 확대. 그 밑에 조선인 순사보를 4천 명 고용했다. 아마도 여기서 경찰은 전국적으로 총과 도검의 단속을 실시하지 않았나 싶다.

그렇게 되면 유달초등학교의 호랑이가 잡혔던 해는 학교의 기록대로 1908년일지도 모른다. 이제 겨우 알아냈다고 안심하고 있자, 레스토랑의 젊은 사장이 다가왔다. 낙지를 상추와 깻잎에 싸서 입에 넣으라고 손짓 발짓으로 가르쳐 주었다. 그렇구나, 가르쳐 준 대로 하자, 살아 있는 낙지 다리가 입 안에 들러붙지 않았다. 깻잎은 차조기 잎과 똑같으나 기름기가 조금 많다. 향은 꽤 좋다.

합병되기 3년 전에 전국의 경찰은 일본인의 것이 되었다. 이렇게 해서 그들은 호랑이를 잡는 사냥꾼에게까지 구실을 붙여 엽총을 소유하는 것을 힘들게 만들었다. 일제의 지배를 35년간이라고 이 나라 사람들은 말한다. 나도 1910년(메이지 43년)부터라고 생각한다. 그러나 그 몇 년 전부터 비극적인 실력행사는 시작되어 있었다.

취기가 슬슬 올라오자, 혀가 근질근질해져서 학교의 호랑이에게 말하고 싶은 말을 찾았다. "너의 숨겨진 경로를 더듬어 너의 존재 가치가 몇 배나 높아졌다. 한국의 유일한 박제라는 의미 이상으로, 너의 존재는 한일 관계와 조일(朝日)의 관계에 깊은 관심을 가지고 있는 많은 사람들에게, 여러 가지를 가르쳐 준다고 굳게 믿는다.

벌써 5년 전, 처음으로 너를 만났을 때, 너의 파란 눈이 나에게 무언가를 말하려고 한 것은 바로 이것이었는가? 결국 나에게 자신의 이야기를 써 달라고 말했던 것이었는가?"

갑자기 수상 레스토랑에 레코드가 흘렀다. 곡은 '목포의 눈물'로, 애절한 목소리로 부른 가수는 이성애(李成愛)였다.

일본에 한국 트로트의 훌륭함을 처음으로 소개한 사람이 바로 이성애이다. 키가 큰 그녀에게 일본의 팬이 많다. 트로트이나, 저속하지도 않고 알토의 기품 있는 저음으로, 듣기에 딱 좋다. 넋을 잃고 듣고 있자, '… 유달산'이라는 부분이 나왔다. 말은 잘 몰라도 담겨 있는 이별의 슬픔은 마음속 깊은 곳까지 전해져 왔다.

해가 저무는 목포의 바다를 바라보면서 2번, 3번 앙코르를 하며 이성애의 노래를 들었다.

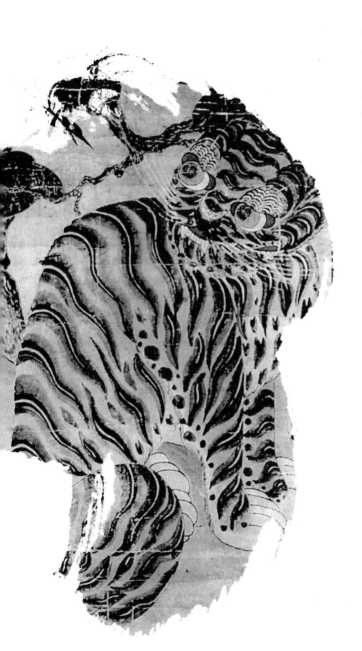

열
셋。

새끼 호랑이

아침, 목포의 거리는 안개에 둘러싸였다. 지붕들은 실루엣만 보일 뿐, 저 너머로 태양은 숨어 있었으나 지금이라도 그 모습을 드러낼 것처럼 주위는 눈부셨다. 버스터미널 주위에는 흰색, 빨간색의 페튜니아가 예쁘게 피어 있었다. 도로 건너편의 갈대밭에서 개개비가 시끄럽게 울고 있었다. 목포가 가구 십수 채의 한산한 마을이었던 옛날에는 주위가 모두 이런 풍경이었을 것이다.

터미널의 매점에는 카운터와 의자가 있어서 간단한 식사가 가능했다. 김밥과 가락국수를 먹었다. 김밥에는 단무지와 시금치, 계란이 들어 있다.

무엇을 먹어도 맛있었다. 어제의 대발견의 여운이 아직 전신에 남아 있어, 몸 마디마디가 나른했다. 유달초등학교의 호랑이가 여기로 옮겨진 비화를 드디어 잡은 것이었다. 계속해서 웃음이 터져 나오더니 이젠 이유도 없이 하품이 계속 나왔다. 이대로 일본으로 귀국해도 좋겠다는 생각조차 했다.

매점의 주근깨 아가씨가 훗 하고 소리를 냈다. 무언가 기분이 나쁜가 하고 기색을 살피자 그렇지도 않았다. 이 나라의 젊은 여성들은 일반적으로 잘 모르는 남자들에게는 붙임성이 없다. 무작정 싱글벙글하지 않는 것이 관습인 것 같다. 불친절이라고 하면 그렇지도 않다.

"아저씨…."

말을 걸어왔다.

"광주요."

하면서, 많은 개찰구를 가리키며 그곳의 표를 받는 아저씨에게 말을 걸었다. 벌써 버스가 출발하는 시간이 다가온 것이다.

"아가씨, 고마워요."

그녀는 고개를 끄덕일 뿐이었다.

광주로 가는 길, 여름의 태양은 작열하고 있었다. 밭에는 기다란 마늘 줄기에 꽃이 피어 있었고, 양파의 잎은 말랐으며, 그것을 모자를 쓴 농부가 봉지에 담고 있었다. 논은 거의 대부분이 모내기가 끝나 있었다. 모가 자라고 있는 논 한가운데에 흰 백로가 있었다.

광주에서 고속버스로 갈아타고 정오가 지나서 경주에 도착했다. 이젠 더 이상 조사하지 않아도 되었지만, 호랑이에게 습격당한 김유근 할아버지의 근황이 궁금했다. 가능하다면 호랑이 사냥에 참가한 사람도 찾고 싶었다. 통역은 적당히 나이가 있는 사람이 좋았다. 구정동까지 택시를 타고 갔다. 다시 만난 불국사역, 유스호스텔을 지나 작은 매점 앞에서 내렸다.

확실히 이 근처였다. 한글 간판을 들여다보았다. 태화상점. 일본이라면 옛날의 구멍가게라고 불릴 만한 가게로, 가게 앞에 등나무로 만든 담이 펼쳐져 있었다. 안쪽의 방에는 연배가 있는 남자 2명이 있었다. 이런 기쁜 일이, 한 명은 몇 년 전에 만난 주인아저씨였다. 일본어로 말을 걸자, 2명은 갑자기 깜짝 놀란 얼굴을 했으나 이내 미소를 지었다. 와이셔츠 차림의 주인아저씨는 김영권 씨, 점퍼 차림의 남자는 김용건(金容乾) 씨로 옆집 사람이었다. 두 분은 1914년 출생의 죽마고우로 70세이다. 여전히 유머러스한 김영권 씨의 입담으로,

"생각났다⋯. 3, 4년 전에 호랑이 때문에 왔었지? 뭐, 벌써 5년이나 지났다고? 김유근 씨는 죽었어. 확실히, 엔도 씨가 방문한 뒤, 한 달도 안 되서였지."

역시나 이미 늦었다. 호랑이에게 물린 할아버지는 이젠 없었다.

"장수했지. 그 할아버지. 호랑이에게 반죽음을 당했는데도, 그로부터 50년 이상이나 살았으니⋯. 대단했지. 자손들도 많이 생기고. 장남은 울산인가 어디에서 음식점을 시작했다고 하지? 농사를 그만두고⋯."

태화상점의 주인아저씨는 일제시대에 경주에서 일본어를 배웠다. 한국전쟁 중에는 체신관계의 일을 했다고 한다.

"나는 호랑이를 전혀 기억하고 있지 않아. 아마, 말라리아 때문에 열이 났었던 때였을지도 몰라. 당시는 말라리아가 유행해서 하루걸러 열이 났지. 학교도 하루걸러밖에 못 갔고…. 이봐, 자네 기억하고 있잖아. 엔도 씨한테 말해줘."

김용건 씨는 싱글벙글 웃더니, 긴장된 어조로 말하기 시작했다. 주인아저씨가 통역을 해 주었다.

"내가 6살 때인가…, 7살 때였군. 물론 기억하고 있지. 대덕산에서 잡은 호랑이의 사지와 몸통을 통나무에 끼워 묶어서 12명이 짊어지고 날랐지. 대단히 큰 호랑이였어…. 사람들로 인해 인산인해를 이루었지. 우리들은 어른들 다리 밑으로 기어들어가서 봤어. 원래 그 호랑이는 울산 쪽에서 와서, 경주군 양남면 효동(孝洞)에서 사람 한 명을 잡아먹고 대덕산으로 이동했다고 알려졌지."

효동은 17, 8㎞ 남동쪽으로 떨어진 마을이다. 대덕산의 호랑이는 원래 사람을 잡아먹는 호랑이였을까?

"그것뿐만이 아니야. 잡히기 전날, 여기서 4㎞ 떨어진 대일리(大日里)라는 마을에서 송아지 한 마리를 잡아먹어서 배가 부른 상태였어, 그 호랑이는."

대일리는 고속도로 건너편에 있는 마을이다. 당시는 시골길이었을 것이었다. 아니, 그 당시 기차는 이미 다니고 있었다. 대덕산의 호랑이는 밤에도 그곳을 건넜던 것이다. 호랑이는 하룻밤에 80~100㎞나 달린다고 어느 문학작품에 쓰여 있었다. 그러나 소련의 연구자들은 보통, 하룻밤에 달릴 수 있는 거리가 8~10㎞라고 한다. 2㎞ 정도 달리면 기어 다닐 정도로 힘이 빠져서 쉰다고 한다. 그들은 눈길의 발자국을 쫓아서 조사한 것이었다.

"대일리에서 송아지를 잡아먹지 않았더라면, 그 할아버지, 잡아먹혔을 것이야. 음…, 할아버지 성격? 온후한 사람이었지. 아, 호랑이에게 물리기 전에는 힘이 셌다고 들었어. 땅딸막했지만 씨름을 잘했다고 들었거든. 응? 그 당시 호랑이 사냥에 참가한 사람들? 음…, 글쎄…."

도중에 주인아저씨의 이야기가 되어 버렸다.

"들은 적이 없지…. 호랑이 사냥에 나간 사람들. 그 호랑이는 미야케 순사가 쏜 것이었어. 구정동에서는 누구나 다 그렇게 말하지. 그렇지? 이 양반아?"

"그렇지. 미야케였어. 이위우가 쏘았다니…. 들은 적도 없어. 위우는 벌써 죽었지. 이미 수십 년 전에. 이런, 잊어버렸네. 장례식이 언제였는지."

70세의 두 명은 대덕산의 호랑이를 일본인 순사가 쏘았다고 말하면서도 태연했다. 고개를 갸우뚱했다. 50대인 이상걸 씨는 큰아버지인 이위우 씨가 쏘았다고 말하며 미야케설(說)을 부정했다. 진실은 어느 쪽인가?

가게에 손님이 와서, 김영권 씨가 일어났다. 해가 긴 계절이어서 한국의 저녁 무렵은 밝았다. 시계로는 5시였으나, 아직 3시나 4시 같은 기분이 들 정도로 서쪽 해가 길었다. 남녀 고등학생 열 몇 명이 들어와서 주인아저씨에게 뭐라고 말하고 있었다. 손에는 작은 손쟁기와 모종삽을 들고 있었다. 김영권 씨가 밖으로 나가서 지도를 하기에 나도 밖으로 나갔다. 담 밑에 페튜니아와 데이지의 모종을 심고 있다. 4H 클럽의 회원들로, 향토미화라는 봉사를 하고 있다고 한다.

주위를 둘러보니, 일본이라면 어디에도 굴러다니는 비닐봉지, 쥬스캔 등이 없다. 일본이 외관이 정비되어 있어 청결하게 보이나, 수습하기 어려울 정도로 더러운 곳이 많은 것은 왜일까?

길을 건너, 이상걸 씨의 집을 방문했다. 토요일이어서 이미 집에 있을 시간이었다. 지난번 일에 대한 감사의 말도 하고 싶었고 호랑이 이야기의 그 뒤도 듣고 싶었다. "여보세요."라고 부르자, 부인이 아닌 다른 여성이 나타났다. 일본어가 아예 통하지 않았다. 깜짝 놀란 얼굴로 기둥에 붙어서 손을 내칠 뿐이었다. 어쨌든 부재중인 것 같았다. 장기간 부재중인지, 뜰이 황폐해져 있었다.

태화상점으로 다시 돌아오자, 등나무담 밑의 의자에 마을 할머니들이 3명 앉아 있었다. 이상걸 씨를 물어보자, 모두들 뭐라고 말을 하기 시작했다. 어떻게 어느 정도 의사소통을 한 뒤, 김영권 씨에게 통역을 부탁하자, 새로운 일을 시작해서 대구로 갔다고 한다. 유감이었다. 이미 경상북도 관광협회장은 그만두었다고 한다.

대덕산 호랑이 사냥을 목격한 사람이 없는지 물어보자, 모두들 글쎄 하는 표정이었다. 이만큼 가구 수가 있는데 80세 이상의 노인들은 적은 것 같다. 저 사람은 치매가 들었고, 이 사람은 병으로 누워 지낸다는 등 이러한 여러 상황 속에서 간신히 2명을 추천받았다. 김영권 씨가 내일 통역 겸 안내를 해 준다고 한다. "잘 부탁합니다."라고 머리를 숙여 감사의 말을 전하고 시내에 있는 호텔로 돌아왔다.

다음 날 아침 9시에 태화상점을 방문하자, 김영권 씨는 하얀 여름용 양복에 넥타이까지 매고 기다리고 있었다. 은색의 장발을 휘날리며 나를 재촉하더니 얼른 걷기 시작했다.

"가게는 괜찮습니까?"

"응, 집사람이 가게에 있어."

뒤를 돌아보자, 몸이 조금 통통한 여성이 배웅을 하고 있었다. 김영권 씨보다 20살 정도 연하로 보였다.

"젊은 부인이시네요."

"응, 두 번째지. 첫 부인이 먼저 죽었어."

"그렇습니까? 네⋯."

"나는 경주의 시의원이었어. 박 대통령 시절에, 전원 부

당하게 그만두게 되었는데, 이번에 부활시키자는 이야기가
있어."

"…."

"먼저 여기를 한 번 들러 보세. 여기 양반은 항문이 좀
안 좋아."

이상걸 씨 집 근처의 작은 골목길로 들어가 큰 문을 통
과하자 뜰 안에는 빨간 원피스를 입은 여자아이가 있었다.
화려한 파마머리였다. 김영권 씨가 "할아버지는?"이라고 물
어보자, 더듬거리며 대답을 했다. 떨어져 있는 화장실에서
작은 몸집의 할아버지가 엉거주춤한 자세로 나왔다. 일어난
지 얼마 되지 않았는지, 잠옷 차림이었다. 치질이 있는 것
같았다.

이충우(李充雨) 씨, 1908년 출생의 77세이다. 마루가 깔
린 응접실로 안내받았다. 대덕산 사건이 일어났을 때 13세.
경주의 보통학교에 다녔기 때문에 일본어에 능통했다.

"그날 일…, 잘 알고 있고말고. 길바닥에 김유근 씨의 피
가 한 방울, 한 방울씩 떨어져 있었어. 무서웠지. 사람들
이 호랑이를 잡는다고 산을 뒤졌지. 도로의 저기까지 나와
서 할머니들도 모여서 봤어. 대덕산 쪽에서…, 탕, 탕 하고
총소리가 났어."

이충우 씨는 목을 움츠리고 숨을 바꾸었다. 소년 시대의
기억은 사라지지 않았다. 온화한 농민의 생활을 보낸 듯한

사람 같았다.

"음…, 미야케 순사가 쏘았다고 들었군. 미야케 순사는 스포츠를 매우 잘했지. 마르고 키가 큰 사람이었어. 교정의 저쪽 끝에서 저쪽 끝까지 물구나무를 서서 걸어 다니며 학생들에게 그 모습을 보여 주었지. 구경하던 학생들을 쫙 세워서 말이야. 모두들 미야케 순사의 물구나무서기에 감탄했지…. 왜냐하면 우리들은 어떻게든 물구나무서기를 하면 바로 꽈당 하고 넘어질 뿐이었거든."

"그러면…, 그다지 무서운 순사가 아니었나요?"

"그렇지…, 그거야."

말을 흐리자, 김영권 씨가 말을 덧붙였다.

"아이들이 울면, '미야케 순사가 온다.'라고 말하지 않았는가? 부모들이."

"음, 그것도 그렇군…. 역시."

당시, 아직 구정동에는 교회가 없어 호랑이에게 물린 김유근 할아버지는 나중에 기독교인이 되었다는 것과 오오사카 킨타로(大阪金太郎)라는 보통학교의 일본인 교장선생님이 퇴직 후에 경주박물관장이 되었다는 것 등을 들었다.

다음으로 김유근 할아버지 집 근처의 노인을 방문했다. 높은 콘크리트 담을 성벽처럼 두른 큰 집이었다. 강도나 도둑 등이 거의 없는 것 같은데 이 나라에서는 시골집도 경계가 엄중하다. 튼튼한 문을 통과해 안채로 들어갔다. 손자에게 방문 이유를 설명하고 할아버지가 있는 방으로 안내를 받았다.

최봉호(崔鳳鎬) 씨, 1902년 출생으로 83세. 온돌방에 얇은 요를 깔고 누워 있었는지 우리들을 보더니 일어나 책상다리를 하고 몸을 추슬렀다. 온돌방은 기분 좋게 선선했다. 온돌은 석실까지는 아니지만, 뜨거운 햇볕을 안 통하게 하는 것 같다.

최봉호 씨는 큰 몸으로 안경을 쓰고 있었다. 은발에는 머릿기름을 발라 빗으로 잘 넘겼다. 호랑이가 나왔을 때, 19세였다. 호랑이 사냥에 몰이꾼으로 동원되지 않았을까?

"아니 아니, 나는…, 몰이꾼으로 나가지 않았어. 그날, 나오라는 명령이 없었거든, 확실히."

눈을 깜빡거리며 말했으나 한국어였다.

"그날, 동쪽에서 토함산 북쪽의 황룡리까지 길 공사가 있어서 2, 3백 명의 인부들이 근처 마을로부터 모여들었지. 그 사람들을 몰이꾼으로 했으니 구정동에서는 아마 한 명도 참가하지 않았어."

그렇구나, 이상걸 씨의 통역으로 김유근 할아버지를 방문했을 때, 추석이 가까워서 많은 젊은이들이 귀성해 있어서 그들을 동원했다고 들었으나 틀린 것 같았다. 이 마을에서 몰이꾼은 나오지 않았기 때문에 호랑이 사냥을 체험한 사람이 없었던 것이었다.

"김유근 씨가 호랑이에게 당한 것이 아침이었을 것이야. 아마도 9시나 10시 정도였을 거야. 그로부터 경주 경찰서에 통보하고, 사수를 모으고, 호랑이 사냥 준비가 끝난 것이 오후 2신가 3시였을 것이야. 도로공사를 중지시키고 대덕산으로 향하게 했지."

최봉호 씨는 생생하게 말했다. 자녀와 손자 등 집안 남자들까지 방문 입구에 모여서 귀를 기울이고 있었다.

"인부들에게는 소리가 나는 물건들을 들게 했지. 피리부터 북, 법고(法鼓)에 장고(杖鼓), 징에 정고(鉦鼓)까지, 마을에 있는 농악기는 전부 나왔지. 거기에 양철캔도 유력한 무기였어. 그것들을 징징, 쾅쾅, 휘휘 소리를 내며 두들기며 불며 산을 뒤져서 뒤를 쫓게 했지."

김영권 씨는 손짓을 넣어 가며 통역을 하더니, 어느새 호랑이 사냥 이야기에 몰입해 버렸다. 빠른 속도로 진행했기 때문에 중간 중간 중지시켜 통역을 해 달라고 했다. 김영권 씨는 어느새부터, 나보다 더 빠져들었다.

"인부들은 잘도 호랑이를 무서워하지 않고 몰이꾼으로 나갔네요."

"그거야…, 경찰의 명령이었으니까. 호랑이보다 더 무섭지. 경찰이."

김영권 씨는 눈을 가늘게 하며 웃었다.

그러자 최봉호 씨는 입을 삐죽 내밀며 머리를 흔들었다.

"음, 마을 사람들은 명령을 받아도 안 나갔을 것이야. 김유근 씨가 피투성이가 되어서 옮겨지는 것을 본 사람도 있었고, 한쪽 팔을 호랑이에게 떼였다는 소문이 확 나돌았기 때문이지. 누구도 움직이지 않아, 무서워서."

"…."

"일본 경찰들은 말이야, 인부들에게 새끼 호랑이가 나타났다고 말했어. 작은 새끼 호랑이니까 놓치지 않게 잘 쫓으라고…."

김영권 씨가 한숨을 쉬었다. 웃으며, 침을 삼키며, 눈물을 닦으며, 통역을 들었다.

"인부들이 새끼 호랑이라면 괜찮다고 재미 반으로 쫓으러 가자, 이게 웬걸. 무려 암소만 한 호랑이야. '어미 호랑이도 있다!'라고 소리치며 깜짝 놀라자, 호랑이는 마침 사수 쪽으로 왔어. 그리고 탕 하고 쏘자 바로 쓰러져 버렸지. 그러자 미야케 순사가 모두를 진정시키고 혼자서 호랑이 옆으로 가더니 호랑이가 죽었는지 살았는지 봤어. 왜냐하면 호랑이는 죽은 척하면서도 사람 2, 3명 정도 죽일 수 있는 힘은 가지고 있기 때문이야. 꼬리가 축 늘어지면 죽은 것이지. 확인하더니, 미야케 순사는 힘이 센 사람 8명 정도 오라고 불렀어. 굵은 통나무에 호랑이 사지를 묶어서 주재소까지 들고 나른 것이지."

"실제로 호랑이 사냥을 보셨습니까?"

"보고말고…. 대덕산 기슭까지 가서 말이야…. 몰이꾼이 난리를 치자…. 호랑이가 2m 정도의, 소나무 위로…, 뛰어 올라가는 것이…, 보였어."

"사수가 발포하기 전인가요?"

"응, 응. 바위 위에 있던 것을…, 쏘았지."

이 근처에서는 웬일인지 김영권 씨가 띄엄띄엄 끊어서 통역을 했다.

"주재소 앞에 호랑이를 내려놓자, 경찰서장이 호랑이 등에 올라탔어. 그런데 그 서장은 몸집이 꽤 큰 남자인데 발이 지면에 닿지 않았지. 몰이꾼 중 한 명이 장난으로 '이게 새끼 호랑이냐?'라고 말하자, 경찰에게 얻어맞았어. 그러고 나서 경주에서 백정을 3명 불러서 가죽을 벗겼지. 지금의 유스 호스텔이 있는 곳에서."

백정이라고 하는 것은 가축의 도축을 생업으로 하는 어딘가 수수께끼에 싸인 사람들을 말한다. 백정은 백정 이외의 사람들과의 교류를 극단적으로 싫어한다. 당시는 천민 신분의 사람으로서 차별을 당했었다. 지금도 백정의 이야기를 할 때, 이 나라 사람들은 두려움과 모멸감과 같은 표정을 띠우는 경우가 많다.

그런 백정들이 도착해, 날카롭게 번뜩이는 칼을 휘두르며 아무 말도 없이 호랑이를 해체했다. 가죽은 일본 경찰이 들고 갔으나 고기와 뼈는 어떻게 했을까? 깊은 감사의 말을 전하고 최봉호 씨의 집을 나서자, 김영권 씨가 이야기해 주었다.

"호랑이 고기는 조금씩 나누어서 모두에게 나누어 주었다고 하지. 그것이 지금도 남아 있다고 해. 귀중한 약이니까."

자, 다음은 이쪽이라고 밭 한가운데의 샛길을 걸으며 이상목(李相睦) 씨의 집 쪽으로 향했다. 김영권 씨는 이젠 나를 끌어들이는 기세였다. 이상목 씨는 호랑이를 한 방에 잡았다고 여겨지는 이위우 씨의 장남이다. 위우 씨는 이미 예전에 고인이 되었으나, 여기에도 사냥에 관한 이야기가 있을 것 같았다.

산기슭의 일각에 빨간 기와지붕을 얹은 집이 방문할 곳으로, 높은 배나무가 집 뒤편에 우뚝 솟아 있었다. 정원으로 들어가자, 목욕탕이 안채와는 별도로 되어 있었고, 세탁기가 돌아가고 있었다. 50대의 날씬한 부인이 나와서 상목 씨는 장례식이 있어서 멀리 나갔다고 한다.

김영권 씨의 통역으로 내가 일본인이라는 것을 알자, 부인은 갑자기 유창한 일본어로 이야기하기 시작했다.

"어서 안으로 들어오세요."

이상목 씨는 17세에 바다를 건너 22년이나 일본에서 생활했다고 한다. 가업을 이을 동생이 한국전쟁 때 전사를 해서 귀국했다고 한다.

"딸 3명을 동경에서 키웠어요."

부인은 회상에 잠긴 듯 살짝 웃었으나, 대덕산의 호랑이에 관해서는 들은 것이 없다고 한다. 어쩔 수 없었다. 방으로 들어가서 이위우 씨의 사진을 보았다. 양반으로 엽총의 허가도 가지고 있을 만큼 자산가에 유지였다. 흰 한복에 위의를 갖추고 옛날 유생(儒生)처럼 갓을 쓰고 있었다.

"천천히 쉬세요."

부인은 더 계시라고 했지만 계속 있을 수만은 없었다.

위우 씨의 부인은 어떻게 계신지 물어보자, 서울의 따님 집에서 생활하고 있으며 건강하다고 한다. 전화번호를 받고 밖으로 나왔다. 문 앞의 밭에는 고추 모종이 한가득 심어져 있었다. 건너편의 콩밭에서 콩잎을 따고 있는 사람들이 있었다. 배웅을 해 준 부인에게 딴 콩잎을 어떻게 할 건지 물어봤다. 마늘을 다져서 된장에 넣어서 그것으로 콩잎 장아찌를 만든다고 한다. 만들고 나서 며칠 지나면 먹을 수 있다고 한다. 잎으로 쌈밥을 해 먹으면 향도 좋고 맛있다고 한다.

대덕산 기슭의 샛길을 따라 걸었다. 해가 높아져, 토함산 위에 있는 흰 구름이 눈부셨다. 벌써 한여름 햇빛이다. 땀을 흘리며 구정동을 지나 김영권 씨와 함께 태화상점으로 돌아왔다. 등나무 담 밑은 녹색의 무성한 잎으로 시원했다. 테이블에 김영권 씨와 함께 마주보고 앉아 차가운 우유로 건배를 했다.

"정말로 덕분에…, 귀중한 이야기를 들을 수 있었습니다.

역시 방문한 보람이 있었습니다.”

　“재미있는 이야기가 남아 있어서 다행이야⋯. 그러나 사실이 아닌 이야기도 있었어. 알고 있나?”

　전 시의원인 김영권 씨는 헐헐헐 하고 웃었다.

열넷.

호랑이、 표범、 늑대、 곰의 구제

서울로 돌아와 원 교수를 통해 이위우 씨의 부인에게 만나 주실 수 없을까라는 부탁을 하자, 이틀 뒤 저녁이라면 딸과 함께 시간이 된다고 한다. 그동안 서울대학교 도서관을 드나들었다.

서울대학교는 아시아 유수의 대학교로 유명하다. 학생 수는 3만 명. 이 나라의 엘리트만이 아니고 유학생들도 많이 있다. 관악산 기슭에 생긴 지 얼마 안 된 건물들은 모두 크고 새로웠다. 6층 높이의 도서관 건물은 옆으로 길었으며 경사면 중간에 있는 언덕 위에 위치해 있다.

일 층의 접수대에 원병오 교수의 소개장을 내밀고 도서 상담계인 이상은 선생님을 만났다. 이 선생님은 50세이나 건강한 몸을 하고 있어서 매우 젊어 보였다. 일본어는 잘 못했지만, 그런대로 의미는 잘 통했다. 일본어로 된 낡은 책을 열람하고 싶다고 하자 흔쾌히 4층으로 안내를 해 주었다. 광복 전에는 이 나라의 최고학부였던 경성제국대학교의 65만 권 상당의 도서 카드박스가 이곳에 있다. 여기서 책을 찾기로 했다.

젊은 남녀 학생도 여기저기서 카드를 찾고 있었다. 과연 일본어로 된 책을 찾는 사람은 적었다. 아이우에오(한국어의 가나다라에 해당함, 역자 주) 순으로 찾고 싶은 책을 기록하자, 이 선생님이 다가왔다. 30여 권 정도 체크한 책을 보여주자, 이렇게 많은 책은 대출하는 데 시간이 걸리니, 직접 서고로 들어가라고, 특별대우라고 말해 주었다. 덩실거리며 6층 서고에 들어갔다. 접수처에 접수원인 남녀가 4명 있었으며, 서고는 거대한 창고 같았다. 한가운데에 통로가 있고 좌우로는 높은 책장이 나란히 줄지어 있었다.

사회 부문의 방대한 코너로 들어갔다. 책들은 전부가 광복 전의 활자로 낡은 것이었으나 나에겐 보물덩어리였다. 높은 천장의 형광등은 창백하고 조금 어두웠으나, 참을 수 있었다. 체크한 순으로 찾아서, 『조선총독부 조사월보』를 발견했다. 호랑이와 표범의 포획 수 등이 실려 있을 것 같은 것들을 정성껏 책장을 넘기며 찾았으나 없었다.

흑청색의 백과사전 같은 책이 나란히 꽂혀 있었다. 『조선총독부 통계연보』라는 금문자가 들어 있었고 합병 전의 메이지 42년(1909년)판부터 있었다. 식민지 시대의 방대한 통계자료였다. 농림, 수산부터 상공업, 교육에서 사법 경찰까지, 이 나라의 피와 땀을 짜낸 증거들이 수치화되어서 자세히 적혀 있었다.

한숨을 쉬면서, 눈으로 훑었다. 수렵자와 엽총의 수 등이 실려 있어서 이 연보에는 포획조수(鳥獸) 등이 실려 있을 법했다. 일본이라면, 다이쇼 연간(大正年間, 1912년)부터 있을 거라고 생각하며 찾았으나, 발견할 수 없었다. 호랑이와 관계없으나 흥미를 불러일으킬 만한 것이 있어서 페이지를 넘기는 손이 멈추었다. 전염병이라든가 광견병으로 죽은 사람의 수, 버려진 아이들의 수, 범죄자 수, 금의 산출고 등이 바로 그것이었다.

서고 구석에서 열중하며 읽었다. 목포유달초등학교 호랑이의 경위도 찾아냈고, 경주의 호랑이 사냥 이야기도 들었다. 이젠 무리할 필요가 없었다. 대성공의 여운은 아직 꼬리를 끌고 있어서 페이지를 넘기는 손이 느릿느릿했다. 쇼와 4~5년(1929~1930년)까지 20권 정도 읽고 연보는 포기했다.

사회 부문의 책장에서 『목포지』, 『목포부사』가 있는 것을 발견했다. 다시 『여담일속』을 복사했다. 이것은 꽤 도움이 되었다. 창문이 아예 없는 서고 남측의 안쪽에는 직경 2m 정도 되는 송풍기가 돌아가고 있었다. 공기가 머무는 것을 막고 있는 것 같았다.

책은 관리가 잘되어 있으나, 역시 40년 전의 책이다. 책을 만지자, 어느샌가 양손이 까맣게 되었다. 계단 밑의 화장실로 가서 몇 번이나 손을 씻었다. 다른 층의 복도는 어디를 가도 사람들로 붐볐는데, 6층의 일본 서적 방은 조용했다. 서울에서는 일본어 붐이 일어나서 일본어를 배우고 있는 젊은 사람들이 많다고 하나, 이곳의 낡은 책을 이용하기까지는 아직 도달하지 못했나 보다. 가끔 중년의 교수인 듯한 사람이 보였을 뿐이었다.

12시가 되어서, 직원들의 휴식시간이 되었다. 벽을 타고 콩콩콩 하고 샌들소리가 나더니, 젊은 여성 접수원이 송풍기 쪽으로 지나갔다. 발소리가 멈추었다고 생각하자, 형광등이 꺼지기 시작했다. 금방 주위가 어두워져 갔다.

"이봐요, 여기 사람 있어요⋯."

급한 대로 일본어로 소리치자, 그녀는 꺅 하고 비명을 지르더니 어두운 안쪽에서 밝은 쪽으로 달려 나갔다.

"나야, 나야, 나라고!"

소리를 치자, 상황은 더 안 좋아져서 그녀는 금속성 소리를 질렀다. 사람이 있다고 생각지도 못했나 보다. "여보세요. 누가 있어요? 누구세요, 당신은?"

밝은 접수처에서 멈추어서 숨을 헐떡이며 말을 걸어왔다. 한국어여서 도무지 못 알아들었으나, 격한 어조였다. 책장 끝에 모습을 드러내고 손을 흔들자, 어두운 이쪽을 응시하더니 겨우 안심하며 다가왔다.

"유령이 나온 줄 알았어요. 정말."

아마도 이런 식으로 말한 것 같았다. 그녀는 스위치가

있는 곳으로 갔다. 이런, 샌들 한쪽이 벗겨져 있었다. 서고 안은 미로와 같아서 평소부터 무서워했던 것 같았다.

"어두운 곳에서 이상한 외국어가 들렸는걸요…."

그녀는 불평을 말하며 샌들을 주우러 왔다. 일본인이라면 이럴 때, 멋쩍은 듯 아양을 떨지만, 이곳에서는 조금 달랐다. 표현이 솔직하다고 생각한다. 나중에 복사를 부탁할 때 이름을 물어보자, 김은식이라는 예쁜 이름이었다. 얼굴 한가득 청춘의 상징 있는 발랄한 아가씨였다.

점심을 어떻게 할까라고 생각하면서 회보 같은 것을 집었다. 『조선휘보朝鮮彙報』였다. 두꺼운 철을 넘기자, '조선에 있어서의 맹수 피해 및 그 예방구제'라는 것이 눈에 들어왔다. 무서명으로 다이쇼 4, 5년(1915, 16년)의 호랑이, 표범, 곰, 늑대 등의 피해, 구제 수가 실려 있었다. 오! 이 것은 굉장한 것이 틀림없었다! 느슨해진 신경이 단번에 팽팽해졌다.

"찾았다! 찾았어! 여러분!"

날뛰면서 접수처까지 달려갔으나, 아무도 없었다. 심호흡을 하고 다시 서고 안으로 돌아왔다.

이런 자료가 있었구나! 다이쇼 4년(1915년)에 호랑이에게 잡혀 죽은 조선인은 한반도 전체에서 8명, 5년(1916년)에는 3명 있었다. 어떻게 된 일인지 내지인이라고 하는 일본인도 1명 당했다. 호랑이 사냥을 하다가 도리어 당한 것이 아닐까? 그러나 꽤 큰 피해라고 생각하고 있다. 소련의 조사로는 극동남부에 사는 사람이 호랑이와 만나는 일은 극히 드물다고 하여, 과거 50년 이상 걸쳐서 사람이 호랑이에게 당한 것은 단 1번뿐이었다. 그 사건은 1976년 2월, 트랙터를 운전하던 사람을 호랑이가 트랙터 옆에서 죽여서 몸의 일부를 먹었다고 한다.

소련의 시호테알린보호구 안에서 호랑이와 인간 사이에 일어난 사고가 이렇게 적다는 것은 놀라운 일이다. 그것에 비해서, 당시의 한국호랑이에 의한 인신사고가 많은 것은 왜일까? 소와 말의 피해는 매우 컸다. 다이쇼 4년(1915년)에는 127마리, 5년(1916년)에는 83마리나 피해를 입었다. 돼지와 염소인지, 그 외의 가축의 피해는 498마리나 있었다.

시호테알린의 경험으로는 야생 유제류(有蹄類)의 수가 줄고 그곳으로 인간이 진출하자 호랑이가 가축을 습격하는 일이 급격히 증가했다고 한다. 똑같은 일이 한반도에도 일어난 것이 아닐까?

점심을 먹을 계제가 아니었기 때문에, 밝은 곳으로 책을 들고 나와 숫자에 눈을 돌렸다.

늑대에 의한 피해가 나와 있었다. 다이쇼 4년(1915년)에 늑대에게 당한 사람은 113명으로, 소와 말은 340마리나 있었다. 이것은 굉장한 숫자이다. 호랑이와 표범 이상의 피해인 것이다.

피해 건수에 이어 구제 작전이 나와 있었다. 다이쇼 4년(1915년)에는 경찰관과 헌병이 3,321명, 공무원이 58명, 사냥꾼이 2,320명, 몰이꾼이 91,252명으로 4,220일이나 동원되었다. 이것으로 구제된 호랑이가 11마리, 다음 해에는 13마리였다. 표범, 곰, 늑대의 포획 수에 눈이 휘둥그레졌다. 다이쇼 5년(1916년)에 표범이 95마리, 전년도에 곰이 261마리, 늑대가 122마리 등, 현재 한국의 산야에서 이런 야생동물들이 눈에 띄지 않는 현실을 생각하면 믿기 어려운 숫자였다.

일제시대의 관헌에 의한 구제작전 중에 늑대와 표범만의 사냥도 있었을 것이다. 그러나 호랑이만을 목적으로 한 사냥에서 다른 동물까지 다 쏘아 죽였다고 생각할 수도 있다.

아, 이런 구제작전이 호랑이를 멸종시킨 직접적인 원인인 것이다. 잠시 동안, 망연자실해서 눈을 감았다. 조선인 사냥꾼에게서 총을 빼앗아 일본인만이 게임 감각으로 사냥을 즐기며 호랑이를 쏘아 사냥을 했다고 생각했으나, 그 이상으로 이런 대량 동원으로 인한 철저한 구제작전이 있었던 것이었다.

연별			호랑이		표범		곰	
			죽음	부상	죽음	부상	죽음	부상
다이쇼 4년 (1915)	사람	일본인		1		1	1	3
		조선인	8	2	2	3	3	12
	가축	소. 말	127	11	78	16	1	1
		기타	438	22	284	37	12	12
다이쇼 5년 (1916)	사람	일본인	1	1				
		조선인	3	3	2	2		2
	가축	소. 말	83	13	48	24	2	
		기타	498	41	501	80	2	5
증 감	사람	일본인	+ 1			− 1	− 1	− 3
		조선인	− 5	+ 1		− 1	− 3	− 10
	가축	소. 말	− 44	+ 2	− 30	+ 8	+ 1	− 1
		기타	+ 60	+ 19	+ 217	+ 43	− 10	− 7

연별			늑대		멧돼지		기타		계	
			죽음	부상	죽음	부상	죽음	부상	죽음	부상
다이쇼 4년 (1915)	사람	일본인				1			1	6
		조선인	113	50	2	31		1	128	99
	가축	소. 말	340	77			3	2	549	107
		기타	1,289	231	8		259	5	2,290	307
다이쇼 5년 (1916)	사람	일본인	1	3	1	2			3	6
		조선인	53	25	5	22			63	54
	가축	소. 말	386	112	2				521	149
		기타	1,398	171	53	7	389	21	2,841	325
증 감	사람	일본인	+ 1	+ 3	+ 1	+ 1			+ 2	
		조선인	− 60	− 25	+ 3	− 9		− 1	− 65	− 45
	가축	소. 말	+ 46	+ 35	+ 2		− 3	− 2	− 28	+ 42
		기타	+ 109	− 60	+ 45	+ 7	+ 130	+ 16	+ 551	+ 18

해수피해 조사표 (『조선휘보』 1917년 8월호, 총독부 발행) –『조선에서 맹수피해 및 그 예방구제』에서

연별	구제일수	포획된 해수 및 그 마리 수					
		호랑이	표범	곰	늑대	멧돼지	사슴
다이쇼 4년 (1915)	4,220	11	41	261	122	1,162	128
다이쇼 5년 (1916)	6,177	13	95	168	106	1,502	58
증감	+1,957	+2	+54	−93	−16	+340	−70

연별	구제일수	포획된 해수 및 그 마리 수			포획방법		종사자주			
		노루	토끼	그 외	총기	덫, 그 외	경찰관 및 현병	공무원	사냥꾼	몰이꾼, 그 외
다이쇼 4년 (1915)	4,220	6,175	308	329	2,218	6,319	3,321	85	2,320	91,252
다이쇼 5년 (1916)	6,177	2,772	304	275	3,775	1,518	3,226	107	3,097	44,460
증감	+1,957	−3,403	−4	−54	+1,557	−4,801	−95	+22	+777	−46,792

해수피해 조사표 (『조선휘보』 1917년 8월호, 총독부 발행) ─ 『조선에서 맹수피해 및 그 예방구제』에서

전국에 진출한 일본 경찰은 호랑이와 늑대가 나왔다고 들으면, 대덕산에서 있었던 것처럼 주민들과 몰이꾼을 동원해, 계속해서 죽였던 것이다. 이때 사슴과 멧돼지, 노루 등도 대량으로 죽였기 때문에 호랑이의 먹이가 되는 동물들의 수가 격감했다. 그것이 간접적으로 호랑이의 멸종에 연결된 것이 아닐까?

호랑이의 멸종에 대해서 『조선휘보』를 통해 겨우 확실한 증거를 얻었다. 새로운 기록은 아니었지만, 힘을 내어서 『조선휘보』를 전부 읽었으나, 다이쇼 6년(1917년) 외에는 실려 있지 않았다. 독사, 광견병 등이 나올 뿐이었다. 어떻게 된

것일까라며 고개를 갸우뚱하자, 아까 유령 소동을 벌인 김은식 씨가 다가와서, 서고는 5시에 닫는다고 했다.

초조해하면서 월간지철을 저쪽부터 이쪽까지 눈으로 훑었다. 저쪽 책장, 이쪽 책장을 돌아다니며 가득히 꽂힌 책 중에서 『조선』다이쇼 15년(1926년) 1월호에 요시다 유지로(吉田雄次郎) 씨의 『호랑이와 조선』을 발견했다. 5시에 가까운 시각이었다. 요시다 씨는 『조선 수렵해설』을 출판한 총독부의 기수(技手)이다. 다이쇼 8년(1919년)부터 13년(1924년)까지 호랑이와 표범의 지방별 포획 수가 실려 있었다.

다이쇼 10년(1921년), 경상북도에 1이라고 있다. 이것이 대덕산의 호랑이로, 공식적으로는 한국의 마지막이라고 불리고 있는 호랑이다. 그러나 11년에도(1922년) 6마리 포획되었다. 전라남도에서는 다이쇼 13년에(1924년) 6마리 포획되었다. 이것은 굉장했다. 한국의 마지막 호랑이는 대덕산 호랑이 사건으로부터 3년 뒤인, 1924년까지 남부지방에 남아 있었던 것이었다. 6년간 포획된 수는 65마리였다. 표범은 더욱더 많아서 385마리. 이것도 꽤 대단한 수였다.

김은식 씨에게 복사를 부탁하고 이 선생님과 사무실분들에게 깊은 감사의 말씀을 드리고 서울대학교를 나왔다. 이곳의 도서관에는 연간, 5~6명의 일본인이 찾아올 뿐이라고 한다.

돌아가는 버스는 요란스러운 건설 공사현장을 통과했다. 올림픽이 다가와서 거리는 어디나 공사 중이었다. 중심가는 고층빌딩의 건축 러시가 한창이었다. 오른쪽으로, 왼쪽으로 지하철 공사를 피해 가면서 버스는 달렸다. 버스 속도가 느리게 느껴져서 안절부절못했다. 빨리 돌아가서 복사물을 검토하고 싶은 마음으로 견딜 수 없었다. 이것은 어쩌면 쿠로다 박사의 『원색일본포유류도설』의 호랑이에 대한 기술을 넘는 자료였다. 무차별적인 구제 작전으로 인해 포획되었으나 한반도의 호랑이 분포와 멸종 상황을 그대로 나타낸 자료인 것이 틀림없었다.

회기동의 공터에 저녁 해가 비추었다. 리어카를 끈 남자가 큰 가위로 철컥 철컥 소리를 내며 "채소요, 채소!"라고 소리를 쳤다. 거리에서는 남자아이들이 능숙하게 축구공을 차고 있었다. 원 교수 집의 석조 문 앞에 도착해서 초인종을 누르자 "네." 하는 부인의 목소리가 들렸다. "엔도예요." 라고 말하자, 철컥 하고 문이 열렸다. 돌계단을 올라가서 인사를 서둘러 하고 거실로 들어갔다. 차가운 바닥에 앉아서 복사물을 꺼냈다. 원 교수는 아직 대학교에서 돌아오지 않았다고 한다.

『호랑이와 조선』의 요시다 유지로 씨는 총독부에서 수렵과를 담당한 공무원이다. 기수라고 하니, 직급으로는 아래쪽이었다. 자격이 있는 쪽을 기관(技官)이라고 부른다. 그러나 하급공무원이었지만 이 사람은 노력가였다. 이렇게 훌륭한 논문을 남겼으니… 일단 복사물에 합장을 했다.

	다이쇼 8년 (1919)		다이쇼 9년 (1920)		다이쇼 10년 (1921)		다이쇼 11년 (1922)		다이쇼 12년 (1923)		다이쇼 13년 (1924)		계	
	호랑이	표범	호랑이	표범	호랑이	표범	호랑이	표범	호랑이	표범	호랑이	표범	호랑이	표범
경기도				1		2		1		5		4		13
충청북도														
충청남도			1	1									1	1
전라북도		1		1						3		4		9
전라남도						2		2		2	6	10	6	16
경상북도					1		6					9	7	9
경상남도					1	1		6					1	7
황해도				5	1	7		8		12		17	1	49
평안남도				3		4			1	5		5	1	17
평안북도		4		7	1	7		13		13		7	1	51
강원도		2	1	3	4	3		14		16	2	13	7	51
함경남도		4		16	3	16	3	12	1	12		14	7	74
함경북도	3	7	3	9	9	18	6	18	10	23	2	13	33	88
	3	18	5	46	20	60	15	74	12	91	10	96	65	385

조선에서 호랑이, 표범의 지방별 포획수 (요시다 유지로(吉田雄次郎)의 『호랑이와 조선』 - 월간지 『조선』 1926년 1월호에서)

첫 페이지에 호랑이의 크기가 나와 있었고, 체중이 85관(318kg), 드물게 90관(337.5kg)을 넘는 것도 있지만, 한국호랑이 중에서 이렇게 큰 것은 없다고 전문(傳聞)을 소개하고 있었다. 다음 문장으로 눈을 돌렸다. 그대로 인용하면,

"재작년이었다. 사이토 총독이 구입한 호랑이 가죽을 감정해 달라는 명령으로 관저를 방문한 적이 있으나, 가죽 2장 모두 매우 컸다. 말하자면 그중 한 장은 대단히 커서 7척(2.1m) 정도나 되었다. 털은 그렇게 많지 않고 길지도 않았으나, 복부는 하얗고 누르스름한 정도가 커서 시베리아호랑이라고 말했으나, 도저히 조선의 호랑이로는 볼 수 없을 정도로 크기가 컸다."

사이토 미노루(齊藤實)는 이와테 현 출신의 해군 대장으로 나의 고향에서는 위인으로 통하고 있다. 1919년(다이쇼 8년)에 일어난 3·1 독립운동의 책임을 묻고 하세가와(長谷川) 육군 대장이 사임한 뒤, 조선 총독이 되었다. 부임했을 때, 서울역에서 나이 든 한 애국자가 그에게 폭탄을 던졌으나 기적적으로 살아남았다. 헌병에 의한 무단정치를 문치정책으로 바꾸어서 명총독으로 불렸다고 이렇게 이와테의 백과사전에 실려 있다.

3·1 독립운동은 무기를 들지 않고 만세를 외치는 데모대를 폭도라고 해, 일본 관헌은 그들에게 총칼로 대항했으나 운동은 전국으로 퍼져, 참가한 조선인들은 2천만 명. 조선에 있는 경찰과 군대만으로는 진압할 수가 없어서, 일본은 육군 보병 6대대, 헌병 4백 명을 추가로 조선으로 파견했다. 가차 없는 탄압에 의한 조선인 사상자는 2만 명 이상, 일설에 의하면 10만 명이라고도 한다. 관헌만이 아니라, 조선에 있는 일본 소방단 등도 독립운동을 한 조선인들에게 흉기를 들고 공격했다. 그래도 독립운동은 멈추지 않았으며, 진압에는 1년이나 걸렸다.

사이토 총독은 합병 이후 시행되어 온 헌병경찰제를 폐지하고, 보통경찰제로 전환하였고, 관사(官使)와 교원에게 착용시킨 금사(金絲)를 넣은 제복과 서양칼을 폐지했으나, 한국의 중고교생용 역사 교과서는 그를 민족말살, 동화정책을 진행시켜 독립운동을 한층 더 곤란하게 만든 교활한 지배자라고 하고 있다. 그런 사이토 총독이 개인적으로 커다란 호랑이 가죽을 2장이나 손에 넣었다는 것은 흥미로운 일이다.

요시다 씨는 근년, 호랑이 가격이 폭등했기 때문에, 포획된 수가 늘어나 그 결과, 호랑이 수가 줄어든 것은 사실이라고 서론을 말하고, 다이쇼 8년(1919년)부터 6년간의 호랑이 포획 수를 보고했다. 해수구제의 포획 수라고 썼기 때문에 통상적인 수렵기간에 잡힌 수는 들어 있지 않았을지도 모른다. 그러나 한반도의 마지막 호랑이의 분포를 나타낸 기록으로서 둘도 없는 귀중한 것이다.

여기서 새삼스레 다시 지도를 꺼내 바라보자, 한반도는 호랑이 모양을 하고 있었다. 한반도의 면적은 22만 평방킬로미터, 일본의 3분의 2에 해당했다. 호랑이 머리와 앞다리에 해당하는 국경의 대부분은 압록강과 두만강을 경계로 중국과 접해 있고, 일부는 러시아와 접해 있다.

포획된 65마리를 분석해 보자, 거의 반수인 33마리가 함경북도에서 잡힌 것이었다. 호랑이의 오른쪽 앞발에 해당하는 러시아와 중국 동북부에 접한 지대, 국경의 두만강을 따라서 최고봉인 백두산이 보이는 그 주변이 호랑이의 마지막 낙원이었을 것이다. 우수리의 시호테알린산맥의 시베리아호랑이, 중국의 흑룡강성(헤이룽장성), 목단강성(무단장성), 길림성(지린성)에 있는 것을 동북호랑이라고 부르지만,

아마도 이들 호랑이와 교류를 하고 있었을 것이었다.

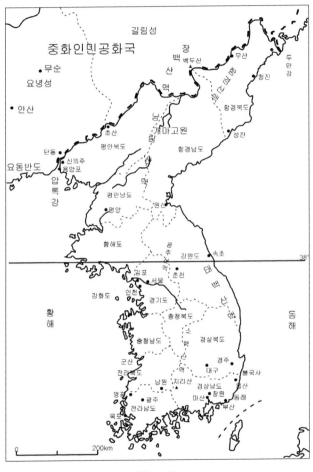

한반도 지도

인접한 함경남도에서 7마리, 여기에도 장백산맥의 큰 삼림이 있고, 함경산맥의 개마고원에는 호수와 절벽이 수없이 많다. 호랑이의 먹이가 되는 사슴 등도 많았다. 험한 지형이어서 도로도 통하지 않았다. 거기서 호랑이의 등에 해당하는 강원도에서는 7마리. 화강암, 편마암이 험하게 드러나는 태백산맥이 통과하고 있다. 산양, 멧돼지 등도 많았고, 옛날부터 유명한 사냥터였다. 계속해서 호랑이의 허리에 해당하는 경상북도도 7마리였다. 여기에는 태백산(1,549m)이 우뚝 솟아 있으며, 산 형태는 크고 깊다. 강원도처럼 호랑이가 서식할 수 있는 조건이 갖추어져 있는 곳이다.

이렇게 해서 보면 북동부에 호랑이가 마지막까지 남아 있었다는 것을 알 수 있다. 한국의 중추에 해당하는 태백산맥이 이어져 산세가 험해 호랑이 사냥이 쉽지 않았기 때문이었을 것이다. 서남단으로 옮겨, 전라남도에서도 6마리 잡힌 것은 여기에도 불갑산, 월출산 등 바위산이 있기 때문이었다.

호랑이에게 당한 사람은 6년간 14명. 평균 2~3명. 표범에게 당한 사람은 더 많아서 4~6명이다. 이것들을 보면 한반도에는 호랑이보다 표범이 많아서 표범에 의한 피해가 많았음을 알 수 있다. 다이쇼 4, 5년(1915, 1916년)과 비교해, 인신 피해는 줄었다. 관헌에 의한 구제작전은 효과를 계속 올리고 있었다.

차고의 셔터를 올리는 소리가 들리더니, 계단 밑의 정원으로 원병오 교수의 차가 들어오고 있었다. 포니라고 불리는

			죽음	부상	계
다이쇼 8년 (1919)	호랑이	사람	1	2	3
		소, 말	29	1	30
		그 외의 가축	207	6	213
	표범	사람		3	3
		소, 말	20	7	27
		그 외의 가축	158	8	166
다이쇼 9년 (1920)	호랑이	사람	2	2	4
		소, 말	28	10	38
		그 외의 가축	271	27	298
	표범	사람	12	4	16
		소, 말	25	8	33
		그 외의 가축	210	62	272
다이쇼 10년 (1921)	호랑이	사람	7		7
		소, 말	39	15	54
		그 외의 가축	233	22	255
	표범	사람	9	7	16
		소, 말	30	7	37
		그 외의 가축	244	36	280
다이쇼 11년 (1922)	호랑이	사람	2	1	3
		소, 말	70	12	82
		그 외의 가축	488	35	523
	표범	사람	3	1	4
		소, 말	31	23	54
		그 외의 가축	300	67	367
다이쇼 12년 (1923)	호랑이	사람		8	8
		소, 말	31	5	36
		그 외의 가축	312	14	326
	표범	사람	2	2	4
		소, 말	56	17	73
		그 외의 가축	445	119	564
다이쇼 13년 (1924)	호랑이	사람	2	3	5
		소, 말	36	12	48
		그 외의 가축	167	14	181
	표범	사람	2	6	8
		소, 말	46	23	69
		그 외의 가축	321	73	394
총 계	호랑이	사람	14	16	30
		소, 말	233	55	288
		그 외의 가축	1,678	118	1,796
	표범	사람	28	23	51
		소, 말	208	85	293
		그 외의 가축	1,678	365	2,043
연 평균	호랑이	사람	2.3	2.6	5.0
		소, 말	38.8	9.1	48.0
		그 외의 가축	279.6	19.6	299.3
	표범	사람	4.6	3.8	8.4
		소, 말	34.6	14.1	48.7
		그 외의 가축	279.6	60.83	340.5

조선에서 호랑이, 표범에 의한 피해통계 【요시다 유지로 (吉田雄次郎) 「호랑이와 조선」 –월간지 「조선」 1926년 1월호에서】

검은 국산차로 고성능인데다가 싸고 외국으로의 수출 현황도 좋은 차다. 드디어 보기 좋게 살찐 아저씨와 같은 몸집을 흔들며 원 교수가 들어왔다. 땀을 흘리며 "덥다, 더워"라고 연발하고 있었다. 원 교수는 바로 헐렁한 잠방이와 셔츠차림으로 변신했다.

"오, 엔도 씨, 좋은 얼굴이네요…. 서울대학교 도서관에서 뭔가 발견했나요? 어디, 어디…."

복사물을 들여다보며 원 교수는 소리를 질렀다.

"이, 이런 자료가 있었습니까? 나도 몰랐네…. 이것은 굉장하네요! 호랑이의 포획 수가 자세히 나와 있군요…. 이것은 들은 적도, 본 적도 없어요!"

원 교수는 평소에도 콧구멍이 큰 사람이다. 그것을 더욱 더 크게 하며,

"그것도…, 잘도 발견했네요…. 아주 훌륭한 자료를 발견했네요! 과연 엔도 씨! 잘됐네요. 네, 나에게도 복사해서 주세요. 이 자료는 우리나라에서도 필요한 자료예요."

자료가 전부 갖추어지지 않아 띄엄띄엄 손에 넣은 것과 발견하기까지의 고생한 이야기를 하자,

"그렇군요, 고생 많이 했네요. 자, 내일도 서울대학교에 가세요. 당연히 괜찮죠, 며칠 묵어도. 이 자료의 뒤편과 중간 중간 빠진 자료를 찾으세요. 전부 갖추어진다면…, 고생하시겠네요. 자, 축배를 듭시다. 성대하게…. 그렇다 치더라

도, 잘도 발견하셨네요. 이런 자료는 이젠 우리들은 찾아낼 수도 없어요."

원 교수는 다시 한 번 더 복사물에 눈을 돌리더니 거친 숨을 내쉬었다.

다음 날, 저녁은 이위우 씨의 부인과 만날 약속이 있었다. 약속 시간과 장소를 원 교수에게 알려주고 아침부터 서울대학교의 서고에 갔다. 김은식 씨가 또 왔어요라는 눈으로 쳐다보았다.

어제도 보았지만, 목차를 한 번 더 훑어보았다. 얇은 월간지철은 의외로 시간이 걸렸으나, 꼼꼼하게 주의하며 읽었다. 오늘은 문학계까지 범위를 넓혔다. 경찰관의 동인지(同人誌) 같은 것과 교원들의 『문교(文敎)의 조선』등, 다이쇼에서 쇼와 20년(1945년)까지의 월간지여서 꽤 많은 권수가 나왔다. 주의하며 보았으나, 호랑이에 관한 것은 어디에도 실려 있지 않았다.

"어려운 일인걸…. 어딘가에 있을 것 같은데…."

중얼거리며, 어제 본 『조선총독부 통계연보』를 다시 한 번 더 읽었다. 메이지 42년(1909년)부터 다이쇼, 쇼와 4, 5년(1929, 30년)판까지를 넘겨보고 그 뒤로는 포기했었기 때문이었다. 타성에 젖어서 대충대충 8년판(1919년)의 목차를 넘겨보다가 깜짝 놀랐다. 경찰란에 '해수피해, 구제(害獸被害, 驅除)'가 있었다. 만세!

역시 통계연보에 들어 있었다. 펼쳐보니, 쇼와 8년(1919년), 지방별로 분류되어 있는 훌륭한 것이었다. 다이쇼 13년(1924년)부터 9년에 걸쳐서 호랑이는 2마리밖에 구제되지 않았다. 호랑이에게 당한 사람은 2명, 가축은 19마리. 대단히 그 수가 줄어들었다. 다른 연도를 찾아보니, 쇼와 13년(1938년)판까지 이어지더니, 이런, 3년간을 뛰어넘어 쇼와 17년(1942년)판에 자료가 정리되어 있었다.

호랑이의 구제 수는 쇼와 9년(1934년)에 1마리, 12년(1937년)에 3마리, 13년(1938년)에 1마리, 15년(1940년)에 1마리로 끝났다. 촛불이 점점 작아지면서 꺼지는 듯한 최후였다. 15년의 자료는 산지가 불분명했으나, 쇼와 8년(1933년)부터 13년(1938년)까지의 자료의 호랑이는 전부 북한이 산지였다. 그 당시에 벌써 한국에서는 호랑이가 잡히지 않았던 것 같았다. 철저한 관헌 주도의 '해수구제'가 이 나라의 아름다운 호랑이를 멸종시켜 버린 것이다.

오늘도 점심 먹을 시간을 아껴 가며…라는 것은 거짓말로, 어디가 식당인지, 거대한 대학교 안에서는 헤매기 쉽기 때문에, 공복을 참아 가며, 중간 중간 빠진 자료의 연도를 찾아보았으나, 모두 찾지는 못했다. 찾은 것만 복사를 해서 다시 읽어 보았다.

한국의 마지막 기록이 궁금했다. 쇼와 12년(1937년) 전라북도에서 호랑이에게 피해를 입은 사람이 2명 있다. 가축의 피해로는, 호랑이에 의한 것으로 보이는 것은 쇼와 11년(1936년)에 경상북도, 충청북도에서 합계 4마리, 쇼와 17년(1942년) 경상남도에 1마리가 있다. 어째서 호랑이에 의한 피해라고 인식했는지 일말의 의문은 있었으나, 이때까지 호랑이가 한반도 남부에 남아 있을 가능성을 시사하는 것이라고 생각한다.

책장 사이의 의자를 정리하고 일어섰다. 창백한 형광등에 비친 거대한 서고를 바라보면서 잠시 동안 멍하니 서 있었다. 조선총독부가 남긴 방대한 자료에서 또 하나, 이 나라의 자연을 빼앗은 증거를 발견해 버렸다.

목포의 장세창 교감선생님의 말이 생각났다.

구분	총합			호랑이		표범	
	총합	죽음	부상	죽음	부상	죽음	부상
(1) 사람							
쇼와 8년 (1933)	77	30	47	1	1	1	1
쇼와 9년 (1934)	41	18	23	–	1	1	4
쇼와 10년 (1935)	34	15	19	–	–	–	–
쇼와 11년 (1936)	63	27	36	–	–	–	1
쇼와 12년 (1937)	36	8	28	2	2	–	2
쇼와 13년 (1938)	28	4	24	–	–	–	1
쇼와 14년 (1939)	25	8	17	–	–	–	–
쇼와 15년 (1940)	31	16	15	2	–	–	–
쇼와 16년 (1941)	61	17	44	–	1	–	2
쇼와 17년 (1942)	51	18	33	1	–	–	–
(2) 가축							
쇼와 8년 (1933)	2,229	1,732	497	16	3	154	46
쇼와 9년 (1934)	1,869	1,504	365	4	–	106	9
쇼와 10년 (1935)	2,135	1,593	542	17	1	75	18
쇼와 11년 (1936)	2,202	1,744	458	20	8	65	13
쇼와 12년 (1937)	1,798	1,311	487	7	3	32	22
쇼와 13년 (1938)	1,950	1,450	500	24	17	86	14
쇼와 14년 (1939)	1,755	1,303	452	19	8	76	22
쇼와 15년 (1940)	1,771	1,428	343	2	2	42	11
쇼와 16년 (1941)	2,445	1,884	561	27	3	146	39
쇼와 17년 (1942)	2,285	1,715	570	19	10	117	29

해수피해(『조선총독부 통계연보』 쇼와 `17년(1942)에서)

구분	곰		늑대		기타	
	죽음	부상	죽음	부상	죽음	부상
(1) 사람						
쇼와 8년 (1933)	2	1	26	36	–	8
쇼와 9년 (1934)	4	2	12	12	1	4
쇼와 10년 (1935)	2	–	13	13	–	6
쇼와 11년 (1936)	2	–	24	26	1	9
쇼와 12년 (1937)	–	2	5	16	1	6
쇼와 13년 (1938)	1	5	3	5	–	13
쇼와 14년 (1939)	1	–	5	6	2	11
쇼와 15년 (1940)	1	1	11	9	2	5
쇼와 16년 (1941)	2	12	12	15	3	14
쇼와 17년 (1942)	–	9	14	15	3	9
(2) 가축						
쇼와 8년 (1933)	20	2	1,472	421	70	25
쇼와 9년 (1934)	1	–	1,383	347	10	9
쇼와 10년 (1935)	1	1	1,482	501	18	21
쇼와 11년 (1936)	2	–	1,628	425	29	12
쇼와 12년 (1937)	3	–	1,251	421	18	41
쇼와 13년 (1938)	24	2	1,240	430	76	37
쇼와 14년 (1939)	3	–	1,167	396	38	26
쇼와 15년 (1940)	–	–	1,345	307	39	23
쇼와 16년 (1941)	20	14	1,644	475	47	30
쇼와 17년 (1942)	24	16	1,471	476	84	39

해수피해(『조선 총독부 통계연보』쇼와 `17년(1942)에서)-계속
(가축은 소, 말, 돼지, 토끼, 개, 닭, 염소 및 양)

구분	총합	두수(頭數)				
		호랑이	표범	곰	늑대	멧돼지
쇼와 8년 (1933)	4,102	2	14	98	180	829
쇼와 9년 (1934)	4,348	1	14	104	136	973
쇼와 10년 (1935)	3,914	—	10	62	116	946
쇼와 11년 (1936)	4,762	—	9	50	117	1,176
쇼와 12년 (1937)	4,093	3	12	58	134	1,125
쇼와 13년 (1938)	4,306	1	15	63	78	1,150
쇼와 14년 (1939)	4,205	—	2	46	129	1,244
쇼와 15년 (1940)	5,294	1	8	36	110	1,676
쇼와 16년 (1941)	6,644	—	4	50	70	2,339
쇼와 17년 (1942)	6,443	—	15	43	71	2,922

구분	두수(頭數)		구제종별(驅除種別)		
	노루	사슴	총기	덫	그 외
쇼와 8년 (1933)	2,971	8	3,471	218	413
쇼와 9년 (1934)	3,120	—	3,488	241	619
쇼와 10년 (1935)	2,779	1	3,288	282	344
쇼와 11년 (1936)	3,403	7	3,711	327	724
쇼와 12년 (1937)	2,761	—	3,271	345	477
쇼와 13년 (1938)	2,978	21	3,535	335	436
쇼와 14년 (1939)	2,774	10	3,494	275	436
쇼와 15년 (1940)	3,451	12	4,863	207	224
쇼와 16년 (1941)	4,176	5	6,112	176	356
쇼와 17년 (1942)	3,380	12	5,870	179	350

해수구제

"아이들은 호랑이가 이 나라에 아직 있었으면 좋겠다고 말하고 있으며, 저희들도 또한 그렇게 지도를 하고 있습니다."

산신령이라고도 하며, 또는 산신의 사자(使子)로서, 이

나라 사람들은 호랑이를 우러러 받들었다. 함정을 파서 조금씩 잡아서, 그 가죽을 인근 국가의 왕에게 헌상하는 일은 있어도 호랑이가 없어졌으면 좋겠다고 생각하지는 않았다. 사람과 가축에 피해는 있었어도, 호랑이는 효자를 잡아먹지 않는다거나, 행실이 바른 사람은 호랑이에게 잡아먹히지 않는다고 믿으며 호랑이와의 공존을 꾀해 온 것이었다. 한국의 상징이라고도 불리는 동물에게, 일본은 무슨 일을 저질러 버린 것인가?

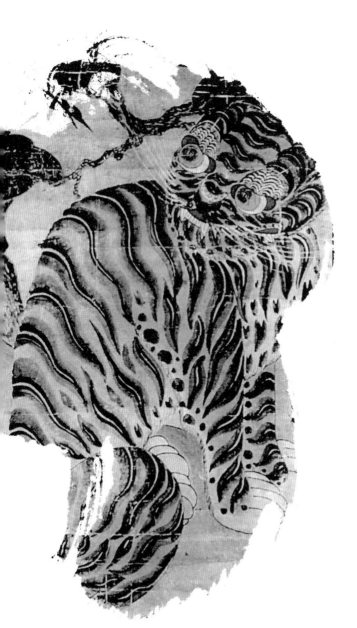

열다섯。

북한、 중국의 호랑이

저녁, 원병오 교수와 중도에서 만나 함께 이위우(李渭雨) 씨의 부인 댁을 방문했다. 부인 댁은 한강 남쪽으로, 새로 지은 서울 종합운동장 근처였다. 88서울올림픽이 3년 후로 다가와 그 부근은 스포츠 시설의 건설 붐을 맞이하고 있었다.

아파트가 좁아 집으로 초대하는 것이 어렵다고 하여 가까운 커피숍에서 만나기로 했다. 커피숍에서 기다리자, 82세의 부인을 양옆으로, 따님과 사위가 부축하듯 모시고 들어왔다. 부인은 하얀 여름 블라우스에 갈색의 롱스커트 차림이었다. 머리는 은비녀로 단정히 쪽을 지었다. 따님은 안경을 쓰고 있었고, 단단한 몸을 한 사위는 스포츠 셔츠 차림이었다.

커피숍의 코너에 라이트를 켜고 마주보고 앉았다. 원병오 교수가 통역을 해 주었다.

"대덕산에서 호랑이가 잡혔을 때, 남편은 25세, 저는 18세였습니다. 음력 1월에 결혼을 했고, 호랑이는 8월에 잡혔습니다. 아니요, 저는 집에 있었으나 호랑이를 보러 가지 않았습니다. 마을은 큰 소란이었지만요."

부인은 진지한 얼굴로 대답했다.

"어째서 호랑이를 보러 가지 않았습니까?"

원 교수의 질문을 따님이 받더니 조금 밝은 얼굴로 설명해 주었다.

"그 당시 벌써 배가 많이 불러서⋯, 그래서 제대로 걸을 수 없어서 밖으로 나가지 않았다고⋯, 생각합니다. 네? 어머니?"

부인은 굳은 얼굴로 조용히 고개를 끄덕였다.

"음⋯, 누가 호랑이를 쏘았는지⋯, 저는 듣지 못했습니다. 엽총은 집에 있었습니다. 그 호랑이에 대해서는⋯, 아무것도 들은 것이 없습니다. 그날 집으로 돌아와서⋯, 아무것도 말해 주지 않았습니다."

"그 뒤로 계속, 몇 년이나 생활하시면서 대덕산의 호랑이는 화제가 되지 않았습니까?"

"네, 말이 많은 사람이 아니었으며, 멀리까지 사냥을 나가서 사냥감을 잡으면 거기서 요리를 해서 술을 마시는 사람이어서⋯, 울산에 첩이 있어서 집으로 돌아오지 않는 날도 많았습니다⋯. 호랑이 이야기는 아무것도 들은 것이 없습니다."

커다란 양반의 저택은 부인과 남편의 침실이 별동으로 따로 되어 있어서 남편이 부인의 방으로 들어갈 때는 사람들 눈에 띄지 않게 조심했다고 한다. 위우 씨는 체격이 큰 남자로, 부인과 자녀들에게 자질구레한 잡담 등은 하지 않는 타입의 사람인 것 같았다. 유력자이면서 두 번째 부인까지 두었다.

"남편이 호랑이 꼬리를 들고 찍은 사진이 있었습니다만…, 네, 엽총도 함께 들고서 말입니다. 대덕산 호랑이가 잡혔을 때입니다. 그 사진은…, 남편의 동생이 병이 났을 때, 태워 버렸습니다. 왜냐하면 무당에게 굿을 하자, 저런 호랑이 사진이 있어서 병이 낫지 않는다고 들었기 때문입니다…."

"아깝네요, 그래서 동생분의 병은 나았습니까?"

"아니요…, 낫지 않았습니다."

부인은 여전히 굳은 얼굴이었으나 주변의 우리들과 따님, 사위만이 그 소리에 웃어 버렸다.

이위우 씨는 1938년, 47세에 위암으로 고인이 되었고, 그로 인해 장남은 17세에 일본으로 건너갔다. 양반의 생활은 점점 기울어져 부인은 큰 고생을 하며 남은 3명의 자녀들을 키웠다. 같이 온 따님은 그때 4세였다고 한다.

커피숍 앞에서 부인을 둘러싸고 모두와 함께 기념사진을 찍고 차를 탔다.

"이것으로 호랑이 조사는 끝났어요? 미련 없이 일본으로 돌아갈 수 있어요?"

원 교수는 웃음을 지으며 핸들을 잡았다.

"네…, 끝났어요. 취재 중, 모든 사람들이 잘 대해 주어서…, 대일(對日) 감정이 좋지 않다고 하는데, 정말로 마음이 넓은 민족이네요. 이젠 대덕산 호랑이를 누가 쏘았는지 아무래도 좋습니다. 틀림없이 수명의 사냥꾼들이 쏘았겠죠. 내일은 명동에 있는 백화점이나 둘러보고 일본으로 갈 겁니다."

이렇게 대답했지만, 한 번 더 국립중앙도서관에 가자고 마음속으로 정했다.

그 도서관에서, 나는 총독부 발행의 국어 독본에 집중하며 한 권씩 한 권씩 확인하고 있었다. 이렇게 해서 드디어 찾았다! 대덕산 호랑이는 '호랑이 사냥'이라는 제목으로 '6권'에 실려 있었다!

제7 호랑이 사냥

어느 해, 경성(京城)에서 일본 적십자사 조선본부총회가 열렸습니다. 총재이신 칸인노미야(閑院宮) 전하는 총회에 참석하셔서, 일본으로 돌아가시는 길에 경주를 둘러보시기로 했습니다.

이때였습니다. 구정동(九政洞)의 주재소에 "오늘 아침, 대덕산에서 우리 아이가 호랑이 때문에 큰 상처를 입었습니다."라고 신고를 한 사람이 있었습니다. 미야케(三宅) 순사는 그 사실을 확인하고 "전하가 통과하시는데 일 초도 빨리 그 위험한 것을 막지 않으면 아니 된다."라고 결심했습니다.

여러 가지를 계획, 준비하고 그날 오후 백여 명의 몰이꾼은 대덕산 기슭에서 호랑이를 몰기 시작했습니다. 5명의 사냥꾼들은 산 위에서 숨어서 기다렸습니다. 몰이꾼들이 산 중턱에 이르렀을 때, 한 발의 총성이 울려 퍼졌습니다. 호랑이는 산을 뛰어올라가, 사냥꾼들 사이를 빠져나가 산의 맞은편으로 빠르게 뛰어 내려갔습니다. 미야케 순사는 총을 다시 거머쥐고 호랑이를 겨냥했으나 호랑이가 너무 빨라서 겨냥하기 어려웠습니다.

호랑이는 골짜기 너머 저편에 있는 작은 산을 올라가기 시작했기 때문에, 미야케 순사는 이때다고 한 발 쏘았습니다. 금세 호랑이는 앞발이 꺾이더니 머리를 땅에 대면서 쓰러졌습니다. 명중한 것입니다. 총알은 목덜미에서 입안을 통과해 오른쪽 송곳니를 부러뜨렸습니다.

저녁, 호랑이를 주재소까지 옮겼습니다. 모여든 사람들이 모두들 하나같이 미야케 순사의 활약을 칭찬하자, 순사는, "나는 어디를 어떻게 겨냥해서 언제 방아쇠를 당겼는지 하나도 기억하고 있지 않습니다. 단지 전하가 이곳으로 행차하시는데, 만약 이 호랑이를 쏘지 못했다면 전하께 송구스러운 마음으로 평생을 살아갔을 것입니다."라고 말했습니다.

이 호랑이 가죽은 전하에게 기념품으로 헌상되었다고 합니다.

희미한 회색으로 검은 가장자리가 붙은 110페이지의 작은 교과서였다. 표지 뒷면에 인주로 조선총독부 도서관 장서지인(藏書之印)이 찍혀 있었다. 다이쇼 12년(1923년) 9월 발행이었다.

이것이 바로 내가 5년에 걸쳐 한국과 일본의 도서관을 헤매며 찾은 교과서였다. 이것을 배운 사람들이 '대덕산의 호랑이'라고 말해, 또는 수신 교과서라고 말해서 그 발견이 늦어졌던 것이다. 발견하고 나니, 나도 참 아둔했다. 수신에 없었으면 국어책이나, 아니면 제목이 다를 것이라는 정도는 머리로도 충분히 생각할 수 있는 상황이었는데 말이다.

1921년, 즉 한반도 전국에서 일어난 3·1 독립운동의 2년 후, 칸인노미야가 경주의 불국사를 방문하기 조금 전에 사건이 일어난 것이었다. 그랬구나…, 여기에 또 새로운 사실이 나타났다. 나에게 찾아온 행운을 곰씹으며 읽어 가자, 환희는 급속히 식어 갔다. 이유로는 이 글은 내용이 매우 빈약한 작품이었기 때문이다. 마지막의 미야케 순사의 말, 전하에의 충성심만을 강조한 작품에 지나지 않는가?

이런 글이었으나, 이 글을 쓴 필자는 미야케 순사를 취재하면서 쓴 것이 아닐까? 쓰러진 호랑이 사진을 꺼내 보자, 반쯤 벌린 입안에는 왼쪽 송곳니만이 있었고 오른쪽은 검은 구멍으로 되어 있었다. 송곳니가 빠져 버린 것은 사실이었던 것 같았다. 그러나 거대한 호랑이를 잡은 사건인데, 중요한 클라이맥스에 힘이 없었다. 달아나는 호랑이를 미야케 순사가 총 한 발로 쓰러뜨렸다고 한 것뿐이었다. 이것은 어떻게 된 일일까? 호랑이가 벌건 입을 크게 벌리고 달려들었다. 남자답게 맞서서 위기일발로 쓰러뜨렸다…, 등 이런 식으로 쓸 법도 한데 이상한 일이다.

이렇게 박력이 없는 문장은 진실을 전하지 않았기 때문이 아닐까? 이 나라 사람이 쓴 것을 일본인 순사의 활약으로 한 경찰의 힘이 작용한 것 같았다. 당시의 총탄으로 호랑이의 목덜미부터 입으로 관통했다는 것도 무리이지 않을까? 호랑이나 곰의 두개골은 단단해서 탄환은 두개골 안에 박힐 뿐이다. 여기서 무언가 떠올랐다. 대덕산 호랑이는 이전에 어딘가에서 총에 맞아서 오른쪽 송곳니가 부러진 것이 아닐까?

『위대한 왕』을 쓴 백계러시아인인 바이코프는 1925년에 중국령에 접한 시베리아에서 호랑이가 사람을 습격했다는 기록이 많이 있다고 보고했다. 호랑이가 타이가(taiga)지대 안에서 사냥꾼과 부딪치는 수가 늘어나면 사람에게 상처를 입히는 위험하기 짝이 없는 호랑이가 태어난다고 한다. 호랑이 가죽이 대량으로 나돌던 때, 사람을 습격한 호랑이가 늘어난 것이다.

대덕산 호랑이는 총탄으로 상처를 입어서 매우 예민해져 사람에 대한 복수심에 불타고 있었을지도 모른다. 그래서 김유근 할아버지와 맞닥뜨렸을 때, 도망가지 않고 습격하지 않았는가? 이렇게 생각하자, 대덕산의 호랑이가 갑자기 불쌍하다는 생각이 들었다. 산을 넘어 강을 건너 정처 없이 걸어 다녀도 다른 호랑이의 자취는 없고, 인간의 자취만이 있을 뿐이었다. 게다가 몇 번이나 사냥꾼들의 총에 맞으며….

겨우 '호랑이 사냥'의 교과서에 도착했지만, 기쁨보다도, 무언가 참을 수 없는 기분이 마음속으로 퍼졌다. 이런 일본어 교과서로 이민족(異民族)의 황실에의 충성을 배우지 않으면 안 되었던 이 나라의 아이들의 당혹함을 생각했나. 되돌아보면, 쇼와 한 자릿수 태생의 나도 같은 경우였다. 그 시절 일본의 지도자들은 명령을 받으면 '천황폐하 만세!'라고 외치며 목숨을 버리는 인간을 대량 생산하려고 했었다.

복사를 부탁하고 도서관을 나오자, 접수처의 맞은편 일각에 안중근(安重根) 의사의 필적이 커다란 액자가 되어서 걸려 있었다. 1909년 하얼빈 역에서 이토 히로부미(伊藤博文)를 권총으로 죽이고 형무소 안에서 쓴 것으로 왼손의 형태가 찍혀 있었다. 손 형태를 보니, 약지의 제1관절부터 손톱까지가 없었다. 12명의 동지와 조국의 독립을 맹세하며 잘랐다고 한다. 손 형태의 옆에 있는 문장은,

一日不讀書口中生荊棘

하루라도 책을 읽지 않으면 입에서 가시가 돋는다는 의미로 여러 나라의 사람들에게 배움의 중요함을 가르쳐 주고 있는 글이었다. 힘이 넘치는 훌륭한 글로 안중근 의사가 보통 사람이 아니라는 것이 전해져 왔다. 그는 조선총감이었던 이토 히로부미를 쏘아 전 세계에 조선인의 독립에 향한 의지를 호소하려고 했던 것이다.

광장의 남쪽에 가로수와 벤치가 있다. 들여다보니, 서늘한 나무그늘에 노인들이 쉬고 있었다. 그 건너편에 안중근 의사 기념관이 있었다. 다가가 보자 돌에 '민족정기의 전당'이라고 새겨져 있었다. 가만히 보고 있자 초등학교 2, 3

학년의 학생들이 선생님의 인솔하에 모두들 기념관 안으로 우르르 들어갔다. 어린 학생들의 눈에 일본은 어떻게 비치고 있을까라고 생각하자, 견디기 어려운 기분이 들었다.

광장의 북쪽에는 원형 유리로 둘러싸인 열대식물원이 있었다. 이전에는 이곳에 일본인이 세운 조선신궁(神宮)이 있어서 이 나라 사람들은 아마테라스 오오미카미(天照大神, 일본 신화의 신, 역자 주)를 숭배하라고 강요당했었다. 이 신은 일본천황가(家)의 시조이다.

한반도 남부로, 2마리의 호랑이를 찾아서 드디어 여기까지 왔다. 몇 년을 찾고 찾은 결론이 바로 일본의 침략이 이 나라의 호랑이 멸종에 깊이깊이 관여했다는 것이었다. 호랑이를 산신으로서 숭배해 온 이 나라에 많은 일본인들이 신식의 연발총과 군총(軍銃)을 들고 밀어닥쳐 메이지 후반(1897~1912년)부터 다이쇼(1912~26년)에 걸쳐서 금세 호랑이를 멸종시켜 버렸다.

일본으로 돌아와 동경에서 니시하라 에츠오(西原悅男) 씨를 찾아가, 한 번 더, 『조선 수렵해설(朝鮮狩獵解說)』을 보았다.

'해수구제(害獸驅除)에 관한 건'이라는 다이쇼 2년(1913년) 9월의 총독부의 통지가 있었던 것이 생각났기 때문이었다. 거기에는 "해수구제를 실시하는 경우는 헌병, 경찰관이 지도·감독할 것. 지도·감독할 때, 조선인에게 총기와 탄약을 빌려 줄 때는 그 인물의 신원이 확실히 확인되는 경우에 한함, 분실과 도난 예방을 위해서 구제를 수료할 때는 헌병 경찰서에서 보관할 것. 피해가 많은 지방에서는 마을 주민들에게 함정, 덫 등을 만들게 해서 구제를 돕게 할 것." 등 자세한 규칙이 나와 있었다.

이것을 보자, 일단 압수한 엽총을 조선인 사냥꾼에게 돌려주어 구제 작전에 참가하게 했다. 그 지역의 지리에 익숙한 사냥꾼을 동원해서 일본의 헌병과 경찰관이 뒤에서 감시를 한 것이다.

마지막으로, "수해(獸害)가 많은 지방에서는 사람과 가축에 대한 피해 예방상, 각자가 충분히 경계와 주의를 할 것. 단 해수(害獸)가 나타난다고 해서 장난으로 피해를 과대 포장해 소문을 내어, 여행과 생활하기에 위험이 많다는 풍설이 퍼지지 않도록 유의할 것."이라는 규칙이 있었다. 국경지대까지 일본인을 보내기 위해서는 조선총독부에 호랑이는 눈에 거슬리는 존재였다.

호랑이만이 아니었다. 표범, 늑대, 곰, 스라소니 등 이 나라의 자연에 서식해 오던 육식동물들도 한꺼번에 해수로서 구제되어 버렸다. 이 동물들이 생태계에서 담당해 온 복잡한 역할과 위치 등은 생각하지도 않았다. 그저 대일본제국의 신민(臣民)이 정착하기 위해서 방해가 되는 것을 정리한 것뿐이었다. 이렇게 해서 자리 잡은 일본인들은 광복 전까지 90만 명이 있었다. 한반도 구석구석까지 침입을 해 내지인

(內地人)이라고 칭하며 이 나라 사람들에게 견디기 힘든 괴로움을 준 일본인이 많았다고 한다. 교활, 뻔뻔스러움(無恥), 탐욕으로 때로는 광폭(狂暴)까지. 일본인들이 조선인들에게 한 짓에 비하면, 호랑이가 훨씬 안전했었을지도 모른다.

잡은 고가의 모피가 어떻게 되었는지 짐작이 간다. 노루와 늑대 등은 잡은 사냥꾼의 자유에 맡겼으나, 호랑이나 표범의 아름다운 모피는 고급 관료의 자유에 맡겨졌다고 한다. 그것은 그들의 응접실과 마루에 깔아서 귀국할 때는 이 이상 없는 훌륭한 귀국 기념선물이 되었다.

"이봐, 어디 호랑이 안 잡힐까? 이번에 착임해 오신 ○○의 ○○ 전하가 호랑이 모피를 원하시는데. 반도 북부, 백두산 쪽을 더 뒤져서 사냥해 봐."

"네! 지금 당장 현지를 독려해 잡겠습니다!"

총독부의 일실에서는 이런 대화가 빈번히 나왔고 말단들에게 명령해 호랑이를 잡게 해, 포장(褒章)의 하나로 생각해 달려 붙은 관료들이 있었음이 틀림없었을 것이다.

그런데 여기까지 오자 한반도 북부의 호랑이는 어떻게 되었을까라고 궁금해져서 견딜 수 없었다. 그래서 나는 도쿄의 조선대학교(朝鮮大學, 일본에 있는 조총련계 대학교, 역자 주) 도서관을 방문해 조선민주주의인민공화국의 상황을 배웠다. 그러자 김일성대학교에서도 호랑이의 보고서는 내고 있지 않는다고 한다. 백두산맥에서 호랑이의 배설물은 발견되고 있으나, 호랑이는 사진으로도 찍힌 적이 없다고 한다. 과학원 생물학연구소에서도 호랑이는 그 수가 매우 적다고 한다. 그러나 평양을 방문한 도서관 선생님 이야기로는 평양의 토산품 가게에서 진짜인지 잘 모르겠지만 호골주(虎骨酒)를 팔고 있었다고 했다. 최근의 일이다.

WWF의 일본 위원회에 같은 식으로 북한의 호랑이에 대해서 물어보니, IUCN이 펴낸 레드 데이터 북(Red Data Book, 1968년판)에는 1957년에서 1966년에 걸쳐서 백두산에서 5마리가 확인되어 백두산맥의 남쪽에 남아 있을 가능성이 있다고 나와 있었다. 그 외에는 더 이상 새로운 정보가 없는 것 같았다.

국립과학박물관에도 들러서 오바라 이와오(小原巖) 씨를 찾아갔다. 검은 뿔테 안경을 쓴 오바라 씨는 아시아 포유동물의 전문가이다. 내가 조사해 온 한국의 호랑이 이야기를 웃는 얼굴로 들어 주었다.

"북한의 호랑이는 잘 모르겠네요. 그러나 중국과학원은 1980년에 처음으로 대륙의 호랑이를 발표했어요. 옛날에는 전국에 있었는데 지금은 이제 좁은 지역에 작은 무리로 분산, 고립되어 있다고 하네요."

오바라 씨의 말에 의하면, 중국호랑이는 4종류의 아종(亞種)이 있어 가장 북쪽에 분포하는 것은 동북(東北)호랑이(아무르호랑이)로, 산시성(陝西省), 무단장성(牧丹江省), 헤

이룽장성(黑龍江省), 지린성(吉林省)에 분포하고 있다. 1975
년에서 1976년의 조사로는 약 150마리가 있다고 한다. 이
중 몇 마리는 지린성의 백두산 북부에 있을 것 같다고 한
다. 북한과 땅이 연결된 지대이기 때문이다.

중국에서도 이제 겨우, 호랑이가 제일급 보호동물로 지
정되어서 밀렵자는 처벌을 받게 되었고 번식지의 환경을
보존하게 되었다. 호랑이를 포함해 각종 동물들의 자연보호
구가 지린성을 비롯해, 각 성(省)에 만들어지게 되었다.

"중국은 보호에 착수하기 시작했네요. 참 잘되었네요!"

중국인민공사는 야생생물을 자원이라 하여, 귀중한 검독수
리, 참매 등을 많이 잡아 박제용과 애완동물용으로 일본에
수출했기 때문에 호랑이도 어떻게 될지 걱정하고 있었는데
이제야 빛이 보였다. "북한의 호랑이는 동북호랑이와 교류
를 하고 있었을 거예요, 반드시! 동북호랑이만이라도 그 수
가 회복되었으면 좋겠네요. 제발 멸종만은 하지 않았으면…."

이야기를 끝내고 오바라 씨와 뜨겁게 악수를 하고 헤어졌다.

며칠 지난 어느 날, 오바라 씨가 놀랄 만한 사진을 보내
주었다. 경주 대덕산 호랑이와 그 뒤에 다리를 벌리고 앉은
경찰서장과 총을 거머쥔 순사들이 찍힌 사진이었다! 호랑
이 사냥의 기념사진이었던 것이다. 사진 속 긴 얼굴의 정한
(精悍)한 남자가 미야케 순사였다!

경성사범(京城師範)학교 선생님인 우에다 츠네이치(上田

常一) 씨가 쇼와 11년(1936년)에 발표한 논문인 『멸종해 가는 조선의 호랑이』에서 발견했다고 한다. 음－하고 뱃속의 깊은 곳에서부터 몸이 떨렸다. 과연 오바라 씨였다. 논문에는 호랑이의 크기가 실려 있었다. 나이 든 커다란 수컷으로 몸길이는 5척 7촌, 꼬리 길이가 2척 8촌, 체고(體高)가 4척, 몸 둘레가 4척 2촌, 체중이 41관이었다.

이 자료로 전체 몸길이를 추정해 보니 2.5m, 체중 153kg이었다. 이마이즈미 요시노리(今泉吉典) 박사에 의하면, 수컷 호랑이의 몸 크기는 평균 2.7～2.8m, 체중 180～240kg이라고 한다. 바이코프는 전체 몸길이 3.8m, 체중 326kg에 이르는 시베리아호랑이를 측정한 적이 있다고 한다. 한국호랑이는 일반적으로 시베리아호랑이보다 작다고 한다. 대덕산의 호랑이는 한국산의 평균적인 크기였을지도 모른다.

대덕산의 호랑이가 총에 맞은 날이 10월 2일로, 일본 적십자사 조선본부 제3회 총회에 출석한 칸인노미야가 경주를 방문한 날이 10월 12일이라고 한다. "이 가죽은 전하가 참석하신 기념으로 전하께 헌상하자, 전하께서는 매우 기뻐하셔서 10월 13일 경주 석굴암에 오르실 적에 특별히 미야케 순사를 측근에 두시고 당시의 상황을 그에게 물어보시는 등 순사는 그 영광에 감격해하며 저 멀리 있는 대덕산을 가리키며 당시 상황을 자세히 전해 드렸다."라고 쓰여 있었다.

대덕산에서의 호랑이 사냥 기념사진[앞줄 오른쪽부터 두 번째가 미야케(三宅) 순사, 우에다 츠네이치(上田常一) 「멸종해 가는 조선의 호랑이」-『과학지식』 제16권, 1936년에서]

논문은 서울 동국대학교의 원 박사가 말한 대로 쿠로다 (黑田) 박사의 『원색일본포유류도설(原色日本脯乳類圖說)』 과 똑같았다. 그중에는 "쇼와 5년(1930년) 11월 무렵, 평안 북도 운산군 북진(북한)에서 커다란 고양이만 한 새끼 호랑 이를 조선인이 잡았다. 이것을 같은 해 12월 경성의 창경 원 동물원으로 옮겨져 그로부터, 만 4년 동안 동물원에서 소중히 키웠으나 작년 2월 병으로 죽었다."라는 사실도 적 혀 있었다.

우에다 츠네이치 씨의 논문은 마지막으로 "한반도에 극

히 최근까지 넓게 서식했던 호랑이는 오늘날에 와서는 함
경북도의 오지(奧地)에서, 오히려 거의 잡히지 않을 정도로
감소하고 있다. 이런 상태가 계속된다면 반드시 가까운 시
일 내에 한국호랑이는 멸종해 더 이상 볼 수가 없게 될 것
이다."라고 결론짓고 있었다.

경성사범학교의 학자의 경고였으나 조선총독부가 그 충
고에 따라서 호랑이와 표범의 보호에 힘쓴 흔적은 없다. 위
정자들이 학자의 경고 등을 무시하는 것은 어느 시대에서
도 똑같이 일어나는 일인 것이다. 그 뒤, 대략 10년이 흘러
일본은 파국을 맞이하게 된 것이다.

총에 맞은 호랑이의 사진을 보면서 경주의 작은 가게를 운
영하는 김영권(金永權) 씨가 농담 비슷하게 말한 것을 떠올
렸다. "조선을 합병하고 나서 일본은 만주까지 손을 뻗쳤지?
한국의 호랑이를 전부 다 잡아서 씨를 말리고 다음으로는 만
주의 커다란 호랑이 가죽이 탐이 난 것이지, 그것은…."

내가 웃지도 못하고 가만히 있자, 그는 정좌를 한 다리
를 떨더니, "대덕산의 호랑이 가죽을 한국에 돌려달라고 말
해도…, 돌려주지 않을 것이야. 그러나 구정동 마을의 노인
들과 아이들이 보고 싶다고 하면…, 어쩌면 돌려주지 않을
까? 응? 어떻게 생각해?"

돌려줄 말도 없이 나는 조용히 고개를 숙이고 있을 뿐이
었다.

저자 에필로그

한국에서 호랑이는 왜 사라졌을까? 쓸데없는 참견일지는 모르겠지만, 드디어 개인적인 생각을 정리해 보았다. 이것이 사실인지 어떤지 많은 사람들의 논란을 불러 일으켰으면 하고 싶다고 생각한다. 특히, 한국분들에게 이 책의 검토를 부탁하고 싶다는 생각이 든다. 산간지역(山間部)에는 아마도, 총에 맞은 호랑이를 본 사람 등 단서가 될 만한 것들이 있을 것이다.

마지막 한 줄을 쓰고 펜을 놓고 보니, 부족하다는 생각이 들었다. 호랑이에 대한 한반도 사람들의 신앙·민속 전승 등, 흥미로운 분야를 거의 다루지 못했기 때문이다. 일본인이 생각지도 못할 정도로 한국인들은 호랑이에 대한 뜨거운 관심을 보인다. 그것을 다시 쓰지 않으면 안 된다고 생각한다.

취재 중, 가본 적도 없는 잘 모르는 한국의 마을을 혼자서 많이 걸어 다녔다. 말도 모르고 한글도 못 읽어서 가끔씩 헤매기도 했지만, "일본인?"이라고 되물으며 어르신들이나 젊은 사람들 모두 따뜻하게 대해 주었다. 일제시대의 상처가 다 아물지 않았을 텐데 정말 그릇이 큰 민족이라고 생각한다.

각설하고, 한국 4대 신문 중의 하나인 『한국일보』는 1986년 1월 7일자에 호랑이에 대해서 다음과 같은 기사를 크게 실었다. 제목은 다음과 같다.

"한국호랑이 멸종, 일제의 남획 결과.

일본 동물작가 엔도(遠藤) 씨가 총독부 자료에서 발견.

해수(害獸)로서 10년 사살계획 – 100마리 가까이 포획.

군대와 경찰, 포수 등 수만 명 동원.

1915~24년, 집중적으로 곰·표범·늑대 등도 동시에 수난."

기사와 함께 사살된 경주 대덕산의 호랑이와 나의 얼굴 사진이 실렸다. 원병오(元炳旿) 교수가 나의 자료를 기본으로 강연을 한 것이, 기사화되었던 것이다. 기사는 조선총독부의 구제작전을 소개하며, "일제는 한국의 정기를 말살하기 위해, 대대적으로 호랑이 사냥을 했다."라고 보도했다.

인터뷰를 한 원병오 교수는 당시 야생동물로 인한 피해가 심각했다는 것은 사실이었으나, 계획적으로 멸종을 꾀할 정도의 구제가 필요했을까 하고 일제의 잔학성을 지적하면서 야생동물보호를 강조했다. 또한 이러한 사실이 일본 작가에 의해 발굴된 것은 한국 학자로서 부끄럽게 생각한다고 말했다.

이 기사는 한국 내에서 큰 반향을 일으켜, 원 교수는 여기저기에서 온 문의로 힘들었다고 한다. 호랑이까지 일제에게 당했다는 충격이 컸다고 한다.

『한국일보』 기사는 바다를 건너, 내 고향의 신문인 『이와테(岩手) 일보』에 1월 27일자 사회면 톱으로 실렸다. 여기에서는 국제자연보호연맹(IUCN), 종(種)보존위원회(SSC) 명예고문이기도 한 죠시영양(女子榮養) 대학교 오바라 히데오(小原秀雄) 교수의 해설이 함께 실렸다.

"한반도의 호랑이가 급감한 원인이 정식으로 조사된 적은 없으나, 엔도(遠藤) 씨가 조사한 것은 부분적으로 진실이라 생각한다."

이 기사를 읽은 지인에게서 전화가 걸려 왔다. 많은 사람들은 호의적이었으나, 그중에는 모르는 사람으로부터 "저런 기사가 보도되면 한국의 대일감정은 더욱더 나빠질 뿐이다. 호랑이가 88년 서울올림픽의 마스코트라고 하는데, 일본이 멸종시켰다고 선전한다면 당신, 도대체 뭘 생각하고 있는 거야? 호랑이가 멸종한 원인 같은 건 이제 아무도 모르는데, 일부러 들추어내다니. 지금 당장 그만둬!"라고 강하게 항의를 받은 적도 있었다.

신경이 쓰여서 원 교수에게 확인하자, "음…, 새삼스럽게 반일감정에 불이 붙는다는 것과는 별개죠. 교과서 문제와는 또 다르죠. 예전의 일제와 현재의 일본은 다르다는 교육을 하고 있으니 걱정 말고 계속 조사해 주세요. 주제는 아직 많이 있지 않습니까?"라며 원 교수는 웃었다.

한국호랑이를 조사하면서, 내가 얼마나 이 나라의 역사에 대해서 잘 몰랐던가 라고 몇 번이나 느꼈다. 특히, 통감한 것은 합병에 관한 근대사였다. 현지를 직접 걸어 다녀 보니 역사책에는 나오지 않은 어두운 부분이 많이 있었다. 이런 어두운 부분은 백일하에 드러내는 것이 좋다고 생각한다. 거기서 인류는 교훈을 얻을 것이고 원인이 확인된다면, 어리석은 잘못을 반복하지 않을 것임이 틀림없다. 날 비난하는 사람이 있어도, 한일 간의 어두운 역사에 가능한 밝은 빛을 비추지 않으면 안 된다. 그렇게 하지 않으면 진실한 우정은 생기지 않을 것이며 비운의 죽음을 맞이한 호랑이도 구제를 받을 수 없게 된다.

많은 도움을 주신 한국의 원병휘(元炳徽) 박사, 조자용(趙子庸) 씨, 이상걸(李相杰) 씨, 김영권(金永權) 씨, 윤금석(尹金石) 씨, 조찬대(趙燦大) 선생님, 김용호(金龍皓) 선생님, 장세창(張世昌) 선생님, 일본의 오바라 이사오(小原巖) 씨, 니시하라 에츠오(西原悅男) 씨, 하라구치 하루오(原口晴雄) 씨부부, 이시다 미츠오(石田三男) 씨, 그 외 한국에서 만난 많은 분들에게 감사를 드린다.

문득 지난날을 되돌아보니, 한국의 국립중앙도서관과 서울대학교를 작년에만 12일이나 방문했다. 양 도서관의 호의에는 말로 표현할 수 없을 만큼 고맙게 생각한다. 나는 해수구제(害獸驅除)에 관한 자료를 전력을 다해 찾았으나, 발견할 수 없었다. 관련 자료가 일본에 있을지도 모른다고 생각하며, 어떻게 해서라도 찾아내고 싶을 뿐이다.

독자 중에서 한반도의 호랑이와 표범, 늑대에 대해서 작은 것이라도 좋으니 체험하였거나 전해져 오는 이야기를 알고 계시는 분들이 있지 않을까? 연락을 주신다면 좋겠다. 미야케(三宅) 순사의 자손들은 어딘가에 있지 않을까? 호랑이 사냥의 사진 등도 찾고 있으나, 서울에서는 거의 발견하지 못했다.

마지막으로 나의 둘도 없는 절친한 친구, 원병오 교수의 국경을 뛰어넘은 배려가 없었다면, 이 책은 탄생하지 못했다. 부인과 그 가족들에게도 마음으로부터 감사를 올린다.

1986년 2월 1일
엔도 키미오(遠藤公男)

| 역자 에필로그

'옛날 옛날 호랑이가 담배피던 시절에~'

옛날이야기는 언제나 이렇게 시작되는 것을 봐도 한국에는 호랑이가 많이 있었다는 것을 알 수 있다. 하지만 오늘날에는 한국 어느 곳에서도 호랑이를 보기가 힘들다. 아니, 한 마리도 볼 수가 없다. 그렇다면 그 많던 호랑이는 언제, 어떻게, 왜, 누구에 의해 사라져 갔을까? 의문이 꼬리를 물고 떠오른다.

모두들 답은 알고 있다. 일제 강점기시대, 일제에 의해서 무차별적으로 남획(濫獲)되어 사라지게 되었다는 것을 말이다.

하지만 증거자료가 없으면 어떤 주장도 설득력을 잃고 만다. 저자는 한국과 일본을 오가며, 한국의 호랑이가 왜 사라졌는지 발로 뛰면서 취재를 하고 증거 자료를 모아 책으로 엮었다. 결론부터 말하면 일제에 의해 한국의 호랑이가 멸종되었다는 것이 확실해졌다는 것이다.

물론 조선시대에도 호랑이를 잡기는 했으나, 그것이 멸종으로 이어지지는 않았다. 그렇다, 일제 강점기에 들어서 '해수구제'라는 명목 아래, 무차별적으로 호랑이를 잡으면서 한국 땅에서 호랑이가 완전히 사라져 버린 것이다. 하나의 종(種)이 자연계에서 사라지는 것은 정말 한순간의 일이었다.

오늘날 우리는 호랑이가 이 땅에서 사라진 것에 대해 별다른 느낌이 없는 게 사실이다. 왜 호랑이가 사라진 것이 실감나지 않을까?

이 질문에 대한 답을 목포 유달초등학교 장세창 교감선생님의 말에서 찾을 수 있었다. 선생님은 아이들에게 호랑이가 산에서 살았으면 좋겠다고, 그렇게 교육을 하고 있다고 했다. 호랑이는 동물원이 아니라, 이 땅의 산에서 살아야 한다는 것, 이것이 우리가 가장 놓치고 있는 것이 아닌가 싶다. 그런 교육을 하지 않았기 때문에 호랑이는 동물원에 사는 동물, 우리 생활과는 먼 동물로 여기며 점점 더 호랑이에 대한 생각이 의식 속에서 멀어져 간 것이라고 생각한다. 한국의 상징인 호랑이. 우리의 마음속에서까지 이렇게 홀대를 받아도 되는 것인지 다시 한 번 생각하게 된다.

1986년, 이 책이 출판되었을 때 많은 신문사들이 이 책에 관한 기사를 올렸다. 그중 신문에 실린 몇 개의 기사를 살펴보도록 하자.

"~(중략) 한국호랑이는 1920년대까지 자주 나타났으나,

그 후 수가 급격히 줄어들어 지금에 이르러서는 존재 여부가 비밀에 싸여 있다. 근대적인 무기와 남획 등에 의해 동물의 수가 급격히 줄어드는 것은 세계적인 경향이나 한국 호랑이에 관해서는 여기에 하나 더 특수한 상황이 추가된다. 그 특수한 상황을 엔도 씨가 이 책에서 날카롭게 지적하며 파헤쳐 나가고 있다. (중략)~"

－ 1986년 5월 13일자 일본 마이치니(每日) 신문

"~(중략) 동물문학자인 저자가 취재 중, 한국에서 일본인들이 무엇을 저질렀는지 메이지시대 이후 한일 관계의 실태에 대해 추적하는 것이 감명 깊다.

당시, 88서울올림픽과 맞물려 일본에서는 한국에 대한 관심이 증가한 가운데, 일본에서 큰 반향을 일으켰다고 한다. 학계를 비롯해 일반인들의 호랑이와 한일 관계에 대한 관심과 문의가 많았다고 한다. 한국에서도 호랑이 멸종의 역사를 잘 알고 앞으로 이런 불행한 일이 반복되지 않도록 깊은 관심을 가져 주었으면 하는 바람이다."

－ 1986년 4월 14일자 일본의 아사히(朝日) 신문

이 책을 번역하고 출판하는 데 너무나 많은 분들의 도움을 받았다. 또한 많은 폐를 끼쳤다. 먼저 책의 번역을 허락해 주신 저자 엔도 키미오(遠藤公男) 선생님, 이 책이 한국

에서 출판될 수 있게 모든 것을 기획해 주시고 나에게 번역을 맡겨 주신 서울대학교 수의과대학 야생동물유전자원은행장이신 이항 교수님, 감수를 맡아 주시고, 이 책의 등장인물이기도 한 경희대학교 명예교수 원병오 박사님, 나를 호랑이 프로젝트에 참가시켜 주시고 한국호랑이를 위해서 열심히 활동하시는 서울대학교 수의과대학 수의해부학실의 키무라 준페이(木村順平) 교수님, 어려운 옛날 일본어를 친절히 가르쳐 주신 우츠노미야(宇都宮)대학교 동물기능형태학 연구실의 아오야마 마사토(青山眞人) 조교수님, 원만히 번역에 몰두할 수 있게 여러모로 신경을 써 주신 서울대학교 수의과대학 안정화 박사님, 번역본의 교정을 해 주신 천명선 교수님, 보충 설명을 해 주신 야생동물 작가 최현명 선생님, 그리고 출판을 맡아 주신 한국학술정보(주)에 깊은 감사를 드린다.

마지막으로 한국에서 사라진 호랑이들에게 조의를 표한다. 호랑이를 포함하여 자연계의 생명들이 두 번 다시 인간에 의해서 이와 같은 일이 일어나지 않기를 바라며….

2009년 7월, 개기일식이 일어난 날 밤,
우츠노미야에서
이은옥

기획 · 편집 후기

　새천년이 시작된 2000년 초의 겨울로 기억한다. 야생동물 보전과 관련된 연구를 시작해야겠다는 생각으로 선진국의 현황을 돌아보고자 미국의 동물원과 야생동물 보전과 관련된 여러 기관들을 여기저기 다녔었다. 한 가지 상당히 충격을 받았던 일 중 하나는 아시아의 호랑이에 관해 미국 사람들의 관심이 생각 이상으로 크다는 것과 다음 세대에게 호랑이에 대해 가르치기 위해 매우 많은 분량과 양질의 교육자료가 개발되어 있다는 사실이었다. 호랑이의 생물학적 특징, 호랑이와 인간과의 역사적 관계, 멸종된 호랑이와 멸종되어가는 호랑이들, 멸종의 원인… 여기에서 그치지 않고 실제 남아있는 호랑이를 살리기 위한 실질적인 방안들과 보전활동을 지원하기 위해 무엇을 할 수 있는지 등 매우 구체적인 교육이 가는 곳마다 시행되고 있었다.

　이런 미국의 상황을 보면서 한국의 실정과 나 자신의 경험을 생각하게 되었다. 미국에는 호랑이가 살았던 적이 없는 나라인데도 사람들은 호랑이의 보전에 깊은 관심을 갖고 있다. 그런데 호랑이가 수천 년 간 살았었고, 자타가 공인하는 호랑이의 나라라고 하는 우리는 어떠한가. 한국의 어린이와 학생들은 한국호랑이에 대해 얼마나 알고 있을까. 물론 우리는 어릴 때부터 호랑이와 관련된 수많은 이야기, 속담, 전설, 신화, 민화에 친숙해 있다. 단군신화 속의 호랑이, 곰 이야기, 호랑이와 곶감 이야기, '떡 하나 주면 안 잡아 먹지', 해와 별이 된 오누이와 호랑이, 등 등, 이루 헤아릴 수 없을 정도이다. 호돌이는 88올림픽의 마스코트로 한국의 상징 동물이었다. 한반도는 흔히 대륙을 향해 포효하는 호랑이로 비유되곤 한다. 그러나 정작 실제 호랑이가 어떤 먹이를 어떻게 사냥하는지, 짝은 어떻게 찾고 새끼를 몇 마리나 낳고 어떻게 키우는지, 어떤 곳을 좋아하고 얼마나 넓은 서식지가 필요한지...에 대해 누구에게서도 제대로 들은 적이 없었던 것 같다. 옛날에 그 많던 호랑이가 왜, 어떻게, 언제, 누구에 의해 사라졌는지, 이들이 어디엔가 남아 있기나 한지, 또 다시 한반도에 살게 될 가망이 있는지에 대해 심각하게 고민하는 사람도 별로 없다. 사람들의 대화 중 호랑이가 나온다면, '호랑이와 사자가 싸우면 누가 이길까' 류의 단순한 흥미거리에 불과하고 심각하게 호랑이의 장래에 대해 얘기하면 좀 별종으로 취급 받을 수도 있다.

　간간이 호랑이는 일제가 조선의 정기를 누르기 위해 조직적으로 잡아 없앴다는 얘기는 들은 적이 있다. 비분강개하고 억울해 했지만 그러나 그 뿐, 호랑이를 되살릴 방안에 대해서는 생각지도 못했고 별 관심도 없었다. 우리는 이 땅에서 수 천년 동안 우리와 함께 살아왔던 수많은 동물의 운명에 대해 너무 무심했던 것이 아닐까. 사리진 호랑이를 위해 우리는 무엇을 할 수 있고 무엇을 해야 할 것인가. 이 땅에 호랑이가 다시 살게 될 희망이 있기나 한 것인가.

　이런 질문들은 지난 10년 동안 나의 머리 한 구석을 계속 짓누르고 있었다. 언젠가는 멸절된 한국호랑이의 흔적을 찾는 일을 해야겠다는 생각을 하던 중, 내가 속한 서울대 수의과대학의 해부학교실에 일본인 준페이 기무라 교수가 부임해 왔고, 이분의 도움을 받아 일본에 남아 있는 한국호랑이의 흔적을 수소문하는 일을 시작하게 되었다. 또 작년 5월에 있었던 동아시아 포유류 연구자의 작은 모임에서 만난 일본 포유류학자들에게 일본에 있는 한국호랑이 표본에 관한 정보를 모아 달라는 부탁을 하였다. 일본 동경농공대학에 유학 중인 이은옥 선생님과도 연줄이 닿아 이 일에 많은 도움을 받게 되었다. 그러는 과정에서 『한국호랑이는 왜 사라졌는가』의 저자이신 엔도 선생님과도 연락이 닿게 되었다.

엔도 선생님이 『한국호랑이는 왜 사라졌는가』를 출판하신 것이 1986년이었으니 벌써 20년이 훌쩍 넘은 일이다. 그 동안 이 책 내용 중 일부가 발췌 되어 한국의 야생동물 및 호랑이 애호가들 사이에 알려져 있었다. 그러나 전체 줄거리와 내용이 무엇인지는 알 길이 없어 몹시도 궁금해 하였으나 일본어를 모르는 사람들로서는 매우 아쉬운 일이었다. 언젠가는 이 책도 번역이 되었으면 좋겠다고 생각하고 있었는데 마침 엔도 선생님과 연락이 되자 이 책을 이 기회에 번역을 해야겠다는 생각이 떠올랐다. 때 마침 내년은 호랑이띠 해이지 않은가!

　　유학생 이은옥 선생님을 통해 엔도 선생님께 연락을 부탁드려 번역 허락 여부를 문의드렸더니 엔도 선생님께서 흔쾌히 허락하셨다. 이은옥 선생님께 번역을 부탁드리고 엔도 선생님의 절친한 친구이자 이 책의 등장인물이기도 한 원병오 박사님께는 감수를 부탁 드렸다. 번역원고 편집과 교정, 연락 등 자질구레한 일은 야생동물유전자원은행의 안정화 박사에게 부탁하기로 하고 출판사를 물색하였다. 대부분 접촉한 출판사들은 너무 오래된 책이고 그리 많이 팔리지 않을 것 같다는 이유로 난색을 표명하였는데, 마침 우리 대학 수의역사학자이신 천명선 박사님이 소개해 준 한국학술정보㈜에서 기꺼이 출판을 맡겠다고 나섰다. 고마운 일이었다.

이은옥 선생님의 번역 원고를 안정화 박사가 받으면 간단한 교정 후 원병오 박사님께 보내 드렸고 원 박사님께서 꼼꼼히 번역의 정확성을 점검해 주셨다. 최현명 선생님, 천명선 박사, 김영준 선생, 박한찬, 홍윤지, 이윤선, 백혜준, 양효진, 정아람, 이서진, 김상인, 김문정 학생들도 교정을 보아 주셨다. 또 수의대 정은 학생은 처음에 번역을 위한 자료 정리를 위해 수고를 해주었다. 이 번역본이 나오기 까지 도움을 주신 모든 분들께 진심으로 감사드린다.

번역 원고를 읽으면서 엔도 선생님의 호랑이에 대한, 그리고 야생동물에 대한 끝없는 애정과 열정에 감탄하지 않을 수 없었다. 책 안에서 원병오 선생님의 말씀처럼, 우리 한국인 누구도 관심 가지지 않았던 한국호랑이 멸절사 정리작업을 일본인인 엔도 선생님이 시작하셨고, 그 이후 20년간 또 한국에서 아무 진척이 없었던 것에 대해 부끄러움을 느꼈으나, 엔도 선생님은 일본인이 한국호랑이를 멸절시킨 것에 대해서만 무한히 죄송스러워 할 뿐이었다.

마침 번역작업이 진행되면서 천명선 박사님이 주도하는 인간동물문화연구회가 조직되었다. 이 모임에서 역사학자로 참여하시는 김동진 박사님의 다년간 연구결과가 '조선전기 포호정책 연구'라는 단행본으로 나왔는데, 이 책에 의하면 조선 초기에 이루어진 체계적인 호랑이 포획 정책이 조선시대 내내 지속되었다. 그 결과 호랑이 개체수는 15세기 말과 16세기 초에 급감하였고, 조선 말기까지 낮은 개체수를 유지하였던 것으로 보인다. 물론 여기에 결정타를 가한 것은 일제의 해수구제 정책이었다. 그렇지만 그 당시 해수구제 정책에 적극적으로 참여한 것은 한국인 사냥꾼이었다. 또 설사 한반도가 일제의 식민지가 되지 않았다 가정하더라도 우리는 이 땅에서 호랑이가 살도록 그냥 내버려 두었을 것으로 생각이 들지 않는다. 그나마 해방 후 조금 남아 있던 반달가슴곰도 우리는 보신용 웅담을 얻고자 거의 절멸시키지 않았던가. 그러므로 한반도에서 호랑이 절멸의 책임을 일제 탓만으로 돌리는 것은 적절하지 않다고 생각되며, 이 책을 번역하고자 한 의도도 일본의 책임을 묻고자 하는 것이 아니다.

역사는 과거가 아니라 미래를 위해 기록되어야 한다. 호랑이가 이 땅에서 사라져 간 역사를 제대로 파헤치고 기록해 두어야 하는 이유는 그러한 어리석은 일을 다시 되풀이하지 않기 위함이며, 이 기록을 교훈으로 삼아 앞으로 우리가 호랑이와 함께 살아갈 방도를 찾고 이를 위해 나가야 할 방향을 제대로 잡기 위함이다.

한국호랑이는 지구상에서 완전히 사라진 것일까?

그렇지 않다. 한국호랑이와 같은 혈통의 아무르호랑이가 지금도 극동러시아의 연해주 지역을 중심으로 약 400 내지 500마리 정도 생존해 있으며, 비교적 안정된 개체군을 유지하고 있다. 러시아 연해주는 북한과 두만강을 사이에 두고 바로 맞닿아 있는 곳이다. 이 지역의 호랑이는 중국 동북지역 및 한반도 호랑이 개체군과 역사적으로 빈번한 유전자 교류가 있었을 것이므로 아무르호랑이가 곧 한국호랑이 혈통이라고 보아도 된다. 연해주의 한국호랑이 개체군이 번성하게 되면 이들이 두만강을 넘어 백두산 지역으로 퍼지게 될 가능성이 매우 크다. 그러므로 통일이 된 후 백두산에 올라서 호랑이 포효소리를 듣고 싶다면 지금 연해주에 남아 있는 한국호랑이의 불씨를 살려야 한다.

현재 남아있는 극동러시아 호랑이의 전망은 어떠한가?

그렇게 밝지가 않다. 지금도 호랑이, 그리고 호랑이의 먹잇감인 사슴과 멧돼지 밀렵이 계속되고 있고, 러시아의 산업화로 인한 개발이 진행되면서 호랑이 서식지는 나날이 줄어들고 있다. 설상가상으로 잦은 산불과 들불로 인해 서식지 환경은 더욱 나빠지고 있다. 이 모든 일을 감독해야 할 러시아 정부와 관료들은 호랑이 서식지 보호보다는 경제개발 논리에 더 중점을 두고 있는 실정이다.

우리가 잊지 말아야 할 또 한 가지는 러시아 연해주 남서 일부 지역에 아직도 한국표범 또는 아무르표범이 살고 있다는 사실이다. 약 30마리 정도의 극도로 작은 개체군이 러시아, 중국, 북한의 국경지역에 남아 있다. 이들 역시 아무르호랑이에게 닥치고 있는 모든 형태의 위협에 그대로 노출되어 있다. 더구나 이 지역 표범의 수는 아무르호랑이의 1/10에도 미치지 못하고 또한 이들이 살고 있는 지역은 블라디보스토크나 우수리스크 같은 대도시 및 중국 국경에 가까운 곳이라 밀렵의 위협이 높고 사람들의 개발 욕구가 큰 편이다. 그러므로 사실 아무르호랑이보다 오히려 아무르표범이 훨씬 더 위급한 상황에 처해 있는 실정이다.

극동러시아에 남아있는 이 희망의 불씨를 꺼뜨리지 않기 위해 우리가 할 수 있는 일은 무엇이 있을까. 첫 째는 이 지역에서 활동하고 있는 여러 아무르호랑이와 아무르표범 보호단체들을 지원하는 일을 들 수 있다. 직접 이 단체들을 찾아가 일하기 어렵다면, 다만 얼마라도 금전적인 지원을 제공하는 것도 이들에게 커다란 힘이 될 것이다. 독자들의 편리를 위해 아래에 극동러시아에서 활동하고 있는 호랑이 보전기구들의 연락처와 한국에서 이들을 지원하고 있는 단체의 연락처를 소개하였다.

누군가는 엔도 선생님의 작업을 이어받아 한국호랑이뿐 아니라 한국표범, 늑대, 여우, 반달가슴곰, 황새, 따오기 등 이 땅에서 사라져간 수많은 동물들의 수난사를 기록해 주기를 기대한다. 나아가 한국의 수많은 생물학도 중에 엔도 선생님과 같은 열정을 품고 직접 러시아 현지에서 한국호랑이를 살리는 활동에 헌신하고자 하는 젊은이 한두 사람 정도 기대한다면 과한 욕심일까. 첨단 생명공학을 연구해서 나라를 부강하게 하는 생물학도도 있어야 하겠지만, 수십 년 뒤 우리의 후손들이 통일된 땅 백두산에서 호랑이 포효 소리를 들으러 생태관광여행을 다닐 수 있도록 준비하는 생물학도도 적어도 한 두 사람은 있어야 할 것이다. 백두산에 호랑이가 사는 꿈은 결코 허황된 꿈이 아니다. 지금 연해주의 호랑이를 보전함으로써 가능한 일이다. 호랑이가 전혀 살았던 적이 없는 유럽과 미국의 적지 않은 젊은이들이 사라져 가는 아무르호랑이와 표범을 되살리기 위해 말과 습관이 전혀 다른 극동러시아에 와서 고생하며 일하고 있으나 한국인은 거기에 없다. 우리는 지난 수천 년 동안 호랑이, 표범과 함께 살아왔는데 적어도 그들보다는 우리가 호랑이 살리는 일에 더 열심이 있어야 하지 않을까. 이 땅에서 호랑이를 지키지 못한 것에 대해 일제 탓만 할 것이 아니라 우리 자신도 어느 정도 책임감을 느껴야 하지 않을까.

2009년 12월
이 항
서울대 수의대 교수
한국야생동물유전자원은행장
(사)천연기념물동물유전자원은행장

▌한국의 아무르호랑이 및 아무르표범 보전 후원단체 홈페이지
한국表범보존기금(Korea Amur Leopard Conservation Fund) :
http://www.amurleopard.kr/

▌극동러시아의 아무르호랑이 및 아무르표범 보전단체 홈페이지
Tigris Foundation : http://www.tigrisfoundation.nl/(티그리스기금은 한국표범보존
기금이 직접 후원하고 있는 단체이다.)
ALTA(Amur Leopard and Tiger Alliance) :
http://www.amur-leopard.org/(ALTA는 아무르표범과 아무르호랑이 보전에 관여
하는 러시아와 국제적 민간단체 13개의 연합체이다. 이 연합체의 홈페이지에
서 여기에 참여하는 각각의 민간단체에 관한 정보를 얻을 수 있다. 티그리스
기금도 이 중 하나이다.)

기획·편집 │ 한국야생동물유전자원은행
(사단법인 천연기념물동물유전자원은행), 인간동물문화연구회

감수 │ 원병오
1929년 개성에서 태어났다. 김일성대학 농학부 입학 후, 단과대학으로 분리된
원산농업대와 경희대를 졸업하고 일본 홋카이도 대학에서 박사학위를 받았다.
미국 예일대학 대학원의 특별연구원(Post-doctorate fellow), 경희대 부설 한국조
류연구소장 및 자연박물관장, 국제조류보호회의 본부 간사 및 한국본부장을
거쳐 아시아지역 회장, 국제자연보호연맹(IUCN) 종보존위원회(SSC) 위원 및
생태위원회 위원, 한국조수보호협회 회장, 국제조류학회(IOC) 이사를 역임했다.
현재 경희대학교 명예교수이다. 지은 책으로는 『한국조류분포목록』, 『한국조류
생태도감』, 『한국의 조류』, 『하늘빛으로 물든 새』, 『날아라 새들아』, 『자연생태
계의 복원과 관리』 등 20여 권이 있으며 국내외 학술지에 170여 편의 논문이
실렸다.

엔도 키미오

▌약 력

1933년 이와테 현(岩手縣) 출생. 현립(縣立) 이치노세키 다이이치(一關第一) 고등학교 졸업. 이와테 현 산간부의 분교에서 교원 생활을 하였고, 현재는 야생동물의 생태 연구를 하면서 논픽션 동물문학 집필을 위해 아시아를 돌아다니고 있다. 일본 야조회(日本野鳥會)의 미야코(宮古) 지부장을 역임했다.

▌저 서

『원생림의 박쥐』(학습연구사), 『돌아오지 않는 참수리』(일본 아동문학인협회 신인상, 주니어 논픽션문학상 수상), 『꿩의 생활』, 『곰 사냥으로의 초대』, 『검독수리와 소년』(해성사), 『개똥지빠귀의 황야』(일본 아동문예가협회상 수상), 『아리랑의 파랑새』(강담사) 등이 있다.

이은옥

▌약 력

1978년 경북 문경 출생. 현 동경농공대학교(東京農工大學) 연합 농학연구과 박사과정 3년. 까마귀과(Corvidae) 조류의 구조색(Structural color)을 연구하고 있다.

일본 수의학회 회원
일본 조(鳥)학회 회원
The American Ornithologists' Union(AOU) 회원

한국 호랑이는
왜 사라졌는가?

초판발행 2009년 12월 21일
초판 3쇄 2019년 1월 11일

옮긴이 이은옥
펴낸이 채종준

펴낸곳 한국학술정보(주)
주소 경기도 파주시 회동길 230 (문발동)
전화 031 908 3181(대표)
팩스 031 908 3189
홈페이지 http://ebook.kstudy.com
E-mail 출판사업부 publish@kstudy.com
등록 제일산−115호(2000. 6. 19)

ISBN 978-89-268-0651-7 03910 (Paper Book)
      978-89-268-0652-4 08910 (e-Book)